V&R

# Jüdische Religion, Geschichte und Kultur

Herausgegeben von
Michael Brenner und Stefan Rohrbacher

Band 33

Nicola Kramp-Seidel

# Salomon Adrets Responsa als Praxis religiösen Entscheidens

Vandenhoeck & Ruprecht

Bibliografische Information der Deutschen Bibliothek: Die Deutsche Nationalbibliothek verzeichnet diese Publikation in der Deutschen Nationalbibliografie; detaillierte bibliografische Daten sind im Internet über https://dnb.de abrufbar.



Umschlaggestaltung: SchwabScantechnik, Göttingen
Satz: le-tex publishing services, Leipzig
Druck und Bindung: Hubert & Co. BuchPartner, Göttingen
Printed in the EU

**Vandenhoeck & Ruprecht Verlage | www.vandenhoeck-ruprecht-verlage.com**

ISSN 2198-722X
ISBN 978-3-525-56077-8

# Inhaltsverzeichnis

# Dank

Das Verfassen eines Buches bedarf der Unterstützung vieler Menschen – so auch in diesem Fall. Mein ganz besonderer Dank gilt Frau Prof. Dr. Regina Grundmann. Dank ihres Projektantrags und der durch das Projekt ermöglichten finanziellen Unterstützung wurde Salomon Adret ein liebgewonnener Begleiter, in dessen Responsa und Darstellungsformen des Entscheidens ich mich vertiefen konnte.

Ebenfalls zu großem Dank verpflichtet bin ich meinen Kolleginnen und Kollegen des Sonderforschungsbereichs 1150, mit denen ich viele Theorien und Thesen diskutieren konnte, ob in Foren oder Gesprächen. Namentlich möchte ich hier insbesondere Maximiliane Berger und Sebastian Rothe erwähnen, die stets ein offenes Ohr hatten, wenn ich ein Responsum durchsprechen oder Ideen auf Plausibilität abklopfen wollte.

Prof. Dr. Michael Brenner und Prof. Dr. Stefan Rohrbacher gilt mein herzlicher Dank für die Aufnahme des Buches in die Reihe „Jüdische Religion, Geschichte und Kultur“. Insbesondere Professor Rohrbacher möchte ich für den freundlichen Austausch während des ganzen Prozesses ab der Einreichung des Manuskripts danken.

Ein liebes Dankeschön geht zudem an Andrea und Katha, die das Buch in der allerletzten Phase auf Fehler Korrektur gelesen haben.

Ohne Thomas, meinen Mann, wäre dieses Buch sicherlich nicht entstanden. Ihm möchte ich für häufiges Korrekturlesen und Zuspruch zu jeder Zeit herzlich danken.

Essen, im Mai 2022 Nicola Kramp-Seidel

# 1. Einführung[1]

Betrachtet man die Forschung zu jüdischen Responsa, fällt auf, dass in einigen Texten beiläufig von Entscheidungen in Responsa die Rede ist und in vielen Fällen eine Entscheidung ohne die genaue Untersuchung des Entscheidensprozesses postuliert wird. So schreibt beispielsweise Menachem Elon in seinem Werk zum jüdischen Recht in Bezug auf die Responsa in der Epoche der Geonim, dass die Entscheidung (ההכרעה) der Geonim als bindend anerkannt worden sei.[2] Auch Irving A. Agus spricht von „decision", wenn er darauf verweist, dass in späterer Zeit in Aschkenas eine vom Respondenten getroffene Entscheidung von den Anfragenden bzw. Adressaten nicht habe angenommen werden müssen, Anfragen auch an unterschiedliche Respondenten hätten geschickt werden können und es daher möglich gewesen sei, dass Entscheidungen einander widersprachen („the decisions conflicted").[3] Ähnliches ist auch in den Werken von Jacob Mann, Louis Jacobs und Shlomo Eidelberg feststellbar: Mann spricht von „Halakhic decisions"[4], an denen die Herausgeber von Responsa-Sammlungen bei der Erstellung ihrer Editionen interessiert seien. Jacobs verweist, ähnlich wie Elon, auf die Autorität der „decisions"[5] der Geonim. Eidelberg erwähnt, dass Isserlein entschieden habe („decided")[6].

In dieser Arbeit möchte ich einen neuen Akzent setzen: Diesem liegt eine entscheidenstheoretische Analyse von Responsa zugrunde, um die Dimensionen und die Darstellung des Entscheidens zu untersuchen.[7] Auf diese Weise können insbesondere zwei Dinge herausgearbeitet werden: zum einen, dass in vielen Fällen die Kontingenz des Entscheidens, also die Möglichkeit, anders entscheiden zu können, durch den Respondenten verschleiert wird, indem er seine Antwort als Rechtsableitung präsentiert; zum anderen, dass in anderen Situationen hingegen eine Betonung der Kontingenz des Entscheidens stattfindet, die bisweilen zur Vermeidung einer Entscheidung führen kann.

---

1 Diese Arbeit ist im Rahmen des Münsteraner Sonderforschungsbereichs 1150 „Kulturen des Entscheidens" entstanden und greift einige im Forschungsprogramm entstandene theoretische Grundlagen auf.

2 Elon, Ha-Mishpat ha-Ivri, Bd. 2, 1227.

3 Agus, Rabbi Meir of Rothenburg, Bd. 1, XIXf.

4 Mann, The Responsa of the Babylonian Geonim, 460.

5 Jacobs, Theology in Responsa, 1.

6 Eidelberg, Jewish Life in Austria, 45.

7 Vgl. ausführlich 1.2 und 1.3.

Die entscheidenstheoretische Untersuchung des Responsa-Genres erfolgt in dieser Monographie anhand der Responsa des spanischen Gelehrten Salomon Adret (1235–1310). Die Einschränkung der Untersuchung auf die Responsa Adrets bietet sich aus mehreren Gründen an. Der gewichtigste ist, dass Adret als einer der herausragendsten, wenn nicht der wichtigste Respondent des Mittelalters anzusehen ist.[8] Die außergewöhnlich große Menge der von Adret verfassten Responsa, die auf seine halakhische Bedeutung schließen lässt, wird in der Sekundärliteratur zu Adret wiederholt betont. So schreibt beispielsweise Shlomo Zalman Havlin: „Es scheint, dass er mehr Responsa als jeder andere Gelehrte beantwortete. Ihre Zahl, die in die Tausende gezählt wird, und ihr Umfang, der sich über alle Bereiche der Torah und Halakha erstreckt, verleihen ihm einen besonderen Platz als der Größte der Respondenten in der Halakha und auch in den Gebieten des Glaubens und Wissens."[9] Solomon B. Freehof schätzt Adret als „most prolific of all respondents"[10] ein. Simcha Emanuel hebt darüber hinaus das große Einzugsgebiet hervor, aus dem Adret Anfragen erreichten.[11] Die Bedeutung Adrets lässt sich somit nicht nur anhand der Quantität der ihm zugesandten Anfragen erahnen, sondern auch aufgrund der Tatsache, dass ihm über Spanien hinaus auch Fragen aus Frankreich, Deutschland, Portugal, Marokko, Kreta, Sizilien und Palästina zugeschickt wurden und somit sein Ruf als Rechtsgelehrter nicht auf Spanien beschränkt blieb.[12] Ein weiteres Indiz für die Anerkennung Adrets als Halakha-Experte ist das Zitieren seiner Responsa in späteren Werken des jüdischen Rechts, beispielsweise in den Responsa weiterer Gelehrter oder in den Werken des Joseph Caro (Türkei, Palästina (Safed) 1488–1575). Freehof hält diesbezüglich fest: „[...] Adret is the author of at least three thousand extant responsa and that these responsa, although written in the thirteenth century, are still frequently quoted and are still authoritative. This Spanish rabbi has exerted perhaps the widest and most enduring responsa influence."[13] Es bietet sich somit an, die Responsa eines so profilierten und anerkannten Respondenten des Mittelalters im Hinblick auf Entscheiden exemplarisch zu untersuchen.

---

8 Adret wird in der Forschung nicht nur als einer der größten Respondenten, sondern auch als großer Gelehrter des jüdischen Rechts insgesamt angesehen. Insbesondere Havlin, aber auch andere Wissenschaftler stellen die unterschiedlichen Bereiche vor, in denen Adret einen Namen erlangt hat. Dabei wird neben den Responsa auf Adrets Torat ha-Bayit verwiesen sowie auf seine Tätigkeit als Verfasser von Chiduschim. Vgl. beispielsweise Havlin, Teshuvot She'elot LehaRASHBA, 7f.

9 Ebd., 8f; Übersetzung NKS.

10 Freehof, The Responsa Literature, 65.

11 Emanuel, Manuscripts of Responsa, 1.

12 Vgl. Assaf/Derovan, Adret, Solomon ben Abraham, 421.

13 Freehof, The Responsa Literature, 65.

## 1.1 Forschungsüberblick zur Responsaliteratur und zu Salomon Adret

Die umfangreiche wissenschaftliche Beschäftigung mit Responsa lässt sich in unterschiedliche Kategorien gruppieren. So sind einige Hilfsmittel, Indizes und Sammlungen erstellt worden, wie beispielsweise ein Index zu den Responsa der Gelehrten Spaniens und Nordafrikas[14] oder eine Datenbank, die kontinuierlich die jüdische Traditionsliteratur und darin inbegriffen Responsa ab dem 10./11. Jahrhundert zur Verfügung stellt.[15] Viele Responsa, meist in Übersetzung, sind in Sammlungen zusammengefasst. In manchen dieser Sammlungen findet eine Gruppierung der Responsa nach bestimmten Themen statt.[16] In anderen Fällen werden Responsa eines Gelehrten in einer Sammlung zusammengestellt, oftmals jedoch ebenfalls unter Berücksichtigung eines Themenschwerpunktes.[17]

Ein weiterer Schwerpunkt in der Responsa-Forschung liegt bei Untersuchungen, in denen Responsa zur Rekonstruktion der jüdischen Sozialgeschichte und jüdischer Lebensverhältnisse herangezogen wurden.[18] Die Responsa dienen somit nicht als literarisches Genre, sondern als historische Quelle. In vielen dieser Werke wählen die Autoren Responsa eines jüdischen Gelehrten zur Darstellung des jüdischen Lebens in dessen Zeit und Region aus.[19] Manchmal werden auch Responsa mehrerer Gelehrter einer bestimmten Region und Zeitspanne untersucht.[20] Andere Darstellungen beschränken sich auf ein (sozio-)historisches Thema.[21] Alleine Barbara Mattes nutzt die Responsa des Meir von Rothenburg (13. Jh.) nicht nur als historische Quelle, sondern untersucht auch dessen Argumentation.[22]

---

14 Elon, Menachem, Digest of the Responsa Literature. Weitere Indizes: Passamaneck, A Companion Index to Responsa in Shulḥan Arukh; Lifshitz/Schochetman, Digest of the Responsa Literature.

15 The Responsa Project (The Global Jewish Database) der Bar Ilan-Universität.

16 Katz, Leḳorot ha-yehudim be-rusya; Agus, Urban Civilization in Pre-Crusade Europe; Mutius, Rechtsentscheide rheinischer Rabbinen; ders., Rechtsentscheide jüdischer Gesetzeslehrer aus dem maurischen Cordoba; Goldish, Jewish Questions.

17 Agus, Rabbi Meir of Rothenburg; Mutius, Rechtsentscheide Raschis; ders., Rechtsentscheide Isaak Kimchis aus Südfrankreich, 1. Halbband; ders., Rechtsentscheide Isaak Kimchis aus Südfrankreich. 2. Halbband; ders., Rechtsentscheide Abraham Ben Davids von Posquières; ders., Weitere Rechtsentscheide Abraham Ben Davids von Posquières; ders., Rechtsentscheide von Moses Nachmanides.

18 Hier sollen nicht die Publikationen jener Historiker aufgelistet werden, die neben den Responsa auch noch zu einem großen Teil auf andere Quellen und Literatur zurückgegriffen haben (wie beispielsweise Baer, A History of the Jews in Christian Spain oder Baron, A Social and Religious History of the Jews.)

19 Epstein, The "Responsa" of Rabbi Solomon ben Adreth of Barcelona; ders., The Responsa of Rabbi Simon b. Ẓemaḥ Duran; Hershman, Rabbi Isaac ben Sheshet Perfet; Eidelberg, Jewish Life; Rosenzweig, Ashkenazic Jewry; Richter, Die Responsen des Rabbi Ascher ben Jechiel.

20 Agus, The Heroic Age of Franco-German Jewry; Fettke, Juden und Nichtjuden.

21 Zimmels, Die Marranen in der rabbinischen; Assaf, The Anusim of Spain and Portugal.

22 Mattes, Jüdisches Alltagsleben.

Oftmals werden Responsa unter bestimmten thematischen Gesichtspunkten analysiert, beispielsweise zu theologischen Fragestellungen[23] oder zum Verhältnis zwischen Brauch und Halakha in den Responsa der Gelehrten des 15. Jahrhunderts.[24]

Überblickswerke zur Responsaliteratur sind ebenfalls erstellt worden, um eine allgemeine Beschreibung und die Entwicklung derselben zu liefern und die wichtigsten Respondenten in den unterschiedlichen Zentren vorzustellen.[25]

Ein anderer Ansatz untersucht Responsa als literarische Texte und die in Responsa verwendete Rhetorik.[26]

Die Sekundärliteratur zu Salomon Adret greift viele der für die Responsa skizzierten Schwerpunktsetzungen auf. Sie beschränkt sich dabei allerdings nicht nur auf Adrets Responsa, sondern nimmt auch sein Gesamtwerk in den Blick. So findet sich eine monographische Studie zu Adrets Leben und seinen Schriften.[27] Des Weiteren liegen zwei Monographien vor, die Adrets Responsa als Grundlage zur Rekonstruktion der Geschichte der Juden in Spanien nutzen.[28]

Die Untersuchung von Adrets Werken, insbesondere seiner Responsa, findet in einigen Aufsätzen unter thematischer Fokussierung statt: zu Adrets Haltung zur Wissenschaft,[29] Adrets Einstellung zur von Maimonides (Spanien/Nordafrika, 1135–1204) verfassten Mischne Torah[30] und zu dem von der Gemeinde Barcelona verhängten Bann des Philosophiestudiums.[31]

In einigen dieser Studien wird die Analyse nicht singulär anhand der Werke Adrets vorgenommen. Vielmehr werden auch Werke weiterer Gelehrter berück-

---

23 Jacobs, Theology in Responsa.

24 Dinari, Custom and Law in the Responsa; Haas, Political Liberty.

25 Beispielsweise: Freehof, The Responsa Literature.

26 Haas, Responsa: Literary History; Washofsky, Responsa and Rhetoric.

27 Perles, R. Salomo b. Abraham b. Adereth.

28 Epstein, The "Responsa" of Rabbi Solomon ben Adreth of Barcelona; Weber, The Responsa of Rabbi Solomon Ibn Adret of Barcelona. Weber setzt sich in seiner monographischen Studie kritisch mit den Ergebnissen Epsteins auseinander und verwendet das von Epstein ausgewählte Textkorpus, um eine abweichende Darstellung der Geschichte der Juden in Spanien zu bieten.

29 Horwitz, Rashba's Attitude Towards Science. Horwitz untersucht in dieser Studie ebenfalls die Einstellung Adrets zur Astrologie, zu Flüchen und Segenssprüchen, um zu klären, ob Adret diese Themenpunkte in der Wissenschaft eingebettet sieht.

30 Shmidman, Rashba as Halakhic Critic.

31 Saperstein, The Conflict over the Rashba's Herem on Philosophical Study; Ben-Shalom, The Ban Placed by the Community of Barcelona; Buchman, Avraham and Sarah in Provence. In den Untersuchungen wird dafür auf den in Minchat Qena'ot überlieferten Schriftwechsel zurückgegriffen. Einige dieser Briefe sind auch in den früheren Drucken aufgenommen worden, in I:414–418 findet sich ein Teil dieses Schriftwechsels zum Bann. Weitere unter bestimmten thematischen Schwerpunkten erfolgte Aufsätze lauten: Emanuel, From Where the Sun Rises to Where It Sets; Cohen, Charitable Contributions; Adang, A Jewish Reply to Ibn Ḥazm; Jacobs, Interreligious Polemics.

sichtigt. So nimmt beispielsweise Pinchas Roth zwar primär die Responsa Adrets in den Blick, untersucht aber insgesamt die Responsa des 13. und 14. Jahrhunderts, um die Beziehung zwischen der jüdischen Bevölkerung Kataloniens und Südfrankreichs herauszuarbeiten.[32] Ähnlich zieht Robert Schwarz zur Analyse ökonomischer Themen in Responsa auch die Responsa Meir von Rothenburgs und des Nachmanides (Spanien, 13. Jh.) heran.[33]

Des Weiteren finden sich Übersetzungen von Adrets Responsa, sowohl ohne weitere Einordnung und Interpretation[34] als auch mit einer anschließenden Analyse.[35]

Auch die Rezeption der Responsa Adrets hat die Aufmerksamkeit der Forschung gefunden. So setzt sich Simcha Emanuel in einem Aufsatz das Ziel, jene Handschrift(en) Adrets zu identifizieren, die ca. 40 Gelehrten zwischen dem 15. und dem 19. Jahrhundert vorlagen und in ihren Werken verwendet wurden.[36]

Zudem gibt es einige Veröffentlichungen von Responsa-Bänden Salomon Adrets. In einigen Fällen handelt es sich um Veröffentlichungen der bisherigen gedruckten Editionen. Es werden aber auch Responsa ediert, die in weiteren Handschriften entdeckt und bisher nicht an anderer Stelle veröffentlicht wurden; zum Teil werden diese neu entdeckten Responsa in Aufsätzen herausgegeben.[37]

## 1.2 Entscheidenstheoretische Prämissen

Dem theoretischen Ansatz des Sonderforschungsbereiches (SFB) 1150 „Kulturen des Entscheidens" entsprechend, soll Entscheiden nicht als mentaler kognitiver Prozess, sondern als sozialer Akt aufgefasst werden.[38] Wesentlich für das Entscheiden ist, dass bestimmte Entscheidungsalternativen explizit aufgezeigt werden.[39] Da im Entscheidensprozess einander ausschließende Alternativen zur Disposition

32 Roth, Regional Boundaries and Medieval Halakhah.

33 Schwarz, On the Economic Responsa. Weitere unter einem bestimmten thematischen Schwerpunkt erfolgte Untersuchungen, die nicht nur Adret in den Blick nehmen, lauten wie folgt: Klein-Braslavy, The Concept of Magic; Haas, Political Liberty.

34 Roth, Solomon Ibn Adret Against Infinite Universe.

35 Cohen, Charitable Contributions.

36 Emanuel, Manuscripts of Responsa.

37 Havlin, New Response of Rashba; Havlin, Teshuvot Ḥadashot Le-Ha-Rashba; Zaleznik, Teshuva Le-Rabbenu Ha-Rashba; Gerlitz, Teshuvot; Havlin, Teshuvot She'elot LehaRASHBA; Zaleznik, She'elot. In vielen Editionen finden sich ausführliche einleitende Worte zur Schwierigkeit der Textüberlieferung der Responsa Adrets sowie eine Darstellung der Geschichte des Drucks; Zaleznik und insbesondere Havlin bieten dazu umfangreiche Informationen.

38 Hoffmann-Rehnitz/Krischer/Pohlig, Entscheiden als Problem, 225.

39 Vgl. Stollberg-Rilinger, Cultures, 6f.

gestellt sind, sind Entscheidungen kontingent; eine Entscheidung könnte immer auch anders ausfallen. Eine Entscheidung ohne Alternative ist überhaupt nicht möglich, da bei Alternativlosigkeit gar kein Entscheiden vorläge.[40] So hält Niklas Luhmann auch mit Verweis auf von Foerster fest, dass nur etwas zu entscheiden ist, das als „unentscheidbar" angesehen wird. Bestände keine Kontingenz, handelte es sich nicht um eine Entscheidung, sondern allenfalls um eine Errechnung oder um ein Erkennen.[41] Aus diesem Grund ist eine weitere wesentliche Grundannahme des Sonderforschungsbereichs, dass Entscheiden schwierig ist und man sich einer ‚richtigen' Entscheidung nicht sicher sein kann. Ein Nicht-Entscheiden fällt in vielen Fällen leichter als ein Entscheiden. Barbara Stollberg-Rilinger führt in Bezug auf diese These Folgendes aus: „Das Treffen einer Entscheidung ist immer riskant, weil damit zukünftige Handlungsmöglichkeiten ausgeschlossen werden, ohne dass die ‚Richtigkeit' der Entscheidung im Moment des Entscheidens selbst gewährleistet ist."[42] Deswegen ist davon auszugehen, dass Entscheiden nicht, wie häufig angenommen wird, die Regel, sondern vielmehr eine Ausnahme darstellt.[43] Diese These findet sich bereits bei Hermann Lübbe, der die „Logik der Entscheidung" als „Logik der Ausnahme" bezeichnet und ergänzend ausführt: „Entscheidungen sind gelegentlich fällig; in der Regel bedarf es keiner Entscheidung, um zu wissen, was fällig ist."[44] Für gewöhnlich vollzieht sich soziales Handeln vielmehr in Form von Routinen, Gewohnheiten und Automatismen.[45]

Entsprechend dem theoretischen Konzept des Sonderforschungsbereichs ist zudem zwischen Entscheiden und der Entscheidung zu differenzieren, um den Begriff des Entscheidens zu schärfen. Beim Entscheiden handelt es sich um einen Prozess, der auf eine Entscheidung hinläuft. Die Entscheidung selbst kann zweierlei sein: zum einen der Vorgang, mit dem der Entscheidensprozess beendet wird, zum anderen das Ergebnis des Entscheidens. Hierbei ist jedoch zu betonen, dass nicht jeder Entscheidensprozess zwingend mit einer Entscheidung enden muss. Es kann sowohl sein, dass explizit die Nicht-Entscheidung betont wird, als auch, dass eine Entscheidung aufgeschoben oder letztendlich nicht weiter verfolgt wird.[46]

In ikonographischen Zeichnungen, die eine Entscheidenssituation abbilden, werden verschiedene wiederkehrende Symbole verwendet: eine Waage, ein Schwert oder eine Wegkreuzung.[47] Doch transportieren diese Symbole Unterschiedliches:

---

40 Vgl. ebd., 8.

41 Luhmann, Das Recht der Gesellschaft, 308 und ders., Die Paradoxie des Entscheidens, 287–310.

42 Stollberg-Rilinger, Von der Schwierigkeit des Entscheidens, 146.

43 Vgl. ebd., 145; dies., Cultures, 8; Pfister, Einleitung, 12f.

44 Lübbe, Zur Theorie der Entscheidung, 124.

45 Vgl. auch Hoffmann-Rehnitz/Krischer/Pohlig, Entscheiden als Problem, 230, FN 42.

46 Vgl. ebd., 226–228.

47 Vgl. Stollberg-Rilinger, Cultures, 9–15.

Die Darstellung des Schwertes deutet die Komplexität einer Entscheidenssituation an, wie bereits Stollberg-Rilinger herausgearbeitet hat[48]: „The metaphor of the sword stroke is similar. The Gordian knot that Alexander the Great slices with his sword represents a situation in which the complexity of circumstances renders a rational weighing-up pointless, but in which nevertheless a decision has to be made […]."[49] Bei der Symbolisierung einer Entscheidenssituation mit einer Waage wird jedoch die Kontingenz, die einem Entscheidensprozess innewohnt, negiert: Es steht das Abwägen im Vordergrund und es wird impliziert, dass durch gewichtige Gründe die Waagschale abgesenkt werden könnte.[50] Dazu führt Stollberg-Rilinger ergänzend aus: „At the other extreme (the scale model), you make the contingency of a decision disappear as far as possible, such through rationalistic programmes that claim to generate the 'only one correct decision' quasi automatically, in order to avoid the problems of legitimacy that always go along with decision making."[51]

Interessanterweise klingen die Bilder des Schwertes und der Waage in den zwei hebräischen Verben für Entscheiden an. So lautet die Grundbedeutung des Wortes pasak, das auch „entscheiden" bedeutet, „unterbrechen", „abschneiden", „trennen". Damit ähnelt dieses Verb dem lateinischen „decidere".[52] Das Verb hikhria hingegen, das aus der Wurzel כרע kara gebildet wird, besitzt eine andere Konnotation, denn die Grundbedeutung von hikhria lautet „herabsinken lassen" oder „niederbeugen".[53] Die Anklänge an eine Waage sind unverkennbar. Obwohl die beiden Verben diese unterschiedlichen Konnotationen aufweisen, bedeutet es nicht, dass diese intentional mittransportiert werden, wenn sie Verwendung finden.[54] Zumindest deuten schon die Bilder wie auch die Beiklänge der Verben an, dass Entscheiden unterschiedlich dargestellt werden kann und die Kontingenz des Entscheidens in einem Entscheidensprozess nicht immer betont werden muss.

Auch wenn Entscheidungen kontingent sind, lassen sich Mechanismen ausmachen, die im Entscheidensprozess angewendet werden, um die Schwierigkeiten in diesem zu verringern: Hierbei kommt den Ressourcen des Entscheidens eine wesentliche Rolle zu.

---

48 Stollberg-Rilinger verweist in ihren Aufsätzen zudem noch auf das Bild der Würfel oder der Wegscheide. Vgl. ebd.

49 Ebd., 14f.

50 Vgl. ebd., 11 und 16.

51 Vgl. ebd., 16.

52 Vgl. Grundmann, Responsa als Praxis, 164.

53 Vgl. Kramp-Seidel, Semantiken des Entscheidens, 159f.

54 Vgl. ebd.

## 1.3 Dimensionen des Entscheidens

Zwei wesentliche Dimensionen des Entscheidens lassen sich in der Responsa-Literatur in den Blick nehmen: Die Modi des Entscheidens und die Ressourcen des Entscheidens. Hinzu treten außerdem die Aspekte der Medialität und der Materialität. Auf die Dimensionen sowie den Aspekt der Medialität und der Materialität wird im Folgenden eingegangen.[55]

In der Responsa-Literatur kommen zwei Modi des Entscheidens zum Tragen: Externalisierung und Autorität. Eine Externalisierung findet in vielen Fällen dadurch statt, dass Schwierigkeiten an eine externe Instanz abgegeben und somit „auf eine andere Handlungsebene“[56] verschoben werden. In dieser Form des Entscheidens findet oft die Generierung und Feststellung unterschiedlicher Alternativen durch die Fragesteller statt, die eine Schwierigkeit entdecken. Für sie ist die Kontingenz in den meisten Fällen so hoch, dass sie nicht selbst zu einer Entscheidung gelangen wollen. Vielmehr verringern oder umgehen die Anfragenden die Entscheidungslast für sich, indem sie das Problem nicht selber beantworten, sondern an eine externe Instanz abgeben. Damit setzen sie sich selbst nicht der Gefahr aus, im Nachhinein feststellen zu müssen, eine falsche Entscheidung getroffen zu haben. Nicht immer generieren jedoch die Anfragenden unterschiedliche Alternativen, um eine bisher nicht entschiedene Frage zu beantworten. Denn eine Externalisierung liegt auch dann vor, wenn eine frühere, bereits im Gemeindekreis getroffene Entscheidung nachträglich von anderer Seite überprüft werden soll.[57] In einem solchen Fall wird der Respondent gebeten, über eine bereits getroffene Entscheidung zu entscheiden.

Doch lässt sich die Dimension der Externalisierung nur verstehen, wenn noch ein weiterer Modus des Entscheidens in den Blick genommen wird: das Entscheiden durch Autorität. Dies liegt darin begründet, dass eine Externalisierung in vielen Fällen stattfindet, weil man die Person oder die Institution, an die man seine

---

55 Regina Grundmann verweist ebenfalls auf die Modi Autorität und Externalisierung sowie auf die Funktion der Ressourcen der Entscheidung, macht dies jedoch auf einer weniger theoretischen Ebene. Vgl. Grundmann, Responsa als Praxis, 165.

56 Hoffmann-Rehnitz/Krischer/Pohlig, Entscheiden als Problem, 238.

57 Vgl. auch Grundmann, Responsa als Praxis, 167. Ein solcher Fall ist beispielsweise in der im Kap. 2 vorgestellten Frage in IV:315 erkennbar. Dort wird Adret um die Bewertung zu einem bereits gefällten Urteil aufgrund des Protestes einer vom Urteil betroffenen Person gebeten. In dieser Arbeit wird mit folgender Ausgabe gearbeitet: Zaleznik, She'elot u-Teshuvot ha-Rashba. Rabbenu Shlomo bar Avraham ben Adret, 9 Teile in 5 Bänden. Die Teile werden bis zum siebten Teil durchgezählt; der achte Teil wird in der Ausgabe mit Responsa, die „Ramban zugeschrieben werden“, bezeichnet und der neunte Teil mit „neue Responsa – aus Handschriften“. Für eine bessere Lesbarkeit werden in dieser Arbeit die Teile durchgezählt. Bei allen Angaben VIII:XY handelt es sich um Responsa aus dem Teil „Ramban zugeschrieben“ und bei allen Angaben IX:XY um Responsa aus dem Handschriftenband.

Frage externalisiert, als Autorität im Bereich der Halakha auffasst. Autorität findet immer in einer Beziehung zwischen unterschiedlichen Personen statt, wie es mehrfach in der Sekundärliteratur beschrieben wird.[58] Es gibt eine Person oder Gruppe, die jemand anderen als Autorität ansieht. Dies wird bei Heinrich Popitz in seinem Buch *Phänomene der Macht* sichtbar, wenn er die Autoritätsbindung und ihren Charakter sowie in einem weiteren Kapitel die Autoritätsbedürfnisse und die Anerkennungsprozesse vorstellt. Er sieht aber einen „doppelseitigen Anerkennungsprozeß"[59]: Nicht nur die Anerkennung der Überlegenheit der Person, sondern auch das Bemühen des anderen, eben von dieser als überlegen angesehenen Person selbst anerkannt zu werden.[60] Joseph Maria Bocheński und Richard T. De George arbeiten zudem heraus, dass die Autorität nur in einem bestimmten Gebiet vorliege und verschiedene Personen in unterschiedlichen Bereichen Autorität besäßen.[61] In einigen Texten wird zwischen unterschiedlichen Arten von Autorität unterschieden: Bocheński differenziert zwischen epistemischer und deontischer Autorität. Als epistemische Autorität versteht er eine Wissensautorität, die mehr Kenntnisse in einem bestimmten Gebiet als das Subjekt besitzt. Die deontische Autorität hingegen macht Bocheński als die Autorität eines Vorgesetzten aus.[62] De George stellt ebenfalls unterschiedliche Kategorien auf und unterscheidet zwischen exekutiver und nicht-exekutiver Autorität. Unter letzterer Autorität ordnet er die auf Wissen und Kompetenz beruhende Autorität ein.[63] Rainer Paris differenziert zwischen Amtsautorität, Sachautorität und Charisma.[64]

Die Theorien von Popitz und insbesondere Bocheński und De George zeigen jedoch Schwierigkeiten bei dem Verständnis von Autorität im Entscheidensprozess. Im Kapitel, in dem sich Bocheński ausführlicher mit der epistemischen Autorität

58 Nach De George kann auch eine Sache als Autorität bezeichnet werden. Er fasst somit Autorität nicht zwingend als „bewusstes Wesen" auf. Nichtsdestotrotz geht De George im Allgemeinen ebenfalls davon aus, dass der Träger von Autorität zumindest durch einen menschlich sozialen Kontext charakterisiert ist. De George, The Nature and Limits, 16.

59 Popitz, Phänomene der Macht, 115.

60 Vgl. ebd. Des Weiteren gehen Bocheński und De George auf die Beziehung ein. Vgl. Bocheński, Was ist Autorität; De George, The Nature and Limits, 14.

61 Bocheński, Was ist Autorität, 39 und De George, The Nature and Limits, 21.

62 Bocheński, Was ist Autorität, 53.

63 De George, The Nature and Limits, 21–25 und 26f. Er differenziert zudem zwischen einer de facto und de jure und zwischen legitimer und illegitimer Autorität, wobei sich de facto und de jure nicht ausschlössen, sehr wohl aber legitime und illegitime. Vgl. ebd., 19. Innerhalb der auf Wissen beruhenden Autorität stellt De George „de facto epistemic authority" und „legitimate epistemic authority" vor. Vgl. ebd., 27–42.

64 Paris, Die Autoritätsbalance, 40–43. In seinem Autoritäts-Kapitel im Buch *Figurationen sozialer Macht* stellt Paris noch weitere Autoritätstypen vor: die Funktionsautorität und die Organisationsautorität. Vgl. Sofsky/Paris, Figurationen, 42–98.

auseinandersetzt, sieht er jemanden als Inhaber von Autorität für das ‚Subjekt' an, wenn das ‚Subjekt' prinzipiell „alle Sätze" vom Träger der Autoriät anerkenne, wenn sie in das Wissensgebiet fielen.[65] Zudem schätzt es Bocheński als unabdingbar ein, dass die Plausibilität eines Satzes für das Subjekt ansteige, weil der Inhaber der Autorität den Satz geäußert habe. Somit sei das Subjekt von einer stärkeren Kompetenz des Autoritätsinhabers überzeugt.[66] Er sieht es jedoch als wichtig an, dass die Akzeptanz einer Person als epistemische Autorität nicht unbegründet erfolge. Dabei handele es sich meistens um die Schlussfolgerung des Subjekts, die dadurch zustande komme, dass man aus der Erfahrung, entweder der über den Träger oder der über das Wissen der Klasse, der der Träger angehöre, verallgemeinere. Aus diesem Grund sei diese Art der Begründung auch nicht immer fehlerfrei.[67] Erkennbar ist, dass Bocheński in seinem Theorieansatz somit nicht davon ausgeht, dass der Träger sein Wissen demonstrieren müsse. Auch De George lässt in seinen Ausführungen erkennen, dass es nicht um eine Präsentation der Sachkenntnis geht, sondern darum, dass das Gegenüber die von der Autorität getätigte Aussage glaube, unabhängig davon, ob sie richtig oder falsch sei.[68] Dies wird insbesondere an einem von ihm angeführten Lehrer-Beispiel als epistemische Autorität ersichtlich: Nur für jene, die den Beweis nicht verstünden, sei der Lehrer in diesem speziellen Fall eine Autorität; ansonsten glaubten sie dem Beweis und nicht der Autorität.[69]

Mir scheint dieser Ansatz zu kurz zu greifen, da man sich meiner Ansicht nach nur durch den Beweis der Expertise als Autorität im jeweiligen Fachgebiet einen Namen machen kann. Man erkennt eine Person nicht nur als Autorität an, weil man ihr glaubt, sondern weil die Person ihr Fachwissen unter Beweis stellen kann. Zwar kann man auch einer Person Glauben schenken, weil man von ihrem größeren Wissensvermögen ausgeht. Doch sollte sie in einem gewissen Rahmen diese Sachkenntnis bewiesen haben. Die Frage ist, ob man eine Person, die niemals Beweise anführt, jemals als Experten und damit als Ausübenden von funktionaler Autorität[70] anerkennen würde.

Daher erscheinen mir einige Ansätze von Heinz Hartmanns These einer funktionalen Autorität sowie die von Paris aufgestellten Theorieansätze überzeugender. Obwohl Hartmann seine Vorstellung einer funktionalen Autorität stark an das

---

65 Vgl. Bocheński, Was ist Autorität, 57.

66 Vgl. ebd., 59.

67 Vgl. ebd., 63f.

68 Vgl. De George, The Nature and Limits, 33.

69 Vgl. ebd., 33f.

70 Vgl. im Folgenden Hartmann, Funktionale Autorität zur Ausübung von funktionaler Autorität eines Experten.

„Leistungszeitalter“ anlehnt,[71] nennt er einige Aspekte, die auch im Entscheidensprozess von Bedeutung sind. Hartmann arbeitet in seinem Kapitel „Zwischensumme: funktionale Autorität“ heraus, wie wichtig gerade die „bewiesene Sachkunde“[72] ist. Für ihn ist es entscheidend, dass jemand, der funktionale Autorität besitzen möchte, diese auch nachweist. Er schreibt hierzu: „Erst die Demonstration des Wissens und Könnens erlaubt dem Beobachter, die Fachkenntnis des Kandidaten zu beurteilen.“[73] Hartmann gesteht aber auch zu, dass irgendwann der Ruf einer Persönlichkeit die funktionale Autorität verfestigen könne und man somit nicht immer zwingenderweise das Wissen und die Sachkenntnis unter Beweis stellen müsse. Hartmann arbeitet zudem heraus, dass die funktionale Autorität, die auf Beweisen beruhe, einerseits labil sei, andererseits die Position stärken könne, denn „die Forderung aber, daß dieser Nachweis objektiv sei, also empirisch oder logisch verifizierbar, ermöglicht dem Manifestanten die zwangsweise Beeinflussung der Gegenpartei. Unter Berufung auf objektive Maßstäbe und bewiesene Theorien kann er zwingend zeigen, daß sein Anspruch begründet ist.“[74] Ähnlich wie Hartmann sieht es Paris als notwendig an, dass die Sachautorität immer wieder ihre bessere Sachkenntnis beweisen müsse und bei wiederholten Fehlern angezweifelt oder nicht mehr als eine solche Autorität anerkannt werde.[75] Paris zeigt zudem noch einen zusätzlichen Aspekt auf, den Hartmann nicht herausarbeitet: Dadurch, dass die Sachautorität Wissen an andere vermittle, glichen sich die Autorität und der andere immer mehr an. Somit müsse auch die Sachautorität ihr Wissen stets weiter vermehren, um langfristig über mehr Wissen als der andere zu verfügen.[76] Bei dem dritten von ihm identifizierten Autoritätstypen, dem Charisma, hält Paris insbesondere die Bewunderung des anderen für entscheidend; er sieht dort „Vorbildcharakter und die Wertepräsenz der Autorität am stärksten ausgeprägt.“[77]

Diese ausgeführten Theorien bilden eine gute Arbeitsgrundlage für die Fragestellung dieser Arbeit. Im Sinne Hartmanns und Paris‘ beweisen die Respondenten ihre Fachexpertise und damit ihre funktionale Autorität, indem sie sich durch Verweis auf unterschiedliche Rechtstexte und Quellen als Kenner des jüdischen Rechts präsentieren. Diese inszenieren die Autorität noch stärker durch die Verwendung einiger sprachlicher Mittel, den Umgang mit den Anfragenden und die

---

71 Dies wird insbesondere sichtbar, wenn er auf frühere Bezüge zu funktionaler Autorität hinweist und die funktionale Autorität bei Industriebetrieben, in der Verwaltung, in freien Berufen oder in der Militärorganisation erwähnt. Vgl. ebd., 1–57.

72 Ebd., 57.

73 Ebd., 58.

74 Ebd., 60.

75 Vgl. Paris, Die Autoritätsbalance, 41.

76 Vgl. ebd., 41f.

77 Ebd., 42.

hervorgebrachte Kritik oder Wertschätzung gegenüber Gelehrten. Jedoch ist in den meisten Fällen für den Respondenten unabdingbar zu verdeutlichen, dass er über ein großes Fachwissen verfügt und, wenn nötig, die unterschiedlichen Quellen kennt, bewerten und einordnen kann.

Nach dem Ende der gaonäischen Epoche ab dem 11. Jahrhundert kommt eine veränderte Form von Autorität in den Responsa auf. Sie stellen nicht mehr Kollektiventscheidungen, sondern Einzelentscheidungen dar, die vermehrt anhand von Rechtstexten und Rechtsauffassungen gestützt werden.[78] Hier wird insbesondere ein Inszenieren der Sachautorität – oder nach Hartmann der funktionalen Autorität –erkennbar. Wenn Respondenten zeigen, wie sie mit anderen Rechtstexten umgehen, sie einordnen oder auch sprachliche Mittel einsetzen, um sich als großer Kenner zu präsentieren, stellen sie ihr Fachwissen unter Beweis oder inszenieren dieses. De Georges Auffassung einer rein glaubensbasierten epistemischen Autorität ist auf die Realität der Responsa weitaus weniger anwendbar: Nach seinem Muster läge die Autorität nur dann vor, wenn der Respondent keine Beweise brächte und die andere Seite die Entscheidung aufnehme, nur weil sie von diesem Respondenten geäußert wurde. Das bedeutet natürlich nicht, dass die Sachautorität in jedem Responsum durch das Anführen von Belegen aus Rechtstexten ihre Kenntnisse beweisen muss; durch das Beantworten früherer Anfragen, die Bekanntheit erlangt haben, kann sich ein Respondent seinen Ruf als Sachautorität bereits erarbeitet haben. Doch kann er auch in späteren Responsa nicht regelmäßig darauf verzichten, seine Kompetenz zu demonstrieren. Wie Hoffmann-Rehnitz, Krischer und Pohlig schreiben, stellt Autorität „keine objektive Eigenschaft dar, sondern wird zugeschrieben, kann aber auch bestritten werden oder zerfallen."[79]

Das Darstellen und Inszenieren der Sachkenntnis des Respondenten deuten zudem an, dass Sachautorität nicht unhinterfragt akzeptiert wird. So ist überliefert, dass dieselben Fragen von einer Gemeinde oder Institution an unterschiedliche Gelehrte verschickt wurden. Dies lässt vermuten, dass zuweilen verschiedene Responsa eingeholt wurden, wenn den Adressaten eine Antwort nicht richtig erschien.[80] Somit wird eine Entscheidung des Respondenten nicht allein von den Adressaten anerkannt, weil eine Rechtsautorität sie fällt. Der Respondent muss den Adressaten zusätzlich von seiner Entscheidung überzeugen. Bei der Inszenierung der eigenen Autorität ist anscheinend das Unterstreichen der Fachexpertise wichtiger als eine Berufung auf das Amt.[81] Dieses Phänomen ist sicherlich auch mit der von Paris

78 Vgl. Grundmann, Responsa als Praxis, 165f.

79 Hoffmann-Rehnitz/Krischer/Pohlig, Entscheiden als Problem, 238.

80 Vgl. Grundmann, Responsa als Praxis, 168.

81 Vgl. das Kapitel 6.

formulierten These begründbar, eine Betonung der Amtsautorität finde immer dann statt, wenn sie im Verschwinden begriffen sei.[82]

Zweifelsfrei ist auch die Amtsautorität im Entscheidensprozess nicht wegzudenken. Dies liegt darin begründet, dass die Respondenten Leiter von Gelehrtenschulen sind und/oder die Stellung eines Rabbiners innehaben. Doch wirkt die Amtsautorität allenfalls verstärkend: Sollte jemand nur das Amt innehaben, ohne über geeignetes oder zufriedenstellendes Wissen zu verfügen, würde das Anfrageaufkommen abebben. Unbefriedigende Antworten würden sicherlich Anfragen an andere Respondenten zeitigen, bei denen Sach- und Amtsautorität zusammenfielen.

Die Bedeutung der Sachautorität im Entscheidensprozess wird ersichtlich, wenn man beachtet, wie Elon die Respondenten in der Zeit der Rischonim bezeichnet. Er nennt sie nicht, wie man aus der englischen Übersetzung seines Werkes Jewish Law schließen könnte, Autoritäten,[83] sondern die herausragenden Gelehrten (גדולי החכמים)[84]. Auch in der Einleitung zum Legal Digest werden die Gelehrten – anders als in der englischsprachigen Einleitung[85] – als akzeptierte Gelehrte der Halakha (חכמי ההלכה המקובלים)[86] oder anerkannte und autorisierte Lehrer der Halakha (כמורה הלכה מקובל ומוסמך)[87] bezeichnet.

Aufgrund der Inszenierung des Respondenten als Sachautorität kommt der Verwendung der normativen Rechtstexte in Responsa eine große Bedeutung zu. Daher wird im Entscheidensprozess eine weitere Dimension, die der Ressourcen des Entscheidens, stärker in den Blick genommen. In diesem Fall kommt insbesondere den normativen Ressourcen Bedeutung zu. Unter Norm soll hier der engere Begriff der Rechtsnorm verstanden werden, also Verhaltensregelungen mit dem Anspruch auf Durchsetzbarkeit.[88]

Um sich bei der Entscheidung möglichst nicht angreifbar zu machen und die eigene Rückkoppelung an die halakhischen Rechtsvorschriften hervorzuheben, wird vom Respondenten stark auf die verschiedenen jüdischen Rechtstexte zurückgegriffen; dies hilft, die Entscheidenslast zu verringern. Der Umfang der Rechtstexte, auf die der Respondent seit der Epoche der Rischonim zurückgreifen kann, ist sehr groß. So stehen als jüdische Rechtsquellen nicht nur die hebräische Bibel

---

82 Sofsky/Paris, Figurationen, 50.

83 In der englischen Übersetzung des *Ha-Mishpat ha-Ivri* ist von „the leading post-Talmudic halakhic authorities" die Rede. Elon, Jewish Law, Bd. 3, 1475.

84 Elon, Ha-Mishpat ha-Ivri, Bd. 2, 1231.

85 Vgl. Elon, Digest. Legal Digest, Bd. 2., XXII.

86 Elon, Digest. Legal Digest, Bd. 1, כב. Der Legal Digest hat für die hebräische Einleitung eine hebräische Seitenzählung, für den Hauptteil arabische Seitenzahlen und für die englische Einleitung im zweiten Band des Legal Digest römische Seitenzahlen.

87 Ebd.

88 Es finden sich auch weiter gefasste Definitionen von Normen als „Erwartungen an menschliches Handeln". Vgl. Thiessen, Normenkonkurrenz, 241–286.

und die klassische rabbinische Literatur, d. h. die Mischna, die Tosefta, die beiden Talmudim und die Midraschim zur Verfügung, sondern auch die Rechtsliteratur der nachtalmudischen Zeit, die sich aus drei großen Zweigen zusammensetzt: aus der Kommentarliteratur zur Mischna und zum Talmud,[89] den Responsa sowie den Kodifikationswerken.[90] Auf dieses umfangreiche Textkorpus kann der Respondent rekurrieren, um die Kontingenz des Entscheidens zu verringern oder in einigen Fällen unsichtbar zu machen.[91]

Durch den Rekurs auf Rechtstexte kann sich der Respondent einerseits in der Traditionslinie des bestehenden Rechts verorten und andererseits auf diese Art und Weise seine Gelehrsamkeit und Kenntnis der verschiedenen Rechtsquellen unter Beweis stellen. Zudem zeigt der Respondent, wie umfassend sein Wissen ist, wenn er sich nicht nur mit der klassischen rabbinischen Literatur auseinandersetzt, sondern ebenfalls mit Responsa oder später entstandenen Rechtskodizes arbeitet. Somit greifen der Modus der Sachautorität und die Dimension der Ressourcen des Entscheidens bei den Responsa ineinander.

Es ist wichtig darauf hinzuweisen, dass trotz der Verwendung von Rechtstexten durch den Respondenten entschieden wird. Einer möglichen Hypothese, dass der Respondent aufgrund bestehender Normen nicht entscheiden, sondern allenfalls Recht ableiten müsse, da durch die Rechtstexte der Sachverhalt vorgegeben sei, kann widersprochen werden. Auch wenn Normen vorliegen, werden und können sie oft nicht alle Details oder eventuell bestehende Einzelfälle vorgeben. In vielen Fällen hängt es nicht ausschließlich davon ab, wie man unterschiedliche Passagen in den diversen Rechtskorpora interpretiert und für seinen Fall in Anwendung bringt, um die Kontingenz des Entscheidens zu verringern. Vielmehr besteht innerhalb des jüdischen Rechts ebenfalls die Schwierigkeit, dass in diversen Rechtskodizes oder auch Responsa unterschiedliche Rechtsmeinungen vorherrschen, somit in gewissen Fällen voneinander abweichende Rechtsvorstellungen bestehen können und die von Hillard von Thiessen formulierte „Normenkonkurrenz“[92] zu erkennen ist. Nach von Thiessen kann es im stärksten Fall, wenn Normen unterschiedliche Handlungsfolgen aufzeigen, zu einer Normenkollision kommen.[93] Auch Elon deutet diese Normenkonkurrenz in den folgenden Ausführungen an:

> These problems [conflict-of-laws problems] arose because: (a) notwithstanding the existence of Jewish juridical autonomy during much of Jewish history, Jews were subject to the overriding sovereignty of the various governments within whose boundaries they

89 Vgl. zu genaueren Ausführungen zur Kommentarliteratur Elon, Jewish Law, Bd. 3, 1104–1137.

90 Vgl. auch Grundmann, Responsa als Praxis, 172.

91 Vgl. Kapitel 3 und 4.

92 Thiessen, Normenkonkurrenz, 241.

93 Vgl. ebd.

> lived, each having its own legal system; and (b) even more importantly the various centers of Jewish life were scattered among different sovereign states. Because of this dispersal of Jewish communities, many takkanot and customs with reference to the same legal subject differed from place to place.[94]

Eine Rechtsvorstellung kann somit in einigen Fällen nicht einfach übernommen werden, da zu ihr widersprechende Festlegungen bestehen.

Zudem ist hervorzuheben, dass Normen Entscheiden nicht obsolet machen, wenn man bedenkt, dass sich im Wandel der Zeit neue Lebensumstände entwickeln. Aufgrund dieser neuen Lebensumstände entstehen Fragestellungen und Entscheidensmöglichkeiten, die in den bisher vorliegenden Normtexten nicht detailliert oder gar nicht geklärt wurden. Die Ausführungen Daniel Dédeyans[95] zur richterlichen Entscheidung können zum Verständnis eines Entscheidens unter der Hinzuziehung von Normen helfen. So schreibt er:

> Gesetzesbindung entzieht den Entscheid der Hinterfragung und entlastet die Selektionsmechanismen von prozessualer Darstellung. Sie lässt den Entscheid als notwendig erscheinen und macht die tatsächliche Ausübung des Ermessens unsichtbar. Gesetzesbindung schafft so einen geschützten Raum für das Entscheiden nach nichtkodifizierten Kriterien. Das positive Recht steuert kaum die Herstellung der Entscheidung und allenfalls noch die Herstellung der Darstellung der Entscheidung.[96]

Auch wenn Luhmann in seinem Werk *Recht der Gesellschaft* in einem anderen Zusammenhang darauf verweist, dass die Entscheidungen der Gerichte „als Erkenntnis des Rechts oder als Anwendung des Rechts vorgegeben“[97] werden, deutet er an, dass Richter Entscheidungen treffen und nicht nur Recht anwenden.[98] Nach dieser Deutung zeigt sich, dass die Entscheidung in der Regel nicht vorgegeben ist, sondern vielmehr normative Texte herangezogen werden, mithilfe derer eine Entscheidung leichter legitimiert werden kann. Der Rückgriff auf normative Ressourcen hilft in gewisser Weise dabei, dem Vorwurf und dem Bild entgegenzuwirken, ungerecht oder gar willkürlich entschieden zu haben. Dass Normen nicht zwangsläufig ein Entscheiden unnötig machen, wird in gewisser Weise auch von Elon angedeutet, wenn er darauf verweist, dass trotz des Rückgriffs auf die gleichen Texte unterschiedliche Festlegungen in den verschiedenen Regionen der Diaspora

---

94 Elon, Jewish Law, Bd. 1, 78f.

95 Er bezieht sich in seinen Ausführungen auf Luhmanns Thesen.

96 Dédeyan, Die richterliche Entscheidung, 51.

97 Luhmann, Das Recht der Gesellschaft, 328.

98 Vgl. ebd.

entstanden sind.[99] Dies deutet in einem starken Maße an, dass zwar die bereits bestehenden Quellen herangezogen werden, dadurch aber nicht ausschließlich nur eine Antwortoption oder eine Verständnismöglichkeit besteht.

Die Tatsache, dass Normen ein Entscheiden nicht obsolet machen, zeigt sich in Bezug auf die Responsa in einem weiteren Punkt: Die Anfragenden entdecken für die von ihnen aufgestellten Alternativen verschiedene Normen, die jede Option belegen können. Von der Deutung des Sachverhalts hängt ab, welche Rechtsvorschrift im konkreten Fall zur Anwendung kommt. Deutungen sind demnach notwendig und Normen müssen meist erst auf einen spezifischen Fall übertragen werden. Durch dieses Phänomen zeigt sich auch, dass viele Fälle zu konkret sind, als dass sie deutlich in einer Norm vorgegeben sein könnten, und auch hier Ermessens- und Interpretationsspielraum bestehen. Vielmehr gilt also die Frage, welche Norm für eine bestimmte Deutung herangezogen werden kann.[100]

Normen sind kein statisches und festes Gebilde, sondern selbst Wandlungen und Veränderungen unterworfen. Dies liegt sicherlich daran, dass das Recht oftmals praktisch relevante Themen behandelt und durch neue Entwicklungen und Erfindungen Spezifizierungen von Normen vorgenommen werden müssen oder bereits bestehende Normen durch neu hinzugekommene ergänzt werden. So schreibt Elon:

> The practical need to use Jewish law and Jewish courts brought about continuous creativity and development in the Jewish legal system. Social conditions and economic life continually changed from period to period; and, under particular conditions affecting the life of the Jewish people, there were also social and economic differences among the various places of diaspora.[101]

Somit entwickelt sich das Recht stetig weiter und geht auf eventuelle Neuerungen ein, aber immer mit dem Fokus und Rückbezug auf die bereits bestehende Rechtsliteratur, um sich in deren Rahmen zu verorten.

---

99 Vgl. Elon, Jewish Law, Bd. 1, 47.

100 So beispielsweise bei Adret in dem Responsum I:70. Jede der Alternativen ist durch die Anwendung einer Norm begründbar, da dieser ganz spezielle Fall in der Frage bzgl. des Umgangs mit Weizen in Gruben an Pesach nicht abgedeckt war. Für die folgenden Alternativen bezieht sich der Anfragende auf unterschiedliche Rechtsfestlegungen im Babylonischen Talmud oder einer dazu ergänzenden Erklärung Raschis: die Alternative, den Weizen kabweise, also in einer ganz geringen Menge, an einen Nichtjuden zu verkaufen, die Alternative, es an einen Nichtjuden unter der Voraussetzung zu verkaufen, dass er es nicht vor Pesach herausholt oder er eine Bürgschaft darauf nimmt, und die Alternative, ihn für nichtig zu erklären.

101 Elon, Jewish Law, Bd. 1, 46f.

Obwohl der Rückgriff auf Normen Entscheiden nicht obsolet macht, muss an dieser Stelle betont werden, dass nicht alle Responsa Entscheidensfälle abbilden.[102] Es gibt ebenfalls eine große Zahl an Anfragen, die keine Alternativen aufzeigen. Es ist auch eine Vielzahl an Anfragen auszumachen, in denen nach Erklärungen für Bibel- oder Talmudstellen oder für im Talmud genannte Lehren gefragt wird.[103] Auch um Begründungen oder in den Rechtstexten auszumachende Belege für schon bestehende Praktiken wird gebeten. In Adrets Responsa zeigt sich dies beispielsweise in der Anfrage I:191.[104] Hier wird gefragt, wieso es die Anordnung gibt, über das Händewaschen am Morgen einen Segen zu sprechen. Somit besteht für den Anfragenden in diesem Fall keine Unsicherheit über eine Anordnung an sich oder wie diese einzuhalten ist. Vielmehr ist der Fragesteller nur an dem Grund für das bestehende Gebot interessiert.

Neben den zwei besprochenen Dimensionen spielt im Bereich des Entscheidens in Responsa ebenfalls der Aspekt Medialität und Materialität eine Rolle:[105] Da im Mittelalter die an die anfragende Gemeinde oder die anfragende Person gerichteten Responsa Kaufleuten auf ihren Handelsreisen mitgegeben oder durch Boten versendet wurden, wurden die Antworten in den Stationen, in denen die Boten halt machten, zum Teil abgeschrieben und verbreiteten sich damit auch in anderen Gegenden. Sie stellten somit nicht nur ein Kommunikationsmedium zwischen dem Respondenten und dem Anfragenden dar. Dazu schreibt Aryeh Grabois:

> Moreover, the *Responsa* were circulated to other communities because of the nature of their precedents of jurisdictions; therefore, the identity of the persons involved in the query was often disguised by recourse to the names of Jacob's sons, like Reuben and Simon. Thus, the *Responsa* of this period testify to the establishment of an inter-communitarian communication network that ranged far beyond the respective communities of querier and responder because of the authority of the authors.[106]

---

102 Vgl. auch Grundmann, Responsa als Praxis, 163.

103 So beispielsweise in dem Responsum I:56. Dort wird Adret darum gebeten, die tannaitische Lehre „Die Verzierungen einer Sukka verringern nicht [die Höhe] der Sukka" zu erklären. Der Anfragende möchte diese Lehre begründet wissen, weil er das Gebot kennt, Palmenblätter nicht mehr als 10 Ellen herunterhängen zu lassen. Der Anfragende möchte erfahren, wie beide Lehrmeinungen miteinander vereinbar sind.

104 Zu der hier verwendeten Edition der Responsa vgl. FN 57 sowie 1.4.

105 Das Problem ist, dass dies in den Responsa-Sammlungen nicht mehr so abgebildet werden kann. Daher ist nur eine kurze Beschreibung des Phänomens, nicht aber eine textimmanente Analyse dieses Phänomens mithilfe der in den Sammlungen aufgenommenen Responsa möglich.

106 Grabois, The Use of Letters, 94.

Damit kann auch in späteren Entscheidensprozessen auf diese dann zirkulierenden Responsa rekurriert werden.

Folgenden Punkt sollte man auch bedenken: Das Anfragenstellen und Antworten auf dem Schriftweg führt dazu, dass eine gewisse Distanz zwischen Anfragendem und Respondenten besteht. Aus diesem Grund kann sich die eine Seite nicht immer sicher sein, ob die andere das von der einen Partei Intendierte richtig auffasst. Peter J. Haas führt in Bezug auf schriftliche Kommunikation und die damit verbundenen Schwierigkeiten Folgendes aus:

> This is an especially acute problem [= misunderstandings, false assumptions] in written communication, such as responsa, where the sender does not have personal contact with the intended audience, and so receives no immediate feedback as to how the message is being received. In fact, the writer, not having direct contact with his readers, must be writing by the nature of things to an imagined, or "fictional" reader. The result is that the communication is much more representative of the writer's reality than of that of the actual readership.[107]

Damit verbunden weist Haas darauf hin, dass man in den Responsa mehr über die Haltung und das Denken des Autors erfahre als über die Meinung des Adressaten.[108]

Aufgrund der Anfrage in schriftlicher Form und des Verschickens der Responsa ergibt sich zudem, dass der Respondent seine Entscheidung in Abwesenheit der Adressaten fällt.[109]

## 1.4 Kriterien für die Auswahl der Responsa

Bevor im Folgenden die entscheidenstheoretische Untersuchung anhand der Responsa Adrets vorgenommen wird, soll auf einige methodologische Schwierigkeiten bei der Arbeit mit mittelalterlichen Responsa und somit auch mit den Responsa Adrets hingewiesen werden. Diese Schwierigkeiten sind maßgeblich in die Kriterien für die Auswahl der in dieser Analyse verwendeten Responsa eingeflossen.

Eine besondere Herausforderung besteht darin, dass die Responsa in Sammlungen aufgenommen und bearbeitet wurden. Dadurch ist nicht ersichtlich, ob man das gesamte Responsum in den Händen hält, da gewisse Teile möglicherweise nicht übernommen wurden. Des Weiteren zeigt sich, dass in den Sammlungen wiederholt Responsa in unterschiedliche Abschnitte unterteilt wurden, ohne kenntlich

---

107 Vgl. Haas, Responsa: Literary History of a Rabbinic Genre, 57.

108 Vgl. ebd., 59.

109 Vgl. auch Grundmann, Responsa als Praxis, 165.

zu machen, dass es sich ursprünglich um ein Responsum gehandelt hat. Dies wird nur ersichtlich, wenn ein Responsum mehrfach aufgenommen und einmal in einer Sinneinheit wiedergegeben und ein anderes Mal in mehrere Abschnitte unterteilt wurde. Ebenfalls ist in vielen Fällen leider nicht mehr überliefert, an wen das Responsum gerichtet wurde; nur in wenigen Fällen sind der Ort beziehungsweise die Gemeinde oder der namentlich erwähnte Adressat überliefert. Somit kann man oft den Fragesteller nicht mehr sicher identifizieren.

Zudem besteht eine große Schwierigkeit darin, dass die an Adret übersendeten Anfragen nicht wörtlich in die Responsa-Sammlungen aufgenommen, sondern nur in Zusammenfassungen eingefügt wurden.[110] Somit kann man sich nicht sicher sein, ob in der zusammengefassten Frage wirklich alle Details überliefert werden, die der Anfragende ursprünglich aufgeführt hat. Dies wird nur offensichtlich, wenn in den Antworten eindeutig Bezug auf Details in der Frage genommen wird, die in der zusammengefassten Frage nicht erwähnt wurden. Somit können auch in anderen zusammengefassten Fragen Zusammenhänge fehlen, ohne dass dies aus der Antwort ersichtlich wird. Dies führt zu einer Unsicherheit, ob Adret, wie es in manchen Responsa erscheint, von sich aus ausführlicher antwortet, als es die Frage erfordert, oder es sich hier um Bezugnahmen auf nicht überlieferte Facetten der Fragestellung handelt. Zudem können auch Entscheidensprobleme oder Alternativen, die ursprünglich in der Frage vorgelegen haben, in der Zusammenfassung nicht übernommen worden sein. Aus diesem Grund wird in dieser Arbeit ganz bewusst die Hypothese ausgeklammert, dass Adret in bestimmten Fällen ausführlicher geantwortet habe.

Durch eine starke Zusammenfassung der Fragen ist in einigen Fällen das genaue Problem der Anfragenden nicht mehr rekonstruierbar. Dort finden sich nur noch Formulierungen wie „Und zu dem Thema des Pergaments [...].“[111] Welche halakhische Schwierigkeit genau für die Anfragenden bestanden hat, wie sie diese formuliert und ob sie eventuell Alternativen deutlich angemerkt haben, ist nicht mehr ersichtlich. Solche rudimentär überlieferten Anfragen können offensichtlich nicht zur Untersuchung der Frage herangezogen werden, warum Probleme an eine externe Instanz abgegeben werden.

Ein weiteres methodologisches Problem besteht darin, dass in den Sammlungen von Adrets Responsa nicht nur die Anfragen, sondern auch die Responsa in deutlich

---

110 Vgl. zu dem Problem der zusammengefassten Fragen auch Elon, der schreibt: „Many of the questions were abridged or summarized by the copyists or editors of the compilations of responsa, or, occasionally by the respondent himself. Apparently, neither the copyists nor the respondents thought it important to preserve the exact language of the question, since their main concern was with the respondent's legal discussion and decision.“ Elon, Jewish Law, Bd. 3, 1508.

111 In I:580 oder VIII:234. In VIII:234 wird zunächst eine andere Frage beantwortet, bevor auf diesen Teil eingegangen wird.

gekürzter Form aufgenommen wurden.[112] Durch diese erheblichen Kürzungen geht ein Großteil des Argumentationsstrangs verloren und es fehlen wesentliche Ausführungen der Gedankengänge. Erneut wird dies nur ersichtlich, wenn verschiedene Fassungen desselben Responsums in die Sammlungen aufgenommen wurden. Viele dieser stark gekürzten Responsa sind nicht in wörtlicher Rede wiedergegeben. So geht beispielsweise der Argumentationsgang Adrets in dem gekürzten Responsum I:646 verloren: Die wesentliche Antwort auf die vom Anfragenden gestellte Frage, ob man auch den Segen „der, der erschaffen hat“ rezitieren dürfe, wenn sich die für die Hochzeitssegenssprüche geforderten zehn erwachsenen Männer nicht in der Stadt befänden, wird nicht sichtbar. Das von Adret ausgesprochene Verbot, den Segen in kleinerer Anzahl zu sprechen, da der Segensspruch „der, der erschaffen hat“ zu den Hochzeitssegenssprüchen gehöre, wird in der Kurzfassung des Responsums nicht ersichtlich. Vielmehr wird dort nur eine zusätzliche Erklärung zitiert, in welchem besonderen Fall der Segensspruch „der, der erschaffen hat“ anders als die übrigen Segenssprüche anzusehen ist. Somit wird in dieser Zusammenfassung nicht die Antwort auf die konkrete Frage festgehalten, sondern nur ein in dem Responsum zu findender Zusatzaspekt. Aus diesem Grund ist diese Kurzfassung nicht für die Analyse der Responsa als Form des Entscheidens geeignet. Auch das Responsum I:639 stellt die gekürzte Fassung des Responsums VIII:234[113] dar. Das gekürzte Responsum enthält letztendlich nur kurz die Nennung der Entscheidung ohne argumentative Ausführungen. Somit wird ausschließlich durch den Vergleich mit dem ausführlicheren Responsum ersichtlich, dass Adret argumentativ sein Entscheiden inszeniert und mit der Schwierigkeit von einander widersprechenden Lehrmeinungen umgeht. Die normativen Quellen und Auslegungen, mit denen Adret seine Entscheidung zu legitimieren versucht, werden in der gekürzten Version nicht sichtbar gemacht.

Diese kurz vorgestellten Beispiele unterstreichen somit, dass in solch gekürzten Responsa in vielen Fällen die Argumentationsstruktur verloren geht und die für den Anfragenden bestehenden Probleme nicht wiedergegeben werden. Daher finden sie in dieser Untersuchung keine weitere Berücksichtigung.

Aufgrund der Überlieferungsschwierigkeiten wird in dieser Untersuchung mit der vom Machon Yerushalayim herausgegebenen Edition der Responsa Salomon Adrets gearbeitet,[114] die neben den Erstdrucken bisher unveröffentlichte Handschriften und einen guten Anmerkungsapparat enthält. So wird jedes Responsum gekennzeichnet, das nicht von Adret verfasst, aber in die Sammlung aufgenommen wurde, da es ihm irrtümlich zugesprochen wurde. Ebenso ist annotiert, wenn

112 In manchen dieser stark gekürzten Responsa fehlt eine zusammengefasste Frage.

113 Hierbei handelt es sich um den Teil, der in der Edition von Zaleznik den Namen „Ramban zugeschrieben“ trägt. Vgl. dazu die Anmerkung in der Einführung, 16, FN 57.

114 Zaleznik, She'elot. Vgl. zu der Zählung der Responsa in dieser Arbeit: Einführung, 16, FN 57.

Responsa in mehreren Bänden vorkommen oder thematisch ähnliche Responsa vorliegen. Der kritische Umgang mit dem Quellenmaterial wird an einer weiteren Stelle noch stärker ersichtlich: In dem Band, in dem die bisher unveröffentlichten, in Handschriften zu findenden Responsa Adrets ediert sind, werden keine Responsa von anderen Gelehrten aufgenommen, auch wenn sie ursprünglich fälschlicherweise Adret zugeordnet wurden. Dies geschieht aber nur bei vollständiger Sicherheit der fehlenden Autorenschaft Adrets. Es bietet sich demnach an, mit einer Ausgabe zu arbeiten, bei der die Editoren wichtige Voruntersuchungen geleistet und daraus resultierende neue Ergebnisse kenntlich gemacht haben. Damit kann gewährleistet werden, wirklich nur mit dem Material an Responsa zu arbeiten, die nach derzeitigem wissenschaftlichen Stand Salomon Adret zuzurechnen sind.

Für die folgende Analyse werden nicht alle Responsa Adrets untersucht, da schon wegen ihrer Quantität eine Vorauswahl getroffen werden musste. Da Adret in Responsa zu rituellen Themen wiederholt sprachlich die Anfragen auf Sinnhaftigkeit und Richtigkeit prüft und seine Autorität inszeniert, bot es sich an, die Responsa zu rituellen Themen primär in den Blick zu nehmen, insbesondere, um anhand der Sprachwahl die Inszenierung der Autorität des Respondenten untersuchen zu können. Doch liegt der Fokus nicht allein auf dem Themengebiet der rituellen Responsa; stichprobenartig werden auch Responsa zu anderen Themengebieten gesichtet.

Dabei findet in der Regel eine Auswertung jener Fälle statt, in denen Entscheidensprobleme externalisiert werden. Denn nicht bei allen Anfragen an Respondenten handelt es sich um Entscheidungsfragen und somit wird auch nicht in allen Responsa eine Entscheidung verlangt.[115] Sie sind für eine Analyse des religiösen Entscheidens somit nicht relevant. Nur zur Untersuchung der Inszenierung der Sachautorität wird auch auf Anfragen und Responsa zurückgegriffen, in denen keine Entscheidung verlangt wird. Hier werden ebenfalls die Fälle untersucht, in denen Nachfragen zu bereits getroffenen Entscheidungen von Adret gestellt werden und er als Reaktion auf Kritik seine Autorität zu inszenieren versucht.

## 1.5 Aufbau der Arbeit

Um den Entscheidensvorgang umfassend in den Blick zu nehmen, werden zunächst die Ursachen für das Entstehen von Entscheidensproblemen herausgearbeitet, die von einer externen Instanz gelöst werden sollen. Es werden typologische Muster entwickelt, wann es für die Anfragenden zu Schwierigkeiten kommt, die zu einer Externalisierung des Entscheidensproblems führen.

---

115 Vgl. Kapitel 1.3, 21.

Sodann wechselt der Fokus von den Anfragenden auf den Respondenten, um sein Entscheiden stärker in den Blick zu nehmen. Es erfolgt eine detaillierte Vorstellung der in Adrets Responsa verwendeten Rechtstexte. Zudem wird untersucht, welche Funktion der Verwendung der Normtexte zukommt. Dabei soll herausgearbeitet werden, welche Funktion die Verwendung der klassischen rabbinischen Literatur hat. Darüber hinaus stellt sich die Frage, ob zu einem Thema widersprüchliche Rechtstexte zu einer Kontingenzsteigerung führen können, sodass zwischen ihnen entschieden werden muss. Wie nutzt Adret die nachtalmudische Literatur? Verwendet er sie nur, um seine eigene Argumentation zu belegen, oder nutzt er sie auch, um sich von einer Rechtsmeinung abzugrenzen und ihr zu widersprechen?

Des Weiteren soll herausgearbeitet werden, ob sich unterschiedliche Darstellungstechniken eruieren lassen. Stellt Adret in manchen Fällen die Antwort als aus den Rechtstexten ableitbar dar und zeigt keine Alternativen auf? Suggeriert Adret in vielen Fällen, dass er nicht entscheidet? Wenn ja, erfolgt eine Darstellung des Nicht-Entscheidens, indem er die Sachlage als einfach darstellt und keine weiteren Belege anführt oder indem er nicht nur eine einfache Situation betont, sondern auch Beweise anführt, die die einfache Sachlage untermauern sollen? Nennt er in seinen Responsa zuweilen widersprechende Rechtsauffassungen und betont damit eine Komplexität der Situation? Nennt Adret immer klare Entscheidungen oder führt er in manchen Responsa nur übliche Bräuche an?

Abschließend wird die Selbstinszenierung Adrets als Sachautorität in den Blick genommen und untersucht, ob sie stattfindet, indem Adret den Anfragenden sowie dessen gestellte Frage bewertet. Präsentiert Adret sich als überlegen, weil er sein Gegenüber als unwissend darstellt? Inszeniert sich Adret als ein Gelehrter, der die Sinnhaftigkeit von Fragen beurteilen kann, weil er dem Anfragenden und seinen Fragen Respekt zollt? Erfolgt die Inszenierung, indem er frühere oder zeitgenössische Gelehrte lobt oder kritisiert? Antwortet Adret in anderen Fällen sachlich auf die Frage und lässt nicht erkennen, wie er die Frage bewertet und für die eigenen Ausführungen viele Belege aus Rechtstexten anführt? Präsentiert er seine umfassenden Kenntnisse der Rechtstexte dann in einem nüchtern gehaltenen Stil?

In dieser Arbeit soll gezeigt werden, dass Adret in vielen Responsa die Kontingenz des Entscheidens verschleiert, indem er seine Antwort als Ableitung oder einfache Antwort präsentiert, in anderen Responsa jedoch die Kontingenz des Entscheidens betont, die in wenigen Fällen zu einer Nicht-Entscheidung führen kann.

# 2. Das Entstehen von Entscheidenssituationen

Im Entscheidensprozess ist die Frage nach Entstehung und Ursache einer Entscheidenssituation von Bedeutung. Wie in Kapitel 1 ausgeführt, liegt dies darin begründet, dass Entscheiden keine Selbstverständlichkeit, sondern eine Ausnahme darstellt.[1] Zudem könnte man annehmen, dass nicht entschieden werden, sondern zumeist nur Recht angewendet oder abgeleitet werden müsse, wenn viele Rechtsvorschriften vorliegen. Daher soll in diesem Kapitel herausgearbeitet werden, wann für den Anfragenden Entscheidenssituationen entstehen und wann die Entscheidenslast so hoch ist, dass die Frage an Salomon Adret externalisiert wird.

Innerhalb der unterschiedlichen Sachthemen sind Differenzen in den Ursachen für das Entstehen von Entscheidenssituationen erkennbar. Finden sich im Bereich des Zivilrechts – wie beispielsweise in Fragen des Erbrechts, Nachbarschaftsrecht oder des Leihens – oft Streitfälle zwischen zwei Parteien, die letztendlich an Adret zur Bewertung externalisiert werden,[2] entstehen Entscheidensfragen zu Themen im rituellen Bereich meist aus anderen Gründen. Folgende typologischen Muster lassen sich hierbei herausarbeiten.

## 2.1 Keine Rechtsfestlegung im Talmudtext oder anderen Quellen

Entscheidensfragen werden wiederholt an Adret externalisiert, weil die gestellte Frage ein so spezielles Problem umfasst, das nicht eindeutig in den vorliegenden Rechtsquellen, also der Mischna, den Talmudim, den Rechtskodizes und den früheren Responsa, entschieden oder behandelt wurde. Für den Anfragenden liegen unterschiedliche Alternativen zur Beantwortung des Problems aufgrund der fehlenden Rechtsvorschriften vor. Dies soll exemplarisch an den folgenden Fragen aufgezeigt werden.

In dem Responsum I:90 wird erkennbar, dass der Anfragende eine Entscheidensfrage externalisiert, da er diese in den Rechtstexten nicht beantwortet findet: Ist ein Tor, das durch eine Säule getrennt wird, als zwei Türen oder als eine Tür zu verstehen? Für den Anfragenden besteht somit eine Unsicherheit in der korrekten Umsetzung des Mesusot-Gebotes. Da die Mesusot an der Tür angebracht werden

1 Vgl. Kapitel 1.2, 14f und Stollberg-Rilinger, Von der Schwierigkeit des Entscheidens, 145; Stollberg-Rilinger, Cultures, 8; Pfister, Einleitung, 12f.

2 Vgl. die in Kapitel 2.3 aufgeführten Beispiele zu Streitfällen bei Fragen des Erbrechts sowie beispielsweise die Responsa II:1, II:4, II:19, II:41, II:51, II:65, II:142, II:191, II:194, II:215.

müssen, ist für den Anfragenden nicht festgelegt, ob das Tor als eine Tür angesehen wird, die nur eine Mesusa benötigt, oder noch eine zweite Mesusa angebracht werden muss, da dieses spezielle Tor als zwei Türen aufgefasst wird.

Eine fehlende Festlegung in Rechtstexten liegt ebenfalls in dem Responsum I:236 vor. Die Frage wird gestellt, weil der Anfragende nicht eindeutig in den Rechtstexten geklärt sieht, ob jemand mit der Gemeinde die Morgen-Tefilla sprechen darf, bevor er das Schma rezitiert hat. Der Anfragende zeigt eine gewisse Kenntnis der Rechtstexte: Er bezieht sich auf Hai Gaon (Irak 10./11. Jh.), der bei der Abend-Tefilla erlaubt habe, dass derjenige, der noch nicht das Schma rezitiert habe, die Tefilla mit der Gemeinde sprechen dürfe. Da nach dem Verständnis des Anfragenden Hai Gaon in seiner Festlegung keinen Bezug zur Morgen-Tefilla genommen und diesbezüglich weder ein Verbot noch eine Erlaubnis ausgesprochen hat, erwächst für ihn die Notwendigkeit einer Anfrage an Adret.

In dem Responsum I:319 spiegelt sich die für den Anfragenden existierende Rechtsunsicherheit wider, die sich aufgrund von fehlenden Informationen in den normativen Quellen, hier der Mischna und dem Babylonischen Talmud (mBer 2,1 und bBer 13a), ergibt. In den Rechtstexten ist festgelegt, dass derjenige, der in der Zeit des Schma-Rezitierens aufmerksam in der Thora gelesen habe, seine Pflicht des Schma-Rezitierens erfüllt habe. Innerhalb dieser erleichternden Festlegung bleibt ungeklärt, wie in einem solchen Fall mit den zum Schma gehörenden Segenssprüchen umzugehen ist. Es wird dabei nicht ersichtlich, ob diese Segenssprüche nach dem Lesen in der Thora noch gesprochen werden müssen oder diese aufgrund der Pflichterfüllung, das Schma zu rezitieren, nicht notwendig sind, da sie nur beim Rezitieren des Schmas festgelegt wurden. Da der Anfragende die Festlegung nicht konkret an diesen Stellen ausmachen kann, sieht er sich zu dieser Frage veranlasst.[3]

Aufgrund fehlender Rechtsfestlegungen wird auch in dem Responsum I:382 die Frage an Adret externalisiert: In den Rechtstexten ist festgelegt, dass sowohl der Vater als auch der Mohel bei der Beschneidung des Kindes einen Segen sprechen müssen (bShab 137b). Ungeklärt ist jedoch, wie der Vater und der Mohel bei der Beschneidung von Zwillingen vorzugehen haben: Müssen sowohl der Vater als auch der Mohel den Segen für jedes Kind einzeln sprechen oder dürfen beide ihren jeweiligen Segensspruch einmal für beide Kinder zusammen sprechen? Da es keine Festlegung für Zwillingsbeschneidungen in den Rechtstexten gibt, möchte der Anfragende den üblichen Brauch in Barcelona erfahren. Es scheint sich um

3 Möglich ist, dass hier noch eine weitere Ursache für die Notwendigkeit einer Entscheidenssituation für den Anfragenden besteht. Da Adret in der Antwort auf die Einstellung der Geonim verweist, könnte man annehmen, dass der Anfragende mit den Rechtsfestlegungen nicht ausreichend vertraut ist. Es ist jedoch auch möglich, dass die zusammengefasste Frage nicht alle Details der Anfrage berücksichtigt hat. Vgl. dazu auch die Ausführungen zur Schwierigkeit des Erkennens der unterschiedlichen Entscheidungsoptionen und der genauen Anfrage in Kapitel 1.3.

eine einfache Bitte um Auskunft zu handeln, doch kann Adret selbst dazu keinen praktischen Fall anführen. Er befindet sich somit nichtsdestotrotz in einer Entscheidenssituation.

## 2.2 Einander widersprechende Rechtsauffassungen

In vielen Responsa rühren die Anfragen daher, dass widersprüchliche Festlegungen in den Rechtstexten zu finden sind. Bei einander widersprechenden Rechtsauffassungen weiß der Anfragende nicht, welche der beiden korrekt ist und nach welcher man sich richten soll. Meistens sind diese widersprüchlichen Festlegungen in späteren Entwicklungsstufen des jüdischen Rechts und somit in nachtalmudischen Rechtstexten zu finden. Erkennbar wird in diesen Fällen, dass der Anfragende gut mit den existierenden Rechtstexten vertraut ist, da er die unterschiedlichen Auffassungen kennt. Adret wird dann aufgefordert, zwischen den widersprüchlichen Gelehrtenmeinungen zu entscheiden. Meist werden einander widersprechende Festlegungen von unterschiedlichen Gelehrten hervorgebracht. Doch ist erkennbar, dass Adret auch aufgefordert wird, zwischen widersprüchlichen Aussagen von ein und demselben Gelehrten zu entscheiden, der im Laufe seiner Wirkungszeit seine Meinung geändert und daher widersprechende Rechtsfestlegungen geäußert hat.

Maimonides (Spanien/Nordafrika, 1135–1204) ist ein prominentes Beispiel eines Gelehrten, der sich im Laufe seiner Schaffenszeit widersprochen haben soll, sodass Anfragende wissen wollen, welche seiner einander widersprechenden Festlegungen Gültigkeit besitzt. So findet sich eine Reihe von Anfragen aus einer Stadt (פלכם), da die Bewohner dieser Stadt darauf hingewiesen wurden, dass Maimonides an vier Stellen seine Meinung geändert habe. Diese Anfragen umfassen unterschiedliche Themenbereiche.[4] Die erste Frage bezieht sich auf eine Frage zu den Vorschriften von Gesäuertem und Ungesäuertem an Pesach. In der Mischne Torah (MT, Hilkhot Ḥamets u-Matsah, 5,2) habe Maimonides festgelegt, dass fünf Arten Getreide zum Essen erlaubt seien, wenn man sie mit Fruchtsaft – darunter fasst man Wein, Öl und Honig – ohne Wasser an Pesach geknetet habe, denn der Fruchtsaft verursache keine Säuerung. Maimonides habe anschließend seine Meinung dahingehend geändert, dass man wegen des Säuerns nicht der Karetstrafe schuldig werde, ein Verzehr des Teiges jedoch verboten sei.[5] Auch bezüglich des Schofarblasens habe Maimonides seine Meinung geändert: Zunächst habe er in der Mischne Torah festgelegt, dass man die Pflicht des Schofarblasens erfüllt habe, wenn man ein Schofar verwendet

4 Vgl. I:4–7.

5 An welcher Stelle Maimonides sich diesbezüglich geäußert hat, wird nicht in der Anfrage herausgearbeitet. Vgl. I:4.

habe, das aus einer Stadt stamme, die zum Götzendienst verführt worden sei.[6] Später habe Maimonides seine Meinung dahingehend geändert, dass er das Gebot in diesem Falle nicht als erfüllt ansehe. Die Anfragenden möchten nun wissen, welcher Auffassung zuzustimmen sei.[7]

Häufiger jedoch als der Fall, dass entschieden werden muss, weil ein Gelehrter in seiner Schaffenszeit unterschiedliche Rechtsfestlegungen geäußert hat, kommt es vor, dass von unterschiedlichen Seiten einander widersprechende Rechtsauffassungen geäußert werden, bei denen der Anfragende Adrets Einschätzung, welche der Rechtsauffassungen Gültigkeit hat, erfahren möchte. So steht der Anfragende in dem Responsum I:72[8] vor dem Dilemma, zwei unterschiedliche Rechtsauffassungen im Bereich des Seder-Abends sowie die Begründungen der unterschiedlichen Seiten zu kennen. Letztendlich führt seine gute Kenntnis in den Rechtstexten zu der Unsicherheit, welche der beiden Festlegungen die richtige ist. Daher wendet sich der Anfragende für eine Einschätzung an Adret. Konkret geht es in dieser Anfrage um einander widersprechende Festlegungen von Isaak Alfasi (Nordafrika/Spanien, 1013–1103) und Zerahiah ha-Levi Gerondi (Provence, 12. Jh.) zum Thema des Segenssprechens von „der, der die Frucht des Weins erschafft" am Seder-Abend. Während Alfasi die Auffassung vertritt, dass dieser Segensspruch bei allen vier Bechern gesprochen werden müsse, legt Zerahiah ha-Levi Gerondi fest, dass dies nur beim ersten und dritten Becher erforderlich sei.[9] Da nun Widersprüche bezüglich der richtigen Ausführung des Seder-Abends vorliegen und damit auch eine Unsicherheit bei der Ausübung besteht, wendet sich der Anfragende an Adret als externe Instanz, um dessen Einschätzung und Beurteilung zu erfahren.

In dem Responsum I:123 ist gleichfalls zu erkennen, dass die zu entscheidende Frage an Adret auch externalisiert wird, weil unter den Rischonim unterschiedliche Rechtsauffassungen zu der Frage bestehen, ob Frauen den Segen des Gebotes sprechen können, wenn sie ein Gebot ausführen wollen, von dem sie eigentlich befreit sind. Durch die gute Kenntnis in den Rechtstexten der Gelehrten und die Kenntnis der unterschiedlichen Belege[10] sieht der Anfragende sich der Schwierigkeit ausgesetzt, zwischen unterschiedlichen Auffassungen entscheiden zu müssen, weswegen er sich an Adret wendet, der ihm seine eigene Einschätzung geben soll.

---

6 Heute ist in der Version der Mischne Torah die zweite Version zu finden. Vgl. Bar-Ilan Version von MT, Hilkhot Schofar, Shofar ṿe-Suka ṿe-Luḷav, 1:3.

7 Vgl. I:5.

8 Dieses Responsum ist identisch mit VIII:201.

9 Vgl. Sefer ha-Halakhot Pes 24a und Ha-Ma'or ha-ḳaṭan Pes 24a.

10 Auch wenn in der Anfrage nicht sichtbar wird, dass der Anfragende die unterschiedlichen Positionen genau kennt, wird dies durch die Antwort Adrets ersichtlich, da Adret darauf verweist, dass der Anfragende die unterschiedlichen, angeführten Positionen und Belege kenne. Vgl. I:123.

Ähnlich wird auch in dem Responsum VIII:234 deutlich, dass die Anfragenden die zu entscheidende Frage auslagern, da unterschiedliche Lehrmeinungen bestehen: In diesem Beispiel besteht eine Meinungsdiskrepanz bezüglich der richtigen Anordnung der Thoraverse, die in die Kammern der Kopf-Tefilla gegeben werden. Hier nennen die Anfragenden ausführlich die ihnen bekannten widersprechenden Festlegungen, die zum Teil auch schon als Erwiderung zueinander entstanden sind,[11] und wollen erfahren, welcher Auffassung Adret Recht gibt.

## 2.3 Streitfälle

Wiederholt werden Entscheidensfragen an Adret externalisiert, weil Streitfälle zwischen unterschiedlichen Parteien vorliegen. Hierbei kann sowohl die Begebenheit auftreten, dass man die entscheidende Frage externalisiert, als auch der Fall, eine vorherige Entscheidung in einem Streitfall durch eine externe Instanz rechtfertigen zu lassen.

In dem Responsum I:300 wird folgender Streitfall an Adret weitergeleitet: In einer Gemeinde gibt es einen Vorbeter, der schon alt geworden ist und aus diesem Grund nicht mehr alle Aufgaben allein erledigen kann. Das Vorbeten der Tefilla nimmt er nicht mehr selbst vor, sondern lässt sie durch seinen Sohn vortragen. Auslöser für den Streitfall ist, dass einige wenige Gemeindemitglieder die Stimme des Sohnes nicht angenehm finden und fordern, dass der Vorbeter entweder weiterhin die Tefilla vorbeten müsse oder sich andernfalls zur Ruhe setzen solle. Es werden die Argumente des Vorbeters genannt, seinen Posten auch behalten zu können, wenn er die Tefilla nicht eigenständig vorbetet.[12] Zum einen verweist der Vorbeter darauf, dass man ihm wegen seines hohen Alters gnädig sein solle, wie man auch mit seinen Vorfahren verfahren habe. Zum anderen macht er darauf aufmerksam, dass eine Takkana der Vorfahren existiere, der zufolge der eingesetzte Vorbeter alle Tage seines Lebens in der Gemeinde arbeiten solle und ihm nicht einfach jemand zur Seite gestellt werden könne, den er nicht selber ausgewählt habe. Die Existenz der vom Vorbeter erwähnten Takkana wird durch den Anfragenden bestätigt, der in seiner Anfrage an Adret aus der Takkana zitiert. In der zusammengefassten Frage ist nicht erkennbar, ob eine andere Instanz bereits über den Fall entschieden hat. Da dies nicht erwähnt wird, ist es möglich, dass Adret als externe Instanz zu

---

11 So widerspricht Abraham ben David von Posquières der Festlegung des Maimonides. Es werden insgesamt die Positionen von Rav Hai Gaon, Alfasi, Maimonides und Abraham ben David von Posquières genannt. Zudem werden noch die Gelehrten Lunels erwähnt, die Maimonides geschrieben haben sollen. Vgl. VIII:238.

12 Es ist nicht mit Sicherheit festzustellen, dass wirklich alle Argumente in die zusammengefasste Frage aufgenommen wurden. Vgl. Kapitel 1.3.

einer Entscheidenssituation in dem Streitfall angefragt wurde und zuvor keine Entscheidung getroffen wurde.

In dem Responsum IV:315 ist ebenfalls im Kontext von Responsa zu rituellen Themen ein Streitfall zu erkennen. Hier ist jedoch eine Differenz zu dem zuvor vorgestellten Beispiel auszumachen. An dieser Stelle wird nicht eine noch unentschiedene Sachlage an Adret externalisiert, sondern eine bereits gefällte Entscheidung auf ihre Richtigkeit überprüft. Diese Externalisierung wird sicherlich auch vorgenommen, weil die Gegenseite mit der Entscheidung nicht einverstanden ist. Ob die Anfrage der Absicherung der vorherigen Entscheidung dient, lässt sich anhand der zusammengefassten Frage nicht eruieren, da die unterschiedlichen Streitpositionen hier neutral vorgetragen werden und nicht auszumachen ist, ob der Anfragende der Seite angehört hat, die zu der Entscheidung gelangt ist. Konkret geht es in dem Fall um die Beurteilung eines Mannes, dessen Verhalten zur Verhängung eines Strafmaßes durch die zwölf Gemeindevorsteher (ראשי הקהל) geführt hat. Nun wird angefragt, ob das Strafmaß adäquat ist: Dieser Mann, der zuvor immer die Gebote befolgt habe, habe mit Maurern über den Bau eines Hofes verhandelt. Als die Arbeiter daraufhin mit der Arbeit begonnen hätten, hätten sie nicht nur unter der Woche, sondern auch am Schabbat gearbeitet – zunächst in ihrem eigenen Hof, um die Steine zu bearbeiten, nachher aber auch in dem besagten Hof des Auftraggebers. Nachdem der Mann gesehen habe, wie die Arbeiter diese Arbeit verrichtet hätten, habe er sich später, als er zu seinem sich nicht in der Nähe des Hofes befindlichen Haus zurückgekehrt sei, gefragt, ob das Arbeiten im Hof erlaubt sei. Er habe einen Boten zur Baustelle schicken lassen, um die Handwerker dazu zu bringen, die Arbeit zu beenden. Währenddessen hätten aber schon einige Mitglieder aus der Gemeinde die Arbeiter von ihrer Arbeit abgehalten. Am nächsten Tag sei der Mann vor die Gemeindevorsteher gerufen worden. Nachdem sie ihn gehört hätten, sei eine Strafe über ihn verhängt worden. Sie hätten ihn bannen wollen und „ferner legten sie noch eine Geldstrafe auf seine Bannung".[13] Es wird berichtet, dass sich der bereits in der Bannung befindliche Mann weigere, Nahrung zu sich zu nehmen und die Strafe zu bezahlen, da er eine Antwort verlange, ob der Bann rechtens gewesen sei.

Sind Streitfälle in Anfragen zu rituellen Themen seltener zu finden, werden in Fragen zum Zivilrecht häufiger Entscheidensfragen aufgrund von Streitfällen an Adret externalisiert.[14] So ist in dem Responsum II:211 zu erkennen, dass ein Streitfall zwischen zwei Personen an Adret externalisiert wird, auch wenn der Fall an sich mehr Parteien als die beiden im Streit befindlichen Personen betrifft. Aufgrund der Komplexität des Bestandes führt der Anfragende die Konstellationen genau aus

---

13 ונדוהו ועוד הטילו קנס על נדויו. IV:315.

14 Vgl. dazu Kap. 2, FN 2.

und nennt die exakten Beziehungen der unterschiedlichen Personen zueinander, was im Fall eines Erbrechtsstreits notwendig ist. Konkret geht es um einen Streit um den Besitz des verstorbenen Jakobs. Dieser hatte zu seinen Lebzeiten keine Kinder, aber zwei Schwestern, Lea und Rachel,[15] die wiederum Kinder haben. Leas Kinder heißen Ruben und Simon und Rachels Söhne sind Josef und Benjamin. Leas Sohn Simon hat wiederum zwei Töchter. Noch zu Lebzeiten Jakobs sterben Lea und Simon, der demnach seine beiden Töchter hinterlässt. Dann beschließt Jakob umzuziehen und mit Benjamin zusammen zu wohnen. Während des Zusammenwohnens wird Jakob krank und stirbt. Daraufhin befindet sich der Besitz Jakobs in Benjamins Händen, was dazu führt, dass Ruben von Benjamin verlangt, den Besitz Jakobs mit ihm zu teilen, weil er sich genauso wie Benjamin als Jakobs Erben ansieht. Benjamin weigert sich und weist daraufhin, dass er eine Schenkungsurkunde von Jakob aus allen Verpflichtungen Jakobs besitze, die sowohl mündlich als auch schriftlich geschlossen worden seien. Ruben verlangt nach dieser Behauptung, eine Kopie der Urkunde zu sehen, wozu er seiner Meinung nach berechtigt sei. Benjamin verneint hingegen, dass er Ruben das Dokument zeigen müsse: Des Weiteren behauptet er, Ruben sei gar nicht sein Opponent. Als weiteres Argument führt er an, dass der Kläger den Beweis einbringen müsse. Ruben wiederum widerspricht Benjamin und verweist darauf, dass er wie Benjamin zu beurteilen und deswegen auch dessen Opponent sei. Ruben wiederholt zudem, dass Benjamin ihm das Dokument zeigen müsse, das Jakob ihm angeblich ausgestellt habe, und stellt in Frage, ob das Dokument ordnungsgemäß erstellt worden und tauglich sei. Des Weiteren weist Ruben zurück, dass nur der Kläger einen Beweis hervorbringen müsse; seiner Ansicht nach müsse gerade Benjamin den Beweis anführen. Nach den Zurückweisungen verlangt er, dass Benjamin ihm die Hälfte des Besitzes seines Onkels übergeben müsse. Wie zu sehen ist, stehen hier zwei Parteien im klaren Widerspruch und der Anfragende bittet Adret um eine Entscheidung in diesem Streitfall.

Auch in dem Responsum II:219 stehen sich unterschiedliche Parteien in einem Streitfall gegenüber, sodass der Anfragende von Adret wissen möchte, welche Partei im Recht ist. In diesem Streit sind offen zwei Parteien aktiv, doch ist hier eine weitere Person involviert, für die eine der beiden anderen Parteien mehrfach spricht. Wie im vorherigen Beispiel wird auch hier um ein Erbe gestritten. Der Verstorbene hinterlässt nach seinem Tod ein großes Vermögen, ohne aber ein Testament verfasst zu haben.[16] Eheliche Kinder hat er nicht, dafür eine noch junge, uneheliche Tochter.

---

15 In den Responsa werden nicht die echten Namen, sondern fiktive Namen gewählt. Vgl. dazu auch Elon, der darauf verweist, dass meistens die Namen der Söhne Jakobs sowie die Namen der Matriarchinnen genutzt werden. Elon, Jewish Law, Bd. 3, 1471.

16 In der Frage wird das Vermögen detailliert aufgelistet: Es besteht aus Goldgefäßen, Silbergefäßen, Weizen, Geld, Schuldscheinen und unbeweglichem Gut.

Zur Familie gehören zudem noch Kinder seiner Schwestern sowie die Kinder des Onkels väterlicherseits und andere Verwandte. Während die Kinder der Schwestern den Anspruch erheben zu erben, da sie behaupten, dass das uneheliche Kind nicht vom Vater anerkannt worden sei, sprechen sich die übrigen Verwandten für das uneheliche Kind aus. Sie führen aus, dass das Kind sehr wohl vom Vater anerkannt worden sei, da es auch in seinem Haus großgezogen worden sei, wo es nach dem Tod des Vaters immer noch wohne. Daher fordern die restlichen Verwandeten, dass alle Besitztümer „zur Ehre des Vaters" in einen Bet Din gegeben werden sollten, bis die Tochter verheiratet werde. Daraufhin seien die Kinder der Schwestern zu der Tochter gekommen, um sie zu verlocken, wie es in der Zusammenfassung der Frage heißt. Die Tochter selbst sei noch sehr jung gewesen und habe sich nicht im Handel ausgekannt. Die Kinder der Schwestern hätten sodann das Geld, die Gefäße, die Dokumente[17] und den Schlüssel des Lagerhauses für Weizen vor die Tochter gelegt und sie gefragt, was die Tochter ihnen davon im Scherz geben werde. Die Tochter teilt sodann alles im Scherz unter den Kindern der Schwestern auf. Daraufhin behaupten sie, dass die anderen Verwandten keine Möglichkeit hätten, Einspruch zu erheben und alles ihnen gehöre. Dieser Aussage widersprechen jedoch die übrigen Verwandten; sie sehen das von der Tochter Gegebene nicht als Geschenk (מתנה) und die Übergabe des Schlüssels als vollkommen nutzlos an. Sie finden im Gegenteil, dass man die Tochter und ihren Besitz aus dem Einflussbereich der Kinder der Schwestern herausholen müsse, da sie schon begonnen hätten, die Tochter zu betrügen. Adret wird nun in diesem Streitfall, um seine Entscheidung gebeten.

## 2.4 Rechtsfestlegungen, die ein Problem in der tatsächlichen Ist-Situation darstellen

Zu entscheidende Fragen können dadurch aufkommen, dass Rechtsfestlegungen, die eindeutig sein können, ein Problem in der tatsächlichen Ist-Situation darstellen. Als prominentes Beispiel hierfür kann die Anfrage in dem Responsum I:13 angeführt werden. In der zusammengefassten Frage wird ersichtlich, dass Klarheit darüber besteht, dass laut bGit 59b ein Kohen in der Synagoge nicht nach einem anderen Kohen lesen soll. Konkret wird dies dann zum Problem, wenn in der Synagoge nur Kohanim zugegen sind und somit letztendlich das Gebot im wörtlichen Sinne nicht eingehalten werden kann. Daher lautet die an dieser Stelle an Adret abgegebene Frage, wie das Lesen in der Synagoge aussehen soll, wenn nur Kohanim in der Synagoge anwesend sind.

17 Oder Urkunden.

Auch in den Responsa I:322 und I:323 wird erkennbar, dass eine akzeptierte Rechtsauffassung dann zu Unsicherheiten führt, wenn die Ursachen für diese Rechtsfestlegung im konkreten Ist-Fall nicht anwendbar sind. Ursächlich für die Schwierigkeit ist folgende, von Samuel geäußerte Lehrauffassung in bPes 100b–101a, die folgend als richtig angesehen wird: Der Kiddusch in der Synagoge müsse gesprochen werden, um die in der Synagoge essenden Gäste von ihrer Pflicht zu befreien, Kiddusch zu sprechen. Das an dieser Stelle geschilderte Problem und die daraus resultierenden Fragen entstehen dann, wenn überhaupt keine Gäste in der Synagoge zugegen sind, damit die Begründung für das Sprechen des Kiddusch in der Synagoge nicht mehr gilt und somit der Segen unnötigerweise gesprochen wird. Daher entsteht zum einen die Frage, ob der Wein getrunken werden soll, wenn man in der Synagoge den Kiddusch spricht, ohne dass Gäste zugegen sind. Zum anderen wird gefragt, wie man das Kiddusch-Sprechen in der Synagoge rechtlich stützt, wenn keine Gäste vor Ort sind, wie es in manchen Gemeinden praktiziert wird. Der Anfragende möchte wissen, ob in dem Fall, dass der Kiddusch in Abwesenheit von Gästen in der Synagoge rezitiert wird, möglicherweise nicht die akzeptierte, von Samuel in bPes 100b–101a vertretene Rechtsauffassung angenommen, sondern folgende zuvor von Rav geäußerte Lehrmeinung als richtig angesehen wird: Mit dem Rezitieren des Kiddusch in der Synagoge werde die Pflicht des Kiddusch-Rezitierens für alle in der Synagoge Anwesenden erfüllt, da der Kiddusch nicht an dem Ort der Mahlzeit rezitiert werden müsse.[18] Aufgrund eines Widerspruchs zwischen akzeptierter Rechtsvorstellung und möglichen Ausführungen im Ist-Zustand treten die Entscheidensschwierigkeiten für den Anfragenden auf, die sogar dazu führen, dass der Anfragende die akzeptierte Rechtsauffassung hinterfragt. Dieses Rechtsproblem soll von Adret als externe Instanz gelöst werden.

## 2.5 Widerspruch gegen einen bestehenden Brauch

Aufgrund von Kritik an einem bestehenden Brauch können Entscheidensfragen an Adret externalisiert werden. In diesen wird nach der Berechtigung des Einwands gefragt und implizit von Adret die Entscheidung verlangt, ob der Brauch weiter bestehen darf oder dieser abgeschafft werden soll, da er gegen Rechtsvorschriften verstoßen könnte. Hierbei können unterschiedliche Fälle auftreten: Der Anfragende kritisiert den ausgeübten Brauch und möchte sich vergewissern, dass er die Situation mit seinem Einwand richtig bewertet, oder der Anfragende nennt die Kritik eines anderen (Gelehrten) an einem ausgeübten Brauch. In manchen

18 Diese Ansicht vertritt in bPes 100b–101a Samuel, sodass die Notwendigkeit für das Rezitieren des Kiddusch in der Synagoge mit der Anwesenheit von Gästen begründet wird.

dieser letztgenannten Fälle gehört der Anfragende zu den Personen, die den Brauch ausüben.

Laut der zusammengefassten Frage in dem Responsum I:124 bewertet ein Gelehrter einen an Pesach üblichen Brauch als falsch: Gemäß dem Brauch beschäftigt man sich in der Zeit der Teigvorbereitung mit dem Teig, um einen möglichen Säuerungsprozess zu verhindern, bringt den Teig jedoch zu einem stationären Ofen, der in einer Entfernung von fünf oder zehn Häusern liegt, um dort das Brot zu backen. Der Anfragende schildert dabei nicht einseitig nur seine Position, sondern führt ebenfalls die Argumente des Kritikers an. Implizit möchte er von Adret entschieden wissen, ob das Backen in diesen Öfen nun weiter so ausgeführt werden darf oder man diese Gewohnheit aufgeben soll.

In dem Responsum I:469 wird ebenfalls ersichtlich, dass ein ausgeübter Brauch kritisiert wird, und daher herauszufinden ist, ob der Brauch nun korrekt oder diesem zu widersprechen sei. In der hier zusammengefassten Frage ist nicht erkennbar, welche Position der Anfragende vertritt. Hier ist nur neutral von dem Brauch zu lesen und davon, dass diesem widersprochen wurde. Konkret wird in der zusammengefassten Frage von dem Brauch berichtet, an gewissen Stellen zu Ehren des Bräutigams oder zu Ehren der Beschneidung Dichtungen zu sprechen. Da aber andere diesen Brauch als unpassend ansehen und für die Ablehnung des Gebotes eine Begründung anführen, externalisiert der Anfragende das Entscheidensproblem, ob der Brauch weiter ausgeübt werden darf oder nicht.

In dem Responsum IV:104 wird erkennbar, dass der Anfragende mit seiner an Adret verschickten Frage beabsichtigt, einen ausgeübten Brauch auf seine Richtigkeit überprüfen zu lassen und somit implizit die Entscheidensfrage stellt, ob der Brauch weiter bestehen bleiben kann. Der von dem Anfragenden auf Richtigkeit zu überprüfende Brauch ist folgender: Man ruft in einer Synagoge am Schabbat aus, dass ein gewisser Gegenstand verloren gegangen sei. Sollte jemand dort etwas über den Verbleib des verlorengegangenen Gegenstandes wissen, solle dieser sich melden.

Diesem Sachverhalt ähnlich stellt auch der Anfragende in dem Responsum V:224 die Richtigkeit einer Gewohnheit in einer Stadt in Frage. Dort gehen die Menschen am Schabbat im öffentlichen Gebiet mit einem Mantel um den Hals gewickelt aus dem Haus; bevor der Anfragende diesen Mantel noch weiter beschreibt und darauf hinweist, dass dieser keinen Ausschnitt oder keine Schleifen habe, werden seine Zweifel am Brauch erkennbar: Er zitiert die Lehrmeinung Rabbi Jochanans[19] (bShab 147a), laut der jemand, der mit einem gefalteten und um seinen Hals gelegten Mantel hinausgeht, zu einem Sündopfer verpflichtet und somit das Hinausgehen

19 In bShab 147a gibt Rav Isaak bar Josef die Lehre des Rabbi Jochanans wieder.

mit einem solchen Mantel nicht gestattet ist. Implizit stellt der Anfragende damit die Frage, ob dieser Brauch bestehen bleiben kann.

## 2.6 Anfragen aufgrund unklarer Formulierungen in Rechtstexten

Wiederholt ergeben sich zu externalisierende Entscheidensfragen durch eine Unklarheit in Rechtstexten, insbesondere im Babylonischen Talmud. So ist in dem Responsum I:39 die Anfrage damit zu erklären, dass der Anfragende nicht sicher ist, wie die Ausführungen im Babylonischen Talmud in bBeẓa 24b rechtlich zu verstehen sind. Die Unsicherheit tritt auf, weil in dieser Talmudstelle über drei unterschiedliche Geschenkarten eines Nichtjuden gesprochen wird, die einem Juden übergeben werden. Bei dem einen Geschenk handelt es sich um Gaben von Gütern, von deren Art es noch weitere nicht geerntete gibt. Bei der zweiten Geschenkart handelt es sich um die Gabe von Rohstoffen, von denen es kein noch nicht geerntetes Äquivalent mehr gibt. Bei dieser Geschenkart wird zudem zwischen den Gaben außerhalb und innerhalb der Schabbatgrenze unterschieden. Im ersten Fall – wenn noch nicht alles von dieser Rohstoffart geerntet ist – ist dem Juden an einem Feiertag das Annehmen der Gabe von einem Nichtjuden verboten. Hier wird zudem ausgeführt, dass die Gabe nicht direkt am Abend des Feiertages erlaubt sei, sondern erst dann, nachdem so viel Zeit vergangen sei, dass man sie hätte ernten können. Jedoch fehlt dieser präzise Zusatz bei den Ausführungen zu der Gabe, von der es zwar kein Äquivalent mehr gibt, die noch nicht geerntet wurde, die aber von außerhalb der Schabbatgrenze kommt. Da es bezüglich dieser Gabe nur heißt, dass die Gabe verboten sei, nicht aber ausdrücklich erwähnt wird, ob eine einschränkende Regel für den Abend des Feiertages gelte, ist sich der Anfragende nicht sicher, ob diese einschränkende Regel, die bei der anderen Art der Gabe gilt, ebenfalls Gültigkeit besitzt oder diese Gabe am Abend sofort erlaubt ist. In diesem Fall ist somit eine uneindeutige Formulierung im Talmudtext dafür verantwortlich, dass diese Fragesituation zu einem halakhisch wichtigen Thema entsteht, das Auswirkungen auf die auszuführende Praxis haben kann. Um sich selbst von der Entscheidenslast zu befreien, externalisiert der Anfragende das Problem.

In dem Responsum I:119 wird ebenfalls ersichtlich, wie durch unpräzise Festlegungen im Babylonischen Talmud für den Anfragenden eine Entscheidenssituation entsteht, wobei er für die ihm wahrscheinlicher erscheinende Variante selbst eine Begründung aus einer anderen Talmudstelle anführt. Der Anfragende möchte wissen, wie genau die Festlegung in bMeg 28a zu verstehen ist, dass ein Gelehrter vor einem ungebildeten Hohepriester lesen solle. Werde damit impliziert, dass wirklich nur ein vollends ungebildeter Kohen mit dieser Festlegung gemeint sei und damit nur in diesem konkreten Fall ein Gebildeter vorher lesen dürfe? Der Anfragende scheint eher zu der anderen Entscheidungsvariante zu tendieren, die

Aussage beziehe sich ebenfalls auf den Fall, wenn sowohl der Gelehrte als auch der Kohen gebildet seien, der Gelehrte jedoch gebildeter als der Kohen sei. Für diese Position zitiert der Anfragende eine Passage aus bGit 59b, die man als Beleg für die letztere Position anführen kann. Denn in dieser Talmudstelle wird von Rav Huna berichtet, der in der Synagoge gelesen habe, obwohl dort zwei wichtige Kohanim anwesend gewesen seien. Trotz seiner Tendenz zu der zweiten Alternative besteht für den Anfragenden eine Rechtsunsicherheit, sodass er das Entscheidensproblem an Adret externalisiert.

Ähnlich ist die Situation in dem Responsum V:227. Der Anfragende kennt das Gebot aus bBeẓa 24b–25b, dass ein Jude keine von außerhalb der Grenze stammenden Früchte annehmen dürfe, wenn sie diesem an einem Feiertag gebracht würden, auch wenn von diesen Früchten keine mehr auf dem Feld stünden. Auch die dazugehörige Erklärung ist dem Anfragenden ein Begriff: Das Verbot gelte für die eine Person, nicht aber für eine andere Person, weil es eine Vorsichtsmaßnahme darstelle. Man wolle verhindern, dass die Person einen Nichtjuden auffordern könnte, ihr etwas von den Früchten zu bringen. Der Anfragende sieht in dieser Talmudstelle nicht eindeutig geklärt, wie die Mitglieder des Hauses von der Person, der die Früchte gebracht werden, zu bewerten sind. Im Babylonischen Talmud selbst wird nicht klar aufgezeigt, ob für die Familienmitglieder dieses Verbot ebenfalls gilt, weil sie mit unter das Verbot fallen, oder ob sie als andere Juden gelten, die somit die Früchte annehmen dürfen. Aus dieser Beschreibung wird ersichtlich, dass auch hier aufgrund einer uneindeutigen Festlegung in den Rechtstexten der Anfragende die zu entscheidende Frage an Adret externalisiert, da er sich eine profunde Antwort auf dieses Problem erhofft.

## 2.7 Zweifel an überlieferten oder bestehenden Rechtsauffassungen

Oftmals entstehen zu entscheidende Situationen, weil der Anfragende eine Rechtsauffassung hört oder liest und diese anzweifelt und daher wissen möchte, ob sie korrekt ist. Letztendlich soll Adret in diesen Fällen zwischen folgenden Alternativen wählen: zwischen der zuvor bestehenden Rechtsauffassung eines Gelehrten und dem vom Anfragenden vorgetragenen Zweifel an der Rechtsauffassung. So zweifelt der Anfragende in dem Responsum I:249 die ihm von einem Gelehrten zugetragene Festlegung an: Der Gelehrte verbietet, dass derjenige, der an einem Ort Kiddusch gehört habe, in einer Synagoge, die er betreten habe und in der man gerade die Weihung spreche, mit den anderen den Kiddusch sprechen dürfe. Der Anfragende hinterfragt jedoch diese Rechtsauffassung, indem er von Adret eine Beurteilung dieser Rechtsauffassung erfahren möchte, den vom Gelehrten angeblich in der Tosefta zu findenden Beleg verifiziert haben möchte und dieses Rechtsproblem zwecks einer Entscheidung an Adret externalisiert.

Ein Anfragender möchte von Adret die Festlegung eines Pijjutdichters überprüft wissen. Der Pijjutdichter hält in seinen Ausführungen zu Pesach folgendes fest: Ein Tauber, ein Dummer, ein Minderjähriger sowie ein Proselyt, der geleugnet habe, dürften nicht den Mazzenteig kneten, und jeder, der Brot esse, das durch diese Personengruppen geknetet worden sei, solle sich schämen, auch wenn ein für rechtliche Geschäfte tauglicher Israelit den Teig anschließend gebacken haben solle. Der Anfragende zieht die Aussage in dieser Form in Zweifel und möchte wissen, ob die Halakha entsprechend dieser Festlegung ist und ob sie auch bei der Mazza des Gebotes gilt. Der Anfragende findet keinen Beleg, der das Kneten des Mazzenteigs für diese bestimmte Personengruppe untersagt. Dies ist der Grund für seine Skepsis, die zu einer Externalisierung der Frage geführt hat.[20]

In dem Responsum I:85 führt der Anfragende eine im Namen eines Gelehrten[21] überlieferte Lehre an, nach der ein unverheirateter Kohen nicht den Priestersegen mit den anderen Kohanim sprechen dürfe. Entscheidend für diese Festlegung ist nach Darstellung des Anfragenden eine Behauptung des Gelehrten selbst, dass ein Kohen den Priestersegen nur aus Freude sprechen dürfe. Da laut bYev 62b ein Unverheirateter ohne Freude lebe, erkläre der Gelehrte, dass ein unverheirateter Kohen aus diesem Grund nicht mit den anderen den Segen rezitieren solle. Ob der Anfragende diese überlieferte Lehre vollends in Zweifel zieht, wird aus der zusammengefassten Frage nicht ersichtlich. Jedoch ist von einer Kritik seitens des Anfragenden auszugehen, da er andernfalls die Frage nicht an Adret senden, sondern die überlieferte Rechtsauffassung als gültig akzeptieren würde.

In dem Responsum I:1175 wird ersichtlich, dass der Anfragende eine Festlegung in einem Siddur gelesen hat und die dort zu findenden Festlegungen von Adret auf Richtigkeit überprüft wissen möchte. Laut des Siddurs sollte man zwischen dem Hochzeitssegen eines Witwers, der eine Witwe heiratet, und dem Segen eines jungen Mannes, der eine Jungfrau heiratet, unterscheiden, da sie in beiden Fällen nicht identisch seien. Deutlich erkennbar entsteht die Fragesituation an dieser Stelle

---

20 Vgl. I:26.

21 In der Anfrage wird der Name Isaak bar Jehuda erwähnt. Salomon Buber identifizert den Gelehrten in seiner Ausgabe von Shibole ha-Leket als Isaak ben Jehuda von Mainz (11. Jh.), indem Buber Isaar bar Jehuda als Lehrers Raschis beschreibt. Vgl. Buber, Salomon (Hg.), Sefer Shibole ha-leḳeṭ ha-shalem, Wilna 1886, ז. Zu finden unter: https://hebrewbooks.org/8919. Die Tatsache, dass Isaak b. Jehuda von Mainz als Lehrer Raschis gilt, wird beispielsweise in der Encyclopaedia Judaica angegeben. Vgl. Rothkoff et al., Rashi, 101-106. *Gale eBooks*, link.gale.com/apps/doc/CX2587516452/GVRL?u=muenster&sid=bookmark-GVRL&xid=c4612da7. Zuletzt aufgerufen: 03. August 2021.

erst durch die divergierende Meinung einer anderen Person, die der Anfragende durch einen externen Gelehrten beantwortet haben möchte.[22]

## 2.8 Anfragen aufgrund von fehlendem Fachwissen des Anfragenden

Fragesituationen können ebenfalls entstehen, weil die Anfragenden über geringere Sachkenntnis verfügen; teils dadurch, dass sie Stellen falsch verstehen, mitunter, weil sie ein geringeres Wissen der Rechtstexte besitzen oder weil sie falsche Schlussfolgerungen ziehen oder Annahmen zugrunde legen, aufgrund derer sie Fragen stellen, die nicht haltbar, sondern fehlerhaft sind. Um die Fehlerhaftigkeit der Frage erkennen zu können, muss man in diesen Fällen auch die Antworten Salomon Adrets berücksichtigen, da durch diese oftmals ersichtlich wird, dass noch weitere Rechtstexte zu dem Themenkontext bestehen oder Passagen falsch verstanden worden sind.

In dem Responsum I:14 zeigt sich, dass die vom Anfragenden gestellten Entscheidungsvarianten falsch sind. Man könnte aus der Antwort Adrets sogar schließen, dass der Anfragende keine Frage stellen müsste, wenn er den Wortlaut des zweiten Segensspruchs beim Schma kennen würde. Es wird deutlich, dass der Anfragende zwei unterschiedliche Vorschläge für den zweiten Segensspruch benennt. Adret zeigt in seiner Antwort auf, dass die Frage falsch gestellt sei und der Segensspruch weder der einen noch der anderen vorgeschlagenen Variante entspreche, sondern wiederum anders lauten müsse. Die mit den beiden Möglichkeiten verbundenen Schwierigkeiten existieren somit nicht, wie vom Anfragenden ursprünglich vermutet wurde.

In dem Responsum I:23 geht Adret davon aus, dass die an ihn externalisierte Frage auf einer falschen Annahme beruhe und sich somit erübrige. Der Anfragende möchte wissen, ob man mit dem Gesetz bezüglich des Schofars wie mit dem zum Lulav umgehen solle, sodass man nur am ersten Tag ein taugliches Schofar benötige. Adret sieht jedoch die Annahme als falsch an, dass man nur am ersten Tag einen tauglichen Lulav benötige, da er die beiden ersten Tage wie einen Tag bewertet. Folglich stimmt die vom Anfragenden gezogene Analogie nicht.

In dem Responsum I:722 wird die Frage gestellt, ob ein Jude einen Nichtjuden bitten könne, an einem Schabbat Bücher oder Geräte an einen Ort zu bringen, an dem es keinen öffentlichen Platz mit 16 Ellen Breite gebe und keine 60.000 Menschen vorübergingen. Denn der Anfragende geht davon aus, dass ein öffentliches

22 Ebenso IV:73. Hier verbietet einer der Chaverim, am Schabbat geschnittene Blumen zu wässern. Der Anfragende möchte wissen, ob diese Festlegung stimmt. Er führt aber zur Vollständigkeit die Begründung des Chavers aus.

Gebiet nur vorliege, wenn es 16 Ellen breit sei und 60.000 Menschen vorübergingen. Adret hebt die falsche Annahme des Anfragenden deutlich in seiner Antwort hervor und zeigt auf, dass ein öffentliches Gebiet nicht nur bei diesen genannten Bedingungen bestehe. Adret stellt damit die Frage als unnötig dar, da hier von einem öffentlichen Platz auszugehen sei und somit eindeutig zu beantworten sei, dass man keine Bücher tragen dürfe.

Aufgrund fehlender Kenntnisse der Rechtstexte entsteht in dem Responsum I:238 für den Anfragenden ein zu entscheidendes Problem. Hätte der Anfragende die Ausführungen aus dem Jerusalemer und dem Babylonischen Talmud gekannt, müsste er die Frage nicht an Adret externalisieren. Er würde vielmehr eine Antwort in den genannten Rechtstexten finden, wenn auch nicht an der zu erwartenden Stelle im Babylonischen Talmud. Der Anfragende möchte an dieser Stelle wissen, ob man an Pesach von der Pflicht entbunden ist, die vier Becher Wein zu trinken, wenn man das ganze Jahr keinen Wein trinkt, weil man ihn nicht verträgt oder ihn nicht mag. Da sowohl in jPes 10,1 als auch in bNed 49b auf Gelehrte eingegangen wird, die an Pesach den Wein trinken, obwohl sie sonst keinen zu sich nehmen und dieser Wein negative Auswirkungen auf den Trinkenden hat, wäre daraus leicht ableitbar, dass man an Pesach die vier Becher Wein trinken solle.[23] Somit besteht an dieser Stelle nur für den Anfragenden das Entscheidensproblem.

---

23 Möglicherweise liegt die Unsicherheit des Anfragenden auch in den komplizierten Formulierungen begründet: In den Stellen im Jerusalemer und Babylonischen Talmud steht nicht eindeutig, dass der Trinkende den Wein nicht vertrage, sondern, dass er seinen Kopf oder seine Stirn gebunden habe (חזיק רישיה oder חוגרני צידעי). Vielleicht hat der Anfragende diese Passage nicht genau verstanden und somit sie nicht auf den angefragten Fall bezogen. Da der Anfragende in seiner Anfrage auf eine Festlegung Alfasis aus seinem Sefer ha-Halakhot Bezug nimmt, wird ersichtlich, dass der Anfragende Rechtstexte kennt. Er nennt nämlich die Festlegung Alfasis, am Seder-Abend anstelle von Wein Brot zu verwenden, wenn man keinen Wein besitzt und fragt, ob man diese Regel, Brot zu verwenden, auch bei Unverträglichkeit von Wein anwenden könne. Vgl. Sefer ha-Halakhot Pes 27a.

# 3. Die Verwendung normativer Rechtstexte im Entscheidensprozess

Der Rückgriff auf normative Rechtstexte in den Responsa Adrets spielt eine wesentliche Rolle im Entscheidensprozess. Oftmals wird aus Rechtstexten zitiert oder auf sie – ohne Zitat – Bezug genommen. Daher soll im Folgenden untersucht werden, auf welche Rechtstexte oder Lehrmeinungen früherer Gelehrter Adret rekurriert und welche Funktion dem Rückgriff auf die Rechtstexte und der Bezugnahme auf Gelehrte zukommt.

## 3.1 Der Rekurs auf die klassische rabbinische Literatur

Auffällig ist, dass Adret in vielen Responsa aus der klassischen rabbinischen Literatur, der Mischna, der Tosefta und den Talmudim, zitiert oder auf sie verweist. Insbesondere auf den Babylonischen Talmud greift Adret stark zurück, manchmal mit den vorangehenden Passagen in der Mischna. Um diese Zitate sichtbar und überprüfbar zu machen, leitet Adret sie oft mit der dazugehörigen Stellenangabe ein.

In sehr vielen Responsa, in denen Adret auf Rechtstexte rekurriert, verwendet er mindestens einen Verweis oder ein Zitat aus den klassischen rabbinischen Texten.[1] In manchen Responsa greift Adret sogar auf sie als einzige Bezugsquelle im Argumentationsgang seiner Responsa zurück, ohne dabei andere, spätere Rechtstexte, wie Kodifikationswerke nachtalmudischer Gelehrter, Kommentare und Erklärungen zu den Talmudim oder andere Responsa für seine Entscheidungsdarstellung zu berücksichtigen. Dies soll im Folgenden an einigen Beispielen aufgezeigt werden:

In dem Responsum I:24[2] zitiert Adret zunächst aus dem Traktat Bava Batra des Babylonischen Talmuds, um seinen ersten Argumentationsschritt rechtlich zu stützen: Auf die Frage, ob es verboten sei, über gekochten Wein den Weihsegen zu sprechen, da dieser nicht über dem Altar ausgegossen werden könne, zitiert Adret aus bBB 97a–b. Mithilfe des Zitats unterstreicht er, dass die ebenfalls an dieser Stelle zu findende Aussage, den Weihsegen nur über jenen Wein zu sprechen, der auf dem Altar ausgegossen werden könne, nicht wörtlich zu verstehen sei, um nur diesen bestimmten Wein, der auf dem Altar ausgegossen werde, zu erlauben. Adret unterstreicht mit der Auslegung dieser Babylonischen Talmud-Stelle vielmehr,

1 Vgl. beispielsweise I:26, I:35, I:59, I:78, I:124, III:272 und IV:149.

2 Vgl. zu dem Responsum auch Berger/Günzl/Kramp-Seidel, Normen und Entscheiden, 251–253.

dass nur qualitativ schlechter Wein ausgeschlossen sei. Im Folgenden zitiert Adret zwei Mischna-Stellen aus dem Traktat Terumot (mTer 11,1 und mTer 2,6), um mit Hilfe dieser Mischna-Stellen sowie seiner eigenen dazugehörigen Ausführungen und Diskussionen zu unterstreichen, dass gekochter Wein qualitativ besser als normaler Wein einzuschätzen sei. Nach dieser vorgenommenen Ableitung aus den Rechtstexten verweist Adret auf eine Stelle aus dem Traktat Schabbat des Jerusalemer Talmuds (jShab 8,1), die Adrets eigene Herleitung aus den vorherigen Stellen unterstützt und aufzeigt, dass gekochter Wein dort als für den Weihsegen geeignet dargestellt werde. Dies liegt daran, dass in dieser Passage des Jerusalemer Talmuds gekochter Wein als tauglich für die vier Becher an Pesach angesehen und über einen der Becher an Pesach der Weihsegen gesprochen wird. Ergänzend geht Adret abschließend noch auf die Pesikta de Rav Kahana (PesK 12) ein, um einen weiteren Punkt in die Ausführung aufzunehmen. Somit nutzt Adret in diesem Responsum keine späteren Rechtskodizes oder Talmudkommentare, sondern greift allein auf die klassische rabbinische Literatur zurück.

So geht Salomon Adret ebenfalls in dem Responsum I:1167 vor, in dem er die unterschiedlichen Argumentationsschritte für seine Entscheidung ausschließlich mit Zitaten aus dem Traktat Ketubbot des Babylonischen Talmuds belegt. Er macht damit deutlich, dass man den bei einer Hochzeit gesprochenen Segensspruch „der, der erschaffen hat", nicht rezitieren könne, wenn weniger als zehn Männer anwesend seien. Mit dem alleinigen Rückgriff auf diese Stellen im Traktat Ketubbot (bKet 7a–8a) kann Adret belegen, dass die Segenssprüche des Bräutigams nur rezitiert werden, wenn zehn Männer zugegen sind, dieser oben genannte Segensspruch zu den Segenssprüchen des Bräutigams zählt und dieser Segensspruch sich nur in einem Punkt von den restlichen Segenssprüchen unterscheidet, der in diesem angefragten Fall jedoch nicht relevant ist.

Auch in dem Responsum IV:315 greift Salomon Adret zur Untermauerung seiner Ausführungen ausschließlich auf Traktate des Babylonischen Talmuds zurück, um einen in der Anfrage erwähnten Rechtsstreit über die Richtigkeit einer Bestrafung zu lösen. Sowohl zur Beurteilung, ob überhaupt ein Fehlverhalten der bestraften Person vorliegt, als auch bei der Bewertung, ob dieses Fehlverhalten eine Bestrafung begründet, zitiert Adret aus dem Babylonischen Talmud. So verdeutlicht Adret anhand von Zitaten aus bAZ 21b und bMQ 11b–12a, dass ein Unterschied zwischen einem Verpachten an einen Nichtjuden und einer Vertragsarbeit eines Nichtjuden, beispielsweise für den Bau eines Hauses bestehe. Im ersten Fall dürfe ein Nichtjude arbeiten, im zweiten dürfe er hingegen nicht die Vertragsarbeit an einem Schabbat ausführen. Da die bestrafte Person ursprünglich zur Verantwortung gezogen wurde, weil für sie Nichtjuden – nach ihren Angaben unwissentlich – am Schabbat in ihrem Hof gearbeitet haben, um eine Mauer zu errichten, verdeutlicht Adret mit diesen Zitaten, dass diese Arbeit verboten ist. Unabhängig davon, ob die Arbeit mit oder ohne Wissen der bestraften Person geschieht, belegt Adret, dass das Bannen das richtige Strafmaß darstellt, indem er auf das Traktat Yevamot rekurriert: Bei einem Geringschätzen der Verbote der Rabbanan, das im konkreten Fall bei einem wissentlichen Agieren vorliegt, wird in bYev 121a von Rav ein Bannen gefordert. Liegt ein unwissentliches Fehlverhalten vor, kann man ebenfalls bannen, da es in diesem konkreten Fall darum geht, einen Zaun um die Thora zu errichten. Die Ursache liegt für Adret darin begründet, dass nicht mehr alle Menschen „Kinder der Thora" seien und sie dadurch leicht zu einer deutlich größeren Sünde verleitet würden. Mithilfe des Zitats von bYev 90b unterstreicht Adret dann, dass ein Bannen nicht stattfinde, weil ein Verbot übertreten worden sei, sondern um die Thora zu schützen. Adrets grundlegende Quelle für seine Argumentation ist somit der Babylonische Talmud.[3]

Zudem ist festzustellen, dass Adret in einigen Responsa den größten Teil seiner Argumentation durch Zitate oder Verweise aus den klassischen rabbinischen Texten stützt, aber nicht ausschließlich auf diese Werke zurückgreift. Dieses Phänomen ist in dem Responsum I:4 erkennbar: Zunächst führt Adret zwei Passagen aus dem Traktat Pesaḥim des Babylonischen Talmud (bPes 40a und bPes 39b) an, um zu belegen, dass Fruchtsaft keine Säuerung hervorrufe und es daher auch nicht verboten sei, mit Dingen, die unter die Kategorie Fruchtsaft fielen, an Pesach einen Teig zu kneten.[4] Im Folgenden nennt Adret zwei unterschiedliche Verständnismöglichkeiten einer Aussage des Resch Lakisch in bPes 35a, die besagt, dass man nicht wegen der Säuerung einer Karetstrafe schuldig sei, wenn man einen Teig mit Fruchtsaft geknetet habe. Nach der zweiten Verständnismöglichkeit könne man schlussfolgern, dass man zwar keiner Karetstrafe schuldig sei, aber dennoch ein Verbot bestehe. Um herauszuarbeiten, dass in einem solchen Fall nicht das alleinige Kneten mit diesen Arten des Fruchtsafts bestrafungswürdig ist, sondern nur, wenn man den Teig mit Wasser und Fruchtsaft zusammen knetet, verweist Adret auf eine Stelle im Jerusalemer Talmud (jPes 3,1). Danach müssten Speisen aufgrund des Wassers weggeschafft werden. Adret bezieht diese Erklärung auf eine in bPes 36a zu findende Baraita. Doch belässt es Adret nicht nur bei dem Rekurs auf die Talmudim, sondern verweist zudem noch auf die Erklärung Isaak Alfasis. Dieser deutet die letzte Passage aus dem Babylonischen Talmud dahingehend, dass sie den Fall darstellt, dass der Teig mit Fruchtsaft und Wasser behandelt werde.[5] Zwar

---

3 Es sind noch weitere Responsa auszumachen, in denen Adret ebenfalls nur aus den klassischen rabbinischen Texten zitiert oder auf sie verweist. Beispielsweise I:95, I:224, I:131 und III:275.

4 Die Frage wird gestellt, weil zwei unterschiedliche Lehrmeinungen des Maimonides dazu überliefert sind. Vgl. Kapitel 2.2.

5 Vgl. Sefer ha-Halakhot Pes 10a. Im Sefer ha-Halakhot Pes 13a bezieht sich Alfasi auf die Passage in jPes 3,1 und erklärt ihr entsprechend, dass bestimmte Dinge nur wegen der Zugabe von Wasser weggeschafft werden müssen. Ein Wegschaffen sei aber nicht vonnöten, wenn Wasser fehle, da die Annahme bestehe, dass Fruchtsaft nicht säuern könne.

dient Adret in diesem Responsum die klassische rabbinische Literatur als besondere Referenzquelle, doch weitet er seine Belege auf eine weitere Quelle aus.

Auch in dem Responsum I:29 bezieht sich Adret fast ausschließlich auf die klassische rabbinische Literatur, um seine Ausführungen zu belegen. Seine Festlegung, die Verbindungsstelle der Sehnen sei im mittleren Knochen zu finden, belegt Adret durch die Hinzuziehung von mHul 4,6 und die sich auf diese Mischna beziehende Diskussion in der Gemara (bHul 76a). Die Zitate verbindet er mit eigenen, ergänzenden Erklärungen, um die Aussagen der in der Gemara vorkommenden Gelehrten verständlicher zu machen. Interessanterweise verweist Adret anschließend auf eine Lehrmeinung des Maimonides in der Mischne Torah, Hilkhot Sheḥiṭa, 8:14, anhand derer er die Unsicherheit der Anfragenden, in welchem Knochen die Verbindungsstelle der Sehnen zu finden sei, ausmachen kann. Gleichzeitig zeigt er durch den Verweis auf eine andere Äußerung des Maimonides auf, dass die zunächst erwähnte Meinung des Maimonides anscheinend von ihm selbst zurückgenommen worden sei. Es zeigt sich also in diesem Responsum, dass Adret im Wesentlichen seine Entscheidung durch die Zitate aus dem Traktat Ḥullin stützt. Um seine Position zusätzlich zu stärken, berücksichtigt er eine anders lautende Lehrmeinung des Maimonides, die Adret aber durch die augenscheinliche Zurücknahme durch Maimonides selbst als falsch und damit als nicht beachtenswert beurteilen kann.

Das Responsum I:177 kann als ein weiteres Beispiel dafür dienen, dass Adret stark, aber nicht ausschließlich, auf die klassischen rabbinischen Texte verweist. In diesem stützt Adret sich fast vollständig auf die Ausführungen aus dem Babylonischen und Jerusalemer Talmud, insbesondere auf den Traktat Paschim, um seine Argumentation zu untermauern und auch auf Schwierigkeiten und Widersprüche zwischen beiden Talmudim hinzuweisen.[6] Die einzige Ausnahme bildet zu Anfang des Responsums ein Verweis auf Isaak Alfasi, der eine im Babylonischen Talmud überlieferte Baraita in seinem Sefer ha-Halakhot (Sefer ha-Halakhot Pes 2b) weggelassen habe, um in seinem Werk eine Erschwerung vorzunehmen, die Adret anschließend übernimmt.[7] Anhand der Gesamtheit der Zitate und seinen eigenen dazugehörigen Ausführungen kann Adret aufzeigen, dass ein Nichtjude an Pesach Gesäuertes in das Haus eines Juden tragen und dort essen darf. Dagegen spreche auch die von Alfasi hervorgebrachte Erschwerung nicht, sondern grenze nur einen anderen Fall ein, der für diese Festlegung nicht entscheidend sei.[8]

---

6 Er nimmt Bezug auf oder zitiert aus bPes 6a-b, bAZ 21a, bAZ 62a, jPes 2,2.

7 In diesem Responsum wird Alfasi nicht namentlich erwähnt. Adret schreibt nur, „dass der Rav, seligen Angedenkens es wegließ […].“ Die Editoren geben Alfasis Werk an. Vgl. die Anmerkungen in der Edition. Zaleznik, She'elot, I, 85, FN 4 zu I:177. Vgl. ausführlicher zu diesem Responsum auch Kapitel 6.5.

8 Eine detailreichere Analyse dieses Responsums findet im anschließenden Kapitel statt.

## 3.2 Der Rückgriff auf die gaonäische Literatur

Auf die Geonim[9] nimmt Adret oftmals in einer Kollektivbezeichnung Bezug. So verweist er an einigen Stellen auf die „Meinung“[10] oder „Worte der Geonim“[11] oder führt ohne weitere Identifizierung auf, dass „die Geonim zustimmten“[12].

Wenn sich Adret auf die Geonim in der Kollektivbezeichnung bezieht, macht er dies in einigen Responsa, um seine eigene Argumentation zu stützen.[13] Dies geschieht teilweise auch, wenn Adret selbst zu einer Festlegung gelangt und anschließend darauf verweist, dass die Meinung der Geonim ebenso auszumachen sei. Dies zeigt sich beispielsweise in dem Responsum I:69. Dort schreibt Adret zunächst, dass die Segenssprüche vor dem Rezitieren des Schmas nicht Segenssprüche zum Rezitieren des Schmas seien, die damit eindeutig verbunden seien. Nachdem Adret dies zunächst ohne weitere Belege zu postulieren scheint, betont er anschließend, die Geonim seien bereits dieser Ansicht gewesen. An solchen Stellen unterstreicht Adret, dass bereits bedeutende Gelehrte zu ähnlichen Festlegungen gelangt seien und er nicht selbst eine neue Festlegung entwickelt habe.[14]

Neben der kollektiven Erwähnung der Geonim verweist Adret ebenso auf einzelne Werke aus der gaonäischen Epoche sowie namentlich auf Gelehrte aus dieser Epoche. Es kann auch vorkommen, dass er sich sowohl ohne weitere Präzisierung auf die Geonim bezieht als auch anschließend Rekurs auf einen weiteren Vertreter der gaonäischen Epoche nimmt und diesen namentlich erwähnt. Als Beispiel hierfür kann das Responsum I:485 dienen, in dem er zum einen zunächst „die Meinung der Geonim“[15] ausführt, zum anderen direkt im Anschluss auf eine Festlegung des Rav Hai Gaon verweist, ohne die Quelle genauer zu bestimmen. Interessanterweise identifiziert Adret in dem Responsum I:319 die Geonim nicht genauer, sondern gibt nur an, dass „die Geonim zustimmten“[16], obwohl Adret in einem anderen Werk, in seinen Chidusche zu bBer 11a, nicht nur die Geonim als Kollektiv nennt,

9 Anscheinend fasst Adret die Bezeichnung Geonim weiter und fasst beispielsweise an manchen Stellen auch Alfasi mit unter diese Kollektivbezeichnung. Vgl. beispielsweise I:156. Dort schreibt Adret: „Es stimmte ein Teil der Geonim zu und Rav Alfasi ist einer von ihnen, [der meint], dass man über sie beide einen Segen spricht […].“

10 Beispielsweise in I:69, I:200, I:236, I:485.

11 Beispielsweise in I:46, I:47, I:65, I:69.

12 I:47, I:319.

13 Beispielsweise I:30, I:47, I:156, I:485.

14 Vgl. auch das folgende Kapitel.

15 I:485.

16 I:319.

sondern danach eine Reihe von Gelehrten wie Rav Zemach Gaon oder Rav Hai Gaon namentlich aufführt.[17]

Des Öfteren finden in den Responsa des Salomon Adret die Rechtsfestlegungen des Rav Hai Gaon Erwähnung. Augenfällig ist, dass Adret es zuweilen angibt, wenn er aus einem Responsum des Rav Hai Gaon zitiert, an anderer Stelle jedoch nur Rav Hai Gaons Meinung erwähnt, ohne anzuführen, in welchem Werk die Lehrmeinung des Rav Hai Gaon zu finden ist.[18]

Adret rekurriert in seinen Responsa auch wiederholt auf die Halakhot Gedolot aus der Epoche der Geonim. An manchen Stellen nennt er das Werk, an anderen schreibt er, um auf die Halakhot Gedolot zu verweisen, von dem „Verfasser von Halakhot/בעל הלכות“[19] oder von dem „Verfasser der Halakhot Gedolot“[20]. Des Weiteren hebt Adret namentlich Rav Achai Gaon/Aḥa von Shabḥa (Irak/Palästina, 7./8. Jh.) hervor, wenn er für seine Responsa auf dessen Lehrmeinungen aus den She'iltot verweist.[21]

Auf Rav Scherira Gaon[22] (Irak, 10. Jh.), Rav Natronai Gaon[23] (Irak, 9. Jh.) und Saadja Gaon[24] (Ägypten/Irak, 882–942)[25] nimmt Adret ebenfalls in seinen Responsa Bezug, doch fällt der Rekurs auf diese Geonim gering aus.

---

17 Adret scheint den Begriff der Geonim auszuweiten und Gelehrte, die man ebenfalls als Rischonim eingruppieren könnte, mit unter dem Begriff Geonim zu fassen.

18 In dem Responsum I:214 und in dem Responsum I:580 erwähnt Adret, dass er sich auf ein Responsum Rav Hai Gaons stützt. In dem Responsum I:329 schreibt Adret nur, gemäß wem Rav Hai Gaon entschieden habe, ohne aufzuführen, wo Rav Hai Gaon diese Entscheidung niedergeschrieben hat. In I:485, IV:262 und V:214 erwähnt er ebenfalls Rav Hai Gaon namentlich, ohne das Werk oder die Stelle genauer anzugeben.

19 Z.B. I:509 und die Anmerkungen der Edition, die an dieser Stelle auf die Halakhot Gedolot verweisen, Vgl. Zaleznik, She'elot, I, 258, FN 7 zu I:509. Vgl. zudem I:394 und die Anmerkung der Edition, die die Halakhot Gedolot angeben, vgl. Zaleznik, She'elot, I, 185, FN 5 zu I:394.

20 I:328, I:1187 und I:1240.

21 Vgl. z. B. I:509 und die Anmerkungen der Edition, die auf die She'iltot verweisen. Vgl. Zaleznik, She'elot, I, 258, FN 6 zu I:509. Vgl. zudem I:363 und V:193, VIII:181.

22 Z.B.: I:498, I:551 IV:319.

23 Z.B.: I:323, V:170.

24 Z.B. in V:212 und VI:210.

25 Saadja Gaon soll auch noch für eine gewisse Zeit in Palästina und Syrien gelebt haben. Vgl. zu den Angaben zu Saadja Gaon: Kogan, "Sa'adyah Gaon", 7951. *Gale eBooks*, https://link.gale.com/apps/doc/CX3424502687/GVRL?u=muenster&sid=GVRL&xid=498ae74c. Zuletzt aufgerufen: 25. November 2020.

## 3.3 Die Verwendung der Rischonim-Literatur

Die Vertreter der Epoche der Rischonim erwähnt Adret namentlich deutlich stärker. Hierbei ist auffällig, dass Adret als ein in Spanien lebender Rechtsgelehrter nicht nur auf sefardische Rechtsgelehrte zurückgreift, sondern allumfassend die jüdischen Rechtswerke rezipiert und daher auch in einem starken Maß auf Raschi (Akronym für Solomon ben Isaac, Frankreich 1040–1105) und die Tosafot rekurriert.[26]

Oftmals nimmt Salomon Adret in seinen Responsa auf die Werke Isaak Alfasis[27], insbesondere auf dessen Kodifikationswerk, das Sefer ha-Halakhot, Bezug. Vereinzelt zitiert Adret ebenfalls Alfasis Responsa. So belegt Adret beispielsweise in dem Responsum I:186 seine Ausführungen abschließend mit einem Verweis, dass die Lehrmeinung Alfasis in einem Responsum seinen Ausführungen entspreche.[28] In dem Responsum I:214 greift er zudem[29] auf ein Responsum Alfasis zurück, um einen Aspekt differenzierter auszuführen.[30] Jedoch kann es auch vorkommen, dass Adret auf Alfasis Festlegung in einem Responsum hinweist, ohne Alfasi als Urheber zu nennen; so fügt Adret in dem Responsum I:914 Alfasis Meinung mit den folgenden Worten ein: „Sogar nach den Worten dessen, der denkt".[31]

Deutlich ausgeprägter als der Rekurs auf die Responsa Isaak Alfasis ist jedoch Adrets Rückgriff auf Alfasis Sefer ha-Halakhot. Hierbei dient ihm oft die Angabe des Kapitels, aus dem er zitiert oder auf das er sich bezieht, als Stellenangabe. Beispielsweise verweist er in dem Responsum IV:105 auf das Kapitel „Morgen-Tefilla" des Sefer ha-Halakhot.[32] An anderen Stellen nimmt Adret jedoch nur auf das Sefer ha-Halakhot allgemein Bezug, ohne die konkrete Stelle zu präzisieren. So schreibt Adret beispielsweise in dem Responsum I:4: „Und so erklärte es Rav Alfasi in den Halakhot."[33] An anderen Stellen verweist Adret wiederum nur darauf, dass er eine Rechtsentscheidung Alfasis anführt, ohne zu präzisieren, ob Alfasi seine Rechtsentscheidung im Sefer ha-Halakhot oder in einem Responsum niedergeschrieben

---

26 Vgl. die Ausführungen im Folgenden und die dort beispielhaft vorgestellten Responsa, in denen auf Raschi und die Tosafot Bezug genommen wird: Vgl. zu Responsa, in denen auf Raschi Bezug genommen wird: I:124, I:35, III:272, VIII:208. Auf die Tosafot wird beispielsweise in I:109, I:263, I:667, I:1092 und VIII:137 rekurriert.

27 Neben der namentlichen Erwähnung von Alfasi scheint Adret ihn an manchen Stellen auch unter der Kollektivbezeichnung der Geonim mit einzubeziehen. Vgl. oben FN 9.

28 Die Editoren geben Teshuvot ha-Rif Nr. 31 an. Vgl. Zaleznik, She'elot, I, 89, FN zu I:186.

29 Neben dem Responsum von Rav Hai Gaon.

30 Die Editoren verweisen auf Teshuvot ha-Rif Nr. 294. Vgl. Zaleznik, She'elot, I, 97, FN zu I:214.

31 In der hier verwendeten Ausgabe der Responsa wird in den Anmerkungen angegeben, dass Adret sich hier auf das Responsum Nr. 197 von Isaak Alfasi bezieht. Vgl. Zaleznik, She'elot, I, 409, FN 10 zu I:519.

32 Vorgenommene Stellenangaben finden sich z. B. ebenfalls in den Responsa I:30, I:62, I:446.

33 I:4. Beispielsweise gibt Adret auch in den Responsa I:70, I:328 und VI:72 die Stelle nicht genauer an.

hat.[34] In manchen Responsa, in denen Adret die Stelle nicht ausführlicher angibt, ist dies damit begründbar, dass aus dem Kontext des von Adret verfassten Responsums erkennbar wird, auf welches Kapitel im Sefer ha-Halakhot sich Adret bezieht: wenn er zuvor auf eine Talmudstelle und dann auf Alfasis Erklärung oder dessen Verständnis eingeht.[35] Aber nicht immer kann der Leser die Stelle aus dem Kontext schließen.[36]

Adret zitiert nicht nur, wenn er auf Alfasi rekurriert, dessen offensichtlich geäußerten Lehren, sondern interpretiert vielmehr auch dessen Lehren mithilfe der im Sefer ha-Halakhot zu findenden Auslassungen von Talmudstellen. Dies lässt sich an einer Reihe von Responsa aufzeigen. So arbeitet Adret heraus, dass Alfasi in Ḥullin in seinem Sefer ha-Halakhot (Sefer ha-Halakhot Hul 25b) erleichternd festlege, indem er nur die eine, erleichternde, dem Rav Jehuda im Namen des Rav zugesprochene Lehre wiedergebe.[37] Eine andere Rav Jehuda zugesprochene Lehre, die erschwerender zu deuten sei, lasse Alfasi jedoch weg. Somit deutet Adret, dass Alfasi an dieser Stelle durch die Übernahme nur der einen Stelle und durch das Auslassen der anderen in seinem Sefer ha-Halakhot erleichternd lehre.[38] Auch in dem Responsum I:144 interpretiert Adret eine durch Alfasi vorgenommene Auslassung einer Talmudpassage aus bQid 33b im Sefer ha-Halakhot Qid 14a dergestalt, dass Alfasi damit eine Rechtsfestlegung vornehmen möchte. Die Lehrmeinung des Rabbi Eleasar, dass man nicht vor seinem Lehrer aufstehe, wenn man sich als Schüler mit der Torah beschäftige, übernimmt Alfasi laut Adret aus folgendem Grund nicht: Rabbi Eleasars Lehre werde im Babylonischen Talmud durch einen anderen Rechtsgelehrten widersprochen und die Lehrmeinung sei daher nicht als

---

34 In dem Responsum I:144 schreibt Adret „Und so wird die Meinung des Rav Alfasi, seligen Angedenkens, sichtbar, der schrieb […].“ Hier gibt er nicht an, wo Alfasi diese Meinung niedergeschrieben hat. Aus dem Kontext könnte man jedoch das Sefer ha-Halakhot schlussfolgern. In I:156 wird Alfasis Meinung ohne weitere Stellenangabe wiedergegeben. Weiterhin z. B. in I:329, IV:259, V:11.

35 Beispielsweise in I:328, I:398. Hier ist erkennbar, dass Adret sich auf das in der Anfrage erwähnte Kapitel – dort des Babylonischen Talmuds – bezieht und Alfasis Ausführungen dazu anführt.

36 So z. B. in I:156, I:391, IV:102.

37 Bei Alfasi liest sich die Lehre ein wenig anders, da er die vorherige Diskussion weggelassen hat. In der Talmudfassung lautet die Stelle: „Rav Papa lehrt so: Rav Jehuda sagte, Rabbi Chijja habe gesagt: Unterhalb – unterhalb des Gelenks und der Verbindungsstelle der Sehnen. Oberhalb – oberhalb des Gelenks und der Verbindungsstelle der Sehnen. Und ebenso, wenn die Verbindungsstelle der Sehnen entfernt wurde[, ist es trefa]. Und das Gelenk selbst ist gemäß [der Festlegung des] Ulla, im Namen von Uschija.“ Im Sefer ha-Halakhot Hul 25b heißt es: „Rav Jehuda sagte, Rav habe gesagt Rabbi Chijja sage: Unterhalb – unterhalb des Gelenks [und der Verbindungsstelle der Sehnen]. Oberhalb – oberhalb des Gelenks [und der Verbindungsstelle der Sehnen]. Und das Gelenk selbst ist entsprechend dem, was im Kamel erkennbar ist.“ (Das in eckigen Klammern befindliche ist die Lesart nach den Drucken.) Vgl. https://library.alhatorah.org/?r1=Rif_Chulin_25b. Zuletzt aufgerufen am 10.08.2021.

38 Vgl. I:313. Weitere Responsa z. B. I:294 und I:342.

richtig anzusehen. Dafür übernehme Alfasi vielmehr eine andere Lehre des Rabbi Eleasar, die besser zur Rechtsauffassung passe: Jemand, der nicht vor seinem Lehrer aufstehe, werde Frevler genannt. Somit interpretiert Adret Alfasis Auslassung einer Textpassage und schlussfolgert daraus Alfasis Festlegung, man müsse auf jeden Fall vor seinem Meister aufstehen, auch wenn man sich mit der Schrift beschäftige.

Salomon Adret geht in seinen Responsa ebenfalls auf Maimonides ein und verweist in seinen Responsa nicht nur auf dessen Mischne Torah, sondern auch auf sein übriges Werk, darunter seine Responsa sowie den Kommentar zur Mischna.[39] Auch wenn Adret in manchen Responsa zugibt, dass er, auf eine Anfrage hin, für manche Festlegungen in der Mischne Torah des Maimonides keine Belege anführen könne oder nicht nachvollziehen könne,[40] wie dieser zu den Schlussfolgerungen gelangt sei, ist die Kritik gegen Maimonides nicht so ausgeprägt, dass Adret ihn in anderen Responsa nicht als rechtliche Instanz für seine eigenen Entscheidungen anführt. Daneben ist er ebenso bereit, an Stellen, an denen er Belege für Maimonides Rechtsentscheide anführen kann, diese zu nennen und damit dessen Rechtslehren zu untermauern.[41] Dass Adret Maimonides als Stütze für seine Festlegungen anführt, wird dann erkennbar, wenn er auf Maimonides als einen Gelehrten verweist, der zu gleichen Schlussfolgerungen und Meinungen gelangt ist. So führt Adret ihn beispielsweise in I:183 neben anderen Gelehrten an, die zu der gleichen Bewertung wie Adret gelangt sind.[42] Adret erwähnt ihn ebenfalls, wenn unterschiedliche Rechtsmeinungen vorliegen und Maimonides zu dem Vertreter einer Meinung gehört.[43] Doch auch wenn Adret Maimonides als Rechtsquelle anführt, ist erkennbar, dass viele seiner Bezüge zu Maimonides aufgrund von Nachfragen zu dessen Rechtsentscheiden zustande kommen: zum einen, weil sich Anfragende über die Entscheidung wundern, zum anderen, um die Belege für die Festlegungen des Maimonides zu erfahren. In diesen Responsa wird Maimonides somit nicht als normative Ressource in einem Entscheidensprozess herangezogen. Vielmehr

---

39 Adret verweist beispielsweise in dem Responsum I:325 auf den von Maimonides verfassten Kommentar zur Mischna, um im Anschluss daran aufzuzeigen, dass Maimonides in der Mischne Torah anders als in seinem Kommentar zur Mischna entschieden habe. Auch in dem Responsum I:330 wird der Kommentar zur Mischna genannt. In dem Responsum I:329 erwähnt Adret nicht nur Maimonides' Ausführungen in der Mischne Torah, sondern nennt auch im weiteren Verlauf einen von Maimonides in seinem Responsum genannten Beleg.

40 Vgl. zum Umgang mit Maimonides in den Werken Salomon Adrets ausführlich: Shmidman, Rashba as Halakhic Critic, 259–273. Vgl. insbesondere zu dem Thema, keine Belege finden zu können, 262.

41 Beispielsweise in I:321.

42 Er führt ihn beispielsweise auch in I:324 und II:93 als rechtliche Stütze an.

43 Vgl. z. B. I:313, I:328.

muss die Richtigkeit von Entscheidungen überprüft oder nach Belegen für die Rechtsfestlegungen des Maimonides gesucht werden.[44]

Abraham ben David von Posquières (12. Jh.) wird in den Responsa des Salomon Adret ebenfalls häufig namentlich erwähnt. In manchen Fällen gibt Adret an, auf welches Werk des Abraham ben David von Posquières er sich bezieht. Wenn er auf dessen Hassagot rekurriert, gibt er dies an manchen Stellen an.[45] Da oftmals in der Anfrage eine Stelle in der Mischne Torah oder im Responsum selbst zur Diskussion steht, gibt Adret dann an, dass Abraham ben David von Posquières etwas auf diese Weise „in den Hassagot" schrieb oder Maimonides kritisierte.[46] Aber auch wenn Adret aus den Pirusche des Abraham ben David von Posquières zitiert oder auf sie verweist, gibt er diese zuweilen an.[47] In einigen Fällen aber nennt Adret Abraham ben David von Posquières, ohne weiter zu spezifizieren, auf welches seiner Werke er sich stützt: „Gemäß dem, was ich im Namen des Rabad (Abraham ben David von Posquières) hörte"[48], „Und so schrieb der Rabad"[49], „und auch der Rabad schrieb so"[50] „Und so entschied der Rabad"[51] und „so erklärte es Rabad"[52].

Adret rekurriert ebenfalls sehr stark auf seine eigenen Lehrer. So verweist er beispielsweise in einer Vielzahl von Responsa auf seinen Lehrer Nachmanides (Spanien, 13. Jh.). Hierbei ist erkennbar, dass Adret nicht nur auf die Werke und Rechtsaussagen des Nachmanides Bezug nimmt, sondern ebenfalls auf Begebenheiten oder Gewohnheiten verweist, die er aus seinem Kontakt mit ihm erfahren hat. So untermauert Adret in dem Responsum I:124 seine Festlegung nicht mit einem Zitat aus einem der Werke des Nachmanides, sondern anhand einer von Nachmanides praktizierten Angewohnheit, die abschließend von diesem nicht weiter ausgeübt wurde. Zur Beantwortung der Frage, ob man einen gekneteten Teig für Pesach zu einem fünf bis zehn Häuser entfernten öffentlichen Ofen bringen dürfe, führt Adret die von Nachmanides gepflegte Angewohnheit an, den in seinem Haus gekneteten Teig zu einem mehr als zehn Häuser weit entfernten Ofen zu bringen. Diese Angewohnheit habe Nachmanides später aus Sorge beendet, dass der Ofen überfüllt sein könnte. Somit kann Adret an dieser Stelle anhand einer von

---

44 Vgl. z. B. I:411, I:431 (1), I:278 (dort wird nicht nur der Beleg für Maimonides' Lehrmeinung, sondern auch für die der Halakhot Gedolot gesucht), I:331. Vgl. auch Shmidman, Rashba as Halakhic Critic, 259–273.

45 Z.B. I:331, IX:26.

46 Z.B. I:427, I:794, II:42, IX:32, VIII:48 und VIII:234.

47 Z.B. I:42, I:958, II:227.

48 I:190.

49 Z.B. I:239, I:299, I:746, in I:438 mit leichter Veränderung „Und so schrieb auch der Rabad".

50 Z.B. I:916.

51 Z.B. I:325, I:398.

52 Z.B. I:41, I:404, II:340.

Nachmanides verrichteten Praxis hervorheben, dass es nicht aufgrund der Sorge, dass der Teig aufgrund der Entfernung des Ofens säuern könnte, verboten ist, den Teig zu einem entfernten Ofen zu bringen.[53]

In den Responsa VIII:151 und I:498 stützt Adret seine eigenen Ausführungen nicht mit einer niedergeschriebenen Lehre des Nachmanides, sondern begründet die Richtigkeit seiner Ausführung mit einem von ihm vor seinem Lehrer Nachmanides vorgetragenen Urteil mit Beweisführung, dem Nachmanides zugestimmt habe. Somit bezieht sich Adret auf eine zwischen ihm und Nachmanides stattgefundene Situation. Adret führt aus, dass seine Argumentation und sein Urteil von seinem Lehrer, einer wichtigen Rechtsinstanz, bereits als richtig eingeschätzt und damit schon rechtlich gestützt wurden: Anhand einer Baraita in bAZ 75b und der dazugehörigen Erklärung arbeitet Adret heraus, dass man auf keinen Fall von Vornherein intendieren könne, Gefäße von Nichtjuden zu verwenden, ohne sie auf die richtige Art tauglich zu machen. Nur, wenn man sie benutzt haben sollte, ohne sie richtig tauglich gemacht zu haben, seien sie für denjenigen erlaubt, der die Ansicht vertrete, das Verbotene sei erlaubt, wenn es einen verschlechternden Geschmack abgebe. Da nun Nachmanides, wie Adret darlegt, seiner Ausführung zugestimmt und dieser nur noch eine Ergänzung hinzufügt habe, die abermals Adrets Festlegung stützt, kann die von Adret beschriebene Situation und Zustimmung seines Lehrers, einer Rechtsinstanz, als Unterstützung seiner Argumentation und Entscheidung dienen.

Das Responsum I:167 schließt Adret mit einem Verweis auf eine von Nachmanides praktizierte Angewohnheit ab, von der Adret gehört hat. Nachdem Adret vorher argumentativ und mit Belegstellen angeführt hat, wieso es erlaubt sei, ein auf einem Blech eingraviertes Löwenbild für einen Kranken zu Heilzwecken zu verwenden, rundet er sein Responsum mit dem Verweis auf das Verhalten des Nachmanides ab, ebenfalls ein Löwenbild für die Krankenheilung zu verwenden.[54] In dem Responsum I:503[55] scheint es, als ob Adret eine Episode aus einem Lehrer-Schüler-Verhältnis schildert: Er beginnt den Abschnitt, der die Frage beantwortet, ob man Gefäße nur mit Wasser und nicht mit den restlichen Flüssigkeiten reinige, mit den Worten „Und so pflegte es Ramban [=Nachmanides] zu sagen“[56]. Zudem fügt er eine weitere Lehraussage des Nachmanides an, wonach dieser „uns zu sagen

53 Vgl. I:124.

54 Der Anfragende macht hierbei eine Schwierigkeit aus, weil die zum göttlichen Thronwagen gehörenden Wesen nicht abgebildet werden dürfen. Nun ist der Anfragende besorgt, dass aus diesem Grund keine Löwenabbildung gemacht werden dürfe, da die Wesen, die den Thronwagen ziehen, vier Gesichter haben, wovon eines ein Löwengesicht ist. Adret erklärt daher, dass das Abbildungsverbot nur bei der Kombination aller Gesichter gilt.

55 Identisch mit dem Responsum VIII:151.

56 I:503 oder VIII:151; Übersetzung NKS.

pflegte."[57] Aus den von Adret gewählten Formulierungen lässt sich schließen, dass Adret eine persönliche Interaktion mit Nachmanides beschreibt. Anschließend stellt Adret zudem eine Diskussion zwischen ihm und seinem Lehrer vor, die durch eine von Nachmanides stammende Aussage hervorgerufen wird. In dieser Diskussion hatte Adret seinem Lehrer bewiesen, dass dieser in seinen Ausführungen nicht überzeugend gewesen war.[58]

Natürlich verweist Adret bei seinen Lehrern nicht nur auf Begebenheiten, sondern zitiert ebenfalls ihre Schriften. Ähnlich wie bei den Zitaten anderer Gelehrter dienen sie sowohl als Stütze der eigenen Lehre, als auch dazu, um sich von den Aussagen des Lehrers abzugrenzen. Um seine eigenen Ausführungen zu untermauern, verweist Adret in dem Responsum I:716 auf Nachmanides, ohne eine genauere Stelle anzugeben. Adret verneint die Anfrage, ob ein Nichtjude einen Juden als Übersetzer anstellen könne, wenn dieser Nichtjude Wein verkaufe. Adret legt zunächst dar, dass der Jude als Übersetzer wie ein Mittelsmann anzusehen sei, durch den nur der Wein an einen Nichtjuden verkauft werde und nichts verwerflicher als ein Jude sei, der einem Nichtjuden verbotenerweise Götzendienstwein reiche und einschenke. Daraufhin verweist Adret auf Nachmanides, der die Lehre ebenfalls auf diese Weise festgelegt habe. Da Adret in diesem Responsum Nachmanides nicht wörtlich zitiert, sondern nur schreibt „und ebenso schrieb der Ramban [=Nachmanides]"[59], hebt er nicht genau hervor, welcher Teil seiner Aussage durch Nachmanides gestützt wird. In dem Responsum I:339 stützt Adret seine Argumentation ebenfalls mit einer bei Nachmanides zu findenden Lehre (Chidusche ha-Ramban Ber 46a), die Adret neben den Ausführungen von Abraham ben David von Posquières zitiert. Mit ihrer Hilfe kann er einen vom Anfragenden angeführten Beweis als falsch darstellen. Im Gegensatz zu dem zuvor vorgestellten Responsum verweist Adret an dieser Stelle nicht nur auf Nachmanides, sondern zitiert ihn auch.

Neben Nachmanides rekurriert Adret auch auf seinen Lehrer R. Jonah ben Abraham Gerondi (Spanien, 13. Jh.). So verweist Adret beispielsweise in dem Responsum I:190 auf die von R. Jonah ben Abraham Gerondi empfangene Lehre, gemäß der Adret den Brauch ausübt.[60]

In seinen Responsa nennt Adret R. Jonah ben Abraham Gerondi nicht immer bei seinem Namen, sondern schreibt zuweilen nur von „meinem Lehrer", wenn er sich auf ihn bezieht. Dieses Phänomen findet sich beispielsweise in den Responsa I:190 und II:203.

---

57 Ebd.

58 Vgl. I:503 und VIII:151.

59 I:716.

60 Es ist an dieser Stelle davon auszugehen, dass sich Adret auf ihn bezieht, da Adret gerne R. Jonah ben Abraham Gerondi nur als „meinen Lehrer" bezeichnet. Vgl. Assaf/Derovan, Adret, Solomon ben Abraham, 421.

In manchen Responsa bezieht sich Adret zudem in Kombination auf seine beiden Lehrer, so in dem Responsum I:481, in dem Responsum I:189 und in dem Responsum III:111. Adret verweist zum einen auf seine Lehrer, um auf unterschiedliche von seinen Lehrern ausgeübte Bräuche hinzuweisen, zum anderen um mit einem Rekurs auf sie seine Argumentation zu stützen: In dem Responsum I:189 nennt Adret unterschiedliche Ansätze seiner beiden Lehrer, die in von beiden unterschiedlich ausgeübten Bräuchen resultieren. In dem Responsum III:111 stützt er mit den identisch ausfallenden Bewertungen seiner Lehrer seine Argumentation. In dem Responsum VIII:234 untermauert Adret mit dem übereinstimmenden Brauch seiner Lehrer abschließend seine Festlegung, dass man bei der Anordnung der Verse, gemäß der sie in die Tefillin gegeben werden, der Rechtsvorstellung des Maimonides und Raschis folge.

In seinen Responsa greift Adret ebenfalls sehr stark auf die Kommentarwerke zum Talmud zurück. In einigen davon verweist er auf Raschi.[61] Mehrfach nimmt Salomon Adret ebenfalls auf Jakob ben Meir Tam (Frankreich, 12. Jh.) Bezug, um seinen eigenen Argumentationsstrang zu stützen.[62]

Daneben rekurriert Adret namentlich auf R. Isaak ben Samuel ha-Saken (Frankreich, 12. Jh.); so beispielsweise in dem Responsum I:499. Mit diesem Bezug zeigt Adret auf, dass während Pesach eine Mischung von Gesäuertem bei der kleinsten Menge zum Essen verboten sei, sofern sie nicht so schlecht geworden sei, dass man sie nicht mehr unter der Kategorie Essen klassifizieren könne. Nachdem Adret diese Aussage in eigenen Worten formuliert hat, betont er die so lautende Meinung des R. Isaak ben Samuel ha-Saken und stimmt ihr zu.[63] In dem Responsum I:262 verweist Adret zur Begründung, am selben Tag benutzte Töpfe nur unter besonderen Bedingungen mit heißem Wasser reinigen zu können, auf die Tradition, bei der man sich letztendlich auf eine Lehrmeinung des Isaak ben Samuel ha-Saken stützt, indem er folgendes schreibt: „So haben es unsere Gelehrten, die Tosafisten im Namen von R. I., dem Verfasser der Tosafot, empfangen“[64].

Adret nimmt aber nicht nur auf Isaak ben Samuel ha-Saken als einen der Tosafisten Bezug, sondern erwähnt an einigen Stellen auch die Tosafisten als Kollektiv. In manchen Responsa erwähnt er sie unter dem Begriff „Verfasser der Tosafot“, wie beispielsweise in den Responsa I:109, I:263, I:667, I:1092 und VIII:137. In anderen Responsa verwendet Adret die Bezeichnung „die Gelehrten Frankreichs“ oder die-

61 Z.B. in I:124, I:35, III:272, VIII:208.

62 So z. B. in den Responsa I:78, I:119, I:1176, VIII:206.

63 Er verschweigt aber auch nicht, dass ein Teil seiner Lehrer dieser Ansicht widersprochen habe.

64 I:162.

ser Formulierung ähnliche Begrifflichkeiten, um auf die Tosafisten zu verweisen, wie beispielweise in den Responsa I:26, I:37, I:78 und I:385.[65]

## 3.4 Funktionen der Rechtsquellen

Adret greift in vielen Fällen auf normative Rechtstexte zurück, um seine eigenen Aussagen und Herleitungen rechtlich zu stützen und als nicht willkürlich darzustellen. In den meisten Fällen verwendet er sie sogar, um seine Entscheidung als Rechtsableitung darzustellen. Letztendlich ist dieses Vorgehen für Adret aus folgendem Grund wichtig: Er kann damit die Kontingenz des Entscheidens – es könnte also auch anders entschieden werden – reduzieren oder zumindest als reduziert bzw. in manchen Fällen sogar als nicht existent präsentieren. In diesen Fällen dienen ihm somit die Rechtstexte als normative Ressourcen, die ihm bei der Bewertung einer Entscheidenssituation helfen.[66]

Oft wird sogar durch die Zitate von Rechtstexten der Entscheidensvorgang verschleiert oder gar negiert, da Adret die Antwort als in den Rechtstexten auffindbar und als entschieden darstellt.[67]

Nichtsdestotrotz können ebenfalls Schwierigkeiten oder erst Entscheidenssituationen aufgrund des Rekurses auf normative Rechtstexte entstehen. Da in einigen Fällen widersprüchliche Lehrauffassungen anderer Gelehrter bestehen, müssen erst Entscheidungen getroffen werden, wenn Adret auf die widersprechenden Lehrmeinungen verweist. Somit dienen normative Rechtstexte nicht nur der Kontingenzreduktion, sondern vergrößern in manchen Fällen erst die Kontingenz. Adret zeigt auch diese Schwierigkeit, mit den unterschiedlichen Rechtsauffassungen umgehen zu müssen, in manchen Responsa auf.[68]

Adret verwendet die klassische rabbinische Literatur in vielen Fällen, um Entscheidungen zu belegen bzw. den Entscheidensprozess als Ableitung darzustellen. Meist werden in diesen Fällen auch die Stellen ausführlich zitiert und somit in den Argumentationsstrang eingebaut.[69] Belegt wird aber auch gerne mithilfe des

---

65 Es gibt noch deutlich mehr Responsa, die auf diese Weise eingeleitet werden. In manchen Responsa, in denen er auf die Tosafisten zurückgreift, bezeichnet er sie nicht nur als französische Gelehrten, sondern verweist auch auf ihre Tosafot, wie in I:26: „Und unsere französischen Gelehrten erklärten in ihren Tosafot."

66 Vgl. dazu die Darstellungsarten im folgenden Kapitel 4 und insbesondere Kap. 4.1.

67 Vgl. dazu ausführlich 4.2.

68 Vgl. insbesondere das folgende Kapitel. Das bedeutet nicht, dass für Adret zwingenderweise nur in den Responsa, in denen er eine Schwierigkeit offenlegt, diese für ihn existiert. Es kann ebenfalls sein, dass er die Kontingenz in anderen Responsa nicht sichtbar macht, auch wenn sie existiert.

69 Z.B. I:24, I:18, I:125, IV:315.

Babylonischen Talmuds, wenn dort aufgrund einer fehlenden Norm oder einer fehlenden Festschreibung etwas nicht zulässig oder erlaubt ist. Dies zeigt sich beispielsweise in dem Responsum III:275. Auf die Frage, ob das Haareschneiden einer Person, die krank war und sich nicht vor dem Festtag die Haare schneiden konnte, am Festtag gestattet sei, antwortet Adret wie folgt: Der Kranke werde nicht unter den Personen in der Mischna und der Gemara (mMQ 3,1 und bMQ 13b-14a) aufgeführt, denen das Haare-Schneiden-Lassen in gewissen Ausnahmefällen gestattet sei. Somit nutzt Adret in einem wesentlichen Argumentationsschritt eine fehlende, eindeutig niedergeschriebene Erlaubnis in den Rechtstexten, um damit zu begründen, dem Kranken den Akt des Haareschneidens zu verbieten. Das vom Anfragenden verwendete Argument, dass man es vorher nicht erledigen konnte, sieht er ebenfalls nicht durch den Babylonischen Talmud (bMQ 14a) gestützt. Adret zeigt vielmehr auf, dass ein Neugeborenes nicht deswegen in der Ausnahmeregelung, die ein Haare-Schneiden-Lassen erlaubt, enthalten sei, weil es sich nicht vorher die Haare schneiden lassen könne. Vielmehr könne es nach der Interpretation des Talmuds einer anderen Klassifikation zugeordnet werden, nach der es laut der Mischna gestattet sei, sich die Haare schneiden zu lassen, nämlich demjenigen, der aus einem Gefängnis komme. Der angefragte Fall eines Kranken könne jedoch nicht dieser Klassifikation zugeordnet werden, und wird aus diesem Grund auch von Adret abgelehnt.[70]

Ein wichtiger Aspekt ist, dass in manchen Fällen eine bereits feststehende Norm – beispielsweise aus dem Talmud – verwendet wird, um diese auf einen anderen Fall anzuwenden. Dies zeigt sich beispielsweise sehr gut in dem Responsum I:382: Hier setzt Adret für die Beantwortung der Frage, ob beim Beschneiden von Zwillingen ein Segensspruch für beide ausreiche oder nicht, das Segensprechen des Mohels dem Segensprechen des Schochets von einer Menge an Vieh gleich. Adret überträgt in diesem Responsum die Regel, die für den letztgenannten Fall gilt, dass ein Segensspruch auch dann ausreichend ist, wenn man viel Vieh schlachtet (bHul 86b-87a), auf den angefragten Fall. Mit diesem Transfer begründet er, dass für den Mohel ein Segensprechen für die Zwillinge ausreichend sei.

Adret verwendet die nachtalmudischen Werke, die Kodifikationswerke, die Responsa früherer Gelehrter und die Kommentarliteratur, aus unterschiedlichen Gründen und nicht ausschließlich zur Stütze der eigenen Ausführungen. Selbst wenn diese Quellen zur Unterstützung der eigenen Argumentation verwendet werden, ist in einigen Fällen bemerkbar, dass nicht immer die Quellen ausführlich zitiert werden, sondern der Bezug knapper ausfällt und nur darauf verwiesen wird, dass eine von Adret gerade geäußerte Lehrmeinung bereits von anderer Seite getä-

70 Vgl. III:275.

tigt wurde, ohne diese dann im Wortlaut wiederzugeben.[71] So schreibt Adret in einigen Responsa „so schrieb XY“[72] oder ähnliches.

Nachtalmudische Gelehrte werden aber auch dann von Adret genannt, wenn es darum geht, auf unterschiedliche Rechtsauffassungen hinzuweisen und in manchen Fällen, um sich dann auch von einer Lehrmeinung eines Gelehrten zu distanzieren. Letztendlich wird erkennbar, dass Adret einen früheren Rechtsgelehrten sowohl als rechtliche Belegquelle für eigene Ausführungen verwendet, wenn er in diesem bestimmten Rechtspunkt mit ihm übereinstimmt, als auch denselben Rechtsgelehrten in einer anderen Situation kritisiert und dessen anderslautende Rechtsauffassung ablehnt. Auch wenn Adrets Ehrfurcht vor manchen Gelehrten erkennbar ist und er diese äußert, bedeutet es nicht, sich immer dieser Lehrmeinung anzuschließen. Beispielsweise wird sowohl Adrets Ehrfurcht vor den Geonim als auch vor Alfasi in seinen Responsa erkennbar. So schreibt Adret in dem Responsum I:35 in Bezug auf die Geonim: „Auf jeden Fall [gilt]: Um einen Rechtsfall entgegen den Geonim zu entscheiden [...], haben wir nicht die Macht [...].“[73] Doch ist die dort getätigte Aussage für Adret nicht allgemeingültig, denn in anderen Responsa widerspricht Adret den Geonim sehr wohl oder enthält sich vollends einer Meinung, ohne diese Formulierung anzuführen.[74]

Im Zusammenhang mit der Vorstellung unterschiedlicher Lehrauffassungen ist es wichtig zu betonen, dass auch bei Meinungsverschiedenheiten zwischen einem sefardischen und einem Gelehrten anderer Herkunft Adret nicht zwingend einem sefardischen Gelehrten Recht gibt. Dies wird beispielsweise in dem Responsum I:313 sichtbar. Hier liegen unterschiedliche Rechtsauffassungen zwischen den Geonim, Alfasi und Maimonides auf der einen und Raschi auf der anderen Seite vor. Die Ansichten von Alfasi und Maimonides werden an dieser Stelle von Adret als nicht korrekt bewertet; vielmehr stimmt er hier Raschis Rechtsauffassung zu. Dies lässt darauf schließen, dass Adret es von den Begründungen, Belegen und seinen eigenen Überlegungen abhängig macht, welcher Rechtsauffassung er zustimmt.

Es ist somit nicht von der Rechtsperson, sondern der Sachlage abhängig, ob er eine frühere Rechtsauffassung anerkennt. Dies zeigt sich, wenn Adret beispielsweise sowohl Lehren von Maimonides, Raschi, Alfasi und Abraham ben David von Posquières verwendet, um die eigene Position zu stärken oder ihnen in einer Lehrmeinung Recht zu geben, als auch die Lehren in einem anderen Responsum nutzt, um sie zu kritisieren. So verwendet Adret Abraham ben David von Posquières‘ Festlegungen, um den Spruch des Großen Hallel als unveränderlich und in

71 Das Responsum I:24 kann als Beispiel dafür dienen, dass die talmudischen Stellen gerne zitiert werden, aber zeitweise im gleichen Responsum auf die anderen Quellen verwiesen wird.

72 Beispielsweise: I:78, I:183.

73 Übersetzung NKS.

74 Vgl. dazu auch das folgende Kapitel.

der im Babylonischen Talmud von Rabbi Jehuda vertretenen, zu Pesach angeführten Form (bPes 118a) auch für den Dank des Regenfallens nach einem Fasten als richtig zu bezeichnen. Adret verweist darauf, dass Abraham ben David von Posquières allgemein für dieses Hallel den ganzen Psalm 136 festlege, ohne zwischen unterschiedlichen Formen des großen Hallel zu differenzieren.[75] In einem anderen Responsum kritisiert Adret deutlich und freimütig die von Abraham ben David von Posquières vertretenen Ansichten zur Anordnung der Verse in die Tefillin des Kopfes.[76] Dort arbeitet Adret dezidiert die Schwachpunkte in der Argumentation des Abraham ben David von Posquières[77] heraus. Auch Raschi, den Adret in manchen Responsa anführt, um seine eigenen Ausführungen zu stützen[78], wird kritisiert, wenn Adret die Lehrmeinung nicht schlüssig erscheint, wie beispielsweise in dem Responsum I:321. Dort widerspricht er der sowohl von Maimonides als auch von Raschi gleichlautend vertretenen Lehrmeinung in Bezug auf das Grüßen während des Schmas[79]. Während Raschi[80] und Maimonides[81] der Ansicht sind, innerhalb eines Abschnittes unterbreche man nur aus Furcht vor jemandem das Schma, aber nicht aus Ehrfurcht, widerspricht Adret eindeutig dieser Position. Er sieht auch ein Unterbrechen des Schmas aus Ehrfurcht vor seinem Vater und seinem Meister durch die mischnaische Anordnung abgedeckt an. Jedoch erkennt Adret in anderen Responsa gerade die Lehrmeinung Raschis als die Richtige an.

Adret verwendet Alfasi beispielsweise in dem Responsum I:809 als Beleg seiner eigenen Argumentation, indem er eine Analogie zwischen dem Segensspruch zum Anbringen der Mesusot und dem Segensspruch der Tefillin aufstellt, und bei den Regeln zum Segensspruch zum Anbringen der Tefillin auf Alfasis Meinung verweist. Mit dem Hinweis auf Alfasi[82] zeigt Adret auf, dass nach Alfasi nur ein Segensspruch für das Anlegen der Tefillin vorgeschrieben ist, und schlussfolgert, dass dies ebenso für den Segensspruch beim Anbringen von mehreren Mesusot gelten sollte. In dem Responsum I:72, in dem der Anfragende von Adret wissen möchte, ob Alfasis

---

75 Vgl. I:403. Leider ist die Stelle, auf die sich Adret bei Abraham ben David von Posquières bezieht, nicht genau auszumachen. Auch Alfasi, was Adret nicht angibt, erklärt das große Hallel in Bezug auf das Fasten so. Vgl. Sefer ha-Halakhot Taan 9a.

76 Vgl. VIII:234.

77 Vgl. auch Kapitel 4.

78 Beispielsweise in dem Responsum I:124 und I:1253.

79 An dieser Stelle gibt es das Problem, wie das Wort היראה aus mBer 2,1 verstanden werden soll. Soll man wegen der Furcht davor, getötet zu werden, oder vor der Furcht eines Gebotes, wie bei seinem Vater oder Meister, unterbrechen? Denn in dieser Mischna wird festgelegt, dass man wegen היראה innerhalb eines Abschnittes des Schmas jemanden von sich aus grüßt. Das Wort היראה wird dort aber nicht weiter erklärt.

80 Vgl. Raschi zu bBer 13a.

81 Vgl. MT, Hilkhot Ḳeri'at Shema', 2:16.

82 Vgl. Sefer ha-Halakhot Hilkhot Ḳeṭanot, Hilkhot Tefilin 8a.

oder Zerahiah ha-Levi Gerondi Lehrmeinung richtig sei[83], gibt Adret nicht der Rechtsauffassung des Alfasi Recht, sondern sieht jene des Zerahiah ha-Levi Gerondi als korrekt an.

83 Vgl. Sefer ha-Halakhot Pes 24a und Ha-Ma'or ha-ḳaṭan Pes 24a. Vgl. auch Kapitel 2.2.

# 4. Darstellungstechniken: Sichtbarkeit des Entscheidens?

Adret gestaltet seine Responsa auf unterschiedliche Art und Weise, wenn er um eine Entscheidung gebeten wird. Zudem lässt sich feststellen, dass Adret nicht in jedem Responsum zu einer Entscheidung gelangt. Jene Responsa, in denen Adret eine Entscheidung trifft, machen den größten Teil aus, die jeweilige Präsentationsform variiert jedoch stark. So lassen sich Responsa ausmachen, in denen Adret in seiner Antwort ein Nicht-Entscheiden suggeriert, indem er hervorhebt, dass ihm die Fragestellung als so einfach erscheine, dass er aufgrund seines Kenntnisstandes der Rechtstexte dort die Antwort finden und somit keine Kontingenz des Entscheidens feststellen könne.[1] Ähnlich, aber doch als davon unterscheidbar, sind Responsa anzusehen, in denen Adret durch die Verwendung von Rechtstexten seine Antwort als aus diesen Texten ableitbar darstellt. In diesen Fällen verneint er ein Entscheiden jedoch nicht durch Formulierungen, die eine komplexe Situation negieren. Des Weiteren gibt es Responsa, in denen Salomon Adret betont, dass Rechtsschwierigkeiten beständen – meist durch einander widersprechende Rechtsvorstellungen. In diesen Fällen legt Adret oft dar, dass er zwischen diesen unterschiedlichen Optionen abwägen müsse, und führt für die letztendliche Entscheidung Begründungen an, um auch hier die Kontingenz zu verringern. Zudem soll in diesem Kapitel herausgearbeitet werden, wenn Adret keine eigenständige Entscheidung trifft, sondern die Entscheidung anderer Gelehrter zitiert, ohne selbst eine dazugehörige Einschätzung abzugeben.

Sodann werden die Responsa des Salomon Adret vorgestellt, in denen er nicht eindeutig eine Rechtsfestlegung, sondern unterschiedliche Rechtsmeinungen benennt und nur auf den Brauch verweist, anstatt sich eindeutig für eine Seite zu entscheiden. Abschließend erfolgt eine Präsentation jener Responsa, in denen Adret sich einer Entscheidung letztendlich entzieht.

---

1 Vgl. auch den Aufsatz Kramp-Seidel, Semantiken des Entscheidens, 167f.

## 4.1 Die unterschiedlichen Darstellungsarten des Entscheidens

### 4.1.1 Die Darstellung der Antwort als ausführliche Ableitung aus den Rechtstexten

In dem Responsum III:272 wird ersichtlich, dass Adret seine Antwort als ableitbar aus den Rechtstexten darstellt. Dieses Responsum ist zudem sehr interessant, da Adret es sehr stark gliedert und zwischen einem Teil, in dem er die Festlegungen zunächst aufzählt, und einem Teil, in dem er für die unterschiedlichen Kategorien und Festlegungen Belege aus normativen Rechtstexten anführt, unterscheidet. Adret differenziert hingegen meist nicht so stark zwischen den einzelnen Festlegungen und den Belegen, sondern führt sie direkt im Anschluss an die Festlegung an.[2] In diesem Responsum III:272 beantwortet Adret die Frage, ob jene Tätigkeiten, die am Schabbat bei einer lebensbedrohlichen Krankheit ausnahmsweise erlaubt sind, wirklich nur bei einer Lebensgefahr gestattet sind, oder ob auch die Gefahr, ein Körperteil zu verlieren, dazu führt, die Tätigkeiten als erlaubt anzusehen. Adret antwortet nicht konkret und kurz auf die Frage, sondern holt bei ihrer Beantwortung weit aus, indem er zunächst drei unterschiedliche Krankheitsarten klassifiziert und darlegt, welche Arbeit am Schabbat von welcher Personengruppe bei diesen Erkrankungen ausgeführt werden darf. Somit unterscheidet Adret zwischen den Krankheiten, bei denen eine akute Lebensgefahr besteht, Krankheiten, bei denen die Gefahr besteht, ein Körperglied zu verlieren oder so krank zu sein, dass man ins Bett fällt, sowie Krankheiten, bei denen man bekümmert ist. Bei der ersten Krankheitsart dürfen laut Adret alle, auch die strengeren, von der Thora verbotenen Tätigkeiten, sogar von einem Juden ausgeübt werden. Für die zweite Krankheitsklasse, der Gefahr, ein Körperglied zu verlieren, legt Adret fest, dass alle biblisch verbotenen Tätigkeiten durch einen Nichtjuden ausgeübt werden sollten, wobei sowohl einem Ger Toschav als auch einem Sklaven, der einem Juden gehöre, die Ausübung ebenfalls nicht gestattet sei. Adret sieht die von den Rabbanan ausgesprochenen, am Schabbat verbotenen Tätigkeiten bei der zweiten Krankheitsart nicht als verboten an. Bei der dritten Krankheitsart, bei der keine akute Gefahr besteht, erklärt Adret ein Ausüben der sowohl durch die Bibel als auch durch die Rabbanan verbotenen Tätigkeiten auch für einen Nichtjuden für unzulässig. Nach diesen Festlegungen lässt Adret nun den Teil anschließen, in dem er für diese einführenden Ausführungen Belege aus normativen Rechtstexten nennt. Durch das Zitieren von Rechtsstellen, die jeweils seine Aussagen stützen, stellt er sie als durch die Rechtstexte erkennbar und ableitbar dar. Seine Festlegung, dass bei lebensbedrohlichen Krankheiten alle verbotenen Tätigkeiten, auch die biblisch untersagten, ausgeübt werden könnten,

2 Siehe im Folgenden.

stützt er mit zwei unterschiedlichen Stellen aus dem Babylonischen Talmud. Zum einen führt Adret ein Zitat aus bShab 129a an: „Ist das Leben im Zweifel, ist zu erleichtern.“[3] Zum anderen zitiert er aus bAZ 28a den Satz „Bei jeder Wunde, die eine medizinische Meinung benötigt, entweiht man den Schabbat“[4]. Adret zeigt damit auf, dass in den Rechtsquellen selbst ein Entweihen des Schabbats, also das Ausüben aller Tätigkeiten, auffindbar ist.

Im Anschluss daran führt er Belege für die Festlegungen an, die er zu den Krankheiten getroffen hat, bei denen die Gefahr besteht, ein Körperglied zu verlieren. Er zitiert sowohl für die Aussage, dass die Arbeit durch einen Nichtjuden verrichtet werde, als auch dafür, dass sie nicht von einem Juden oder einem Ger Toschav und Sklaven, der einem Juden gehöre, ausgeübt werde, aus dem Babylonischen Talmud. Die Erlaubnis, dass diese Arbeit von einem Nichtjuden verrichtet werden solle, zeigt Adret durch das Zitat „Alle für einen Kranken notwendigen Dinge werden durch einen Nichtjuden ausgeübt“[5] aus bShab 129a. Adret stellt damit dar, dass diese Aussage nicht von ihm getroffen wird, sondern bereits in dieser Stelle des Babylonischen Talmuds aufzufinden ist. Durch ein langes Zitat aus bAZ 28b und seinen eigenen zusätzlichen Erklärungen kann Adret zudem aufzeigen, dass nach der dortigen Vorstellung ein Jude auf keinen Fall bei der Gefahr, ein Körperglied zu verlieren, biblisch verbotene Tätigkeiten ausüben dürfe. Vielmehr sei dies wirklich nur bei einer lebensbedrohlichen Krankheit erlaubt: Adret kann belegen und herausarbeiten, dass die in bAZ 28b beschriebene unterschiedliche Rechtsauffassung von Gelehrten in Bezug auf die Behandlung einer Augeninfektion von der Vorstellung der Gelehrten abhängig sei, ob eine Augeninfektion lebensbedrohlich sei oder nur die Gefahr bestehe, das Augenlicht zu verlieren: Mar Sutra bar Tuvia legt nämlich in dieser Stelle des Babylonischen Talmuds fest, dass man zwar sein Auge aus medizinischen Zwecken anmalen dürfe, das Zerkleinern der Ingredienzen der Salbe und das Tragen derselben auf einem öffentlichen Weg aber verboten sei. Anderer Meinung ist Rabbi Jakob, der im Namen von Rav Jehuda gelehrt hat, dass die Ingredienzen zur Herstellung der Salbe sehr wohl zerkleinert werden dürften. Die von Rav Jehuda festgelegte Erlaubnis aufgrund einer Lebensgefahr wird durch dessen Bericht, dass eine Magd wegen eines infizierten Auges gestorben sei, in AZ 28b ersichtlich. Für die Annahme, dass Mar Sutra dort jedoch nur von einer Gefahr, ein Körperteil zu verlieren ausgehe, und daher nur rabbinisch verbotene Tätigkeiten erlaubt, stützt Adret sich auf die Erklärung Raschis, der diese Passage auf diese Weise versteht.[6] Damit zeigt Adret auf, dass schon im Babylonischen Talmud nur bei Lebensgefahr das Ausüben von am Schabbat biblisch verbotener

3 In bShab 129a; Übersetzung NKS.

4 Übersetzung NKS.

5 Übersetzung NKS.

6 Vgl. Raschi zu bAZ 28b.

Tätigkeiten erlaubt ist, nicht aber bei der Gefahr, ein Körperglied zu verlieren, sondern dort nur rabbinisch verbotene Tätigkeiten erlaubt sind. Daran anschließend führt er Belege zu seiner Aussage an, dass nicht nur Juden die Ausübung verboten sei, sondern auch einem Ger Toschav sowie einem Sklaven, der einem Juden gehöre. Mithilfe eines Baraita-Zitats aus bYev 48b belegt Adret, dass diese beiden Gruppen nicht arbeiten sollen. In dieser Baraita werden beide Gruppen eindeutig durch Bibelstellenauslegungen in die Aufforderung eingeschlossen, keine Arbeit für einen Juden verrichten zu sollen. Möglicher Kritik an dieser Ausführung greift Adret vor, indem er ein Zitat aus bKer 9a anführt, anhand dessen man zu einer anderen Schlussfolgerung kommen könnte, und diese anschließend überzeugend widerlegt. Sodann belegt Adret seine eingangs angeführte Festlegung zur dritten Krankheitsart, bei der keine akute Gefahr besteht, bei der kein Nichtjude arbeiten dürfe. Dafür zitiert er abermals eine Passage aus bAZ 28a, in der ein Bestreichen der Zähne mit Essig als unzulässig beschrieben wird, wenn man wegen der Zähne bekümmert sei.[7]

Somit hat Adret seine Festlegungen als übereinstimmend mit den Rechtsvorstellungen im Talmud und als aus dem Babylonischen Talmud ableitbar präsentiert. Er zeigt hier keine unterschiedlichen Alternativen oder andere Rechtstexte auf, zwischen denen man abwägen müsste. Adret lässt zudem keinen Zweifel daran, dass die Aussagen und Kategorien, in der von ihm vorgenommenen Weise getroffen werden müssen; er stellt sich als mit dem Recht übereinstimmend dar.

Auch in dem Responsum I:119 wird erkennbar, dass Adret seine Antwort als ableitbar aus den normativen Rechtsquellen darstellt. Adret greift hier für die Beantwortung der Frage auf die Talmudstelle in bMeg 27b–28a sowie auf eine von ihm ausgemachte Erklärung von Jakob ben Meir Tam zurück. Der Anfragende möchte wissen, ob ein Israelit, der gebildeter als der in der Synagoge befindliche gebildete Kohen ist, vor dem Kohen rezitieren soll. Diese Frage hat verschiedene Ursachen: Im Allgemeinen gilt, dass ein Kohen in der Synagoge immer an erster Stelle lesen solle. Nun findet sich in bMeg 28a eine Aussage, nach der ein gebildeter Israelit sogar vor einem ungebildeten Hohepriester lesen solle. Aufgrund einer Talmudpassage in bGit 59b, in der berichtet wird, dass ein Gelehrter vor zwei gebildeten Kohanim in der Synagoge lese, sieht der Anfragende die Möglichkeit, dass ein im Vergleich zum gebildeten Kohen gebildeterer Israelit vor diesem Kohen lesen dürfe. Bevor Adret genau auf die konkret gestellte Frage eingeht, bezieht er sich zunächst auf bMeg 28a, um aufzuzeigen, dass ein gebildeter Israelit vor einem ungebildeten Kohen lesen solle. Adret wird sogar noch präziser als der Anfragende,

---

7 Zum Verständnis hilft die Ausführung Raschis, der zu der Festlegung mit dem Essig anführt: „Jegliche Medizin verbaten die Gelehrten am Schabbat wegen des Zerkleinerns der Inhaltsstoffe herzustellen, wenn es keine Gefahr gibt." Raschi zu bAZ 28a.

indem er ausführt, dass man andernfalls des Todes schuldig sei. Als Beleg für diese Ausführung zitiert Adret aus einer Passage in bMeg 28, die dies festlegt. Daran anschließend bezieht sich Adrets Antwort nun auf die konkrete Frage des Anfragenden. Zunächst führt er aus, dass es angemessen sei, einen gebildeten Kohen beim Lesen vorangehen zu lassen, auch wenn der Israelit gebildeter als der Kohen selbst sei. Dies belegt er mit einem Zitat aus bMeg 27b–28a und einer von ihm ausgemachten, dazugehörigen Erklärung des Jakob ben Meir Tam[8]: Adret zitiert die in der Bavli-Stelle vorkommende Aussage des Rav Peridah, der sein Leben dadurch verlängert habe, dass er immer einen Kohen vor sich lesen ließ. Der daran anschließende Einwand, bei dem Fall eines ungebildeten Kohens sei man dann des Todes schuldig, wird anschließend durch die Interpretation abgewendet, dass Rav Peridah nur von dem Fall spreche, wenn der Kohen und der Gebildete gleichwertig seien. Durch den Rückgriff auf die Erklärung des Jakob ben Meir Tam wird sodann deutlich, wieso diese Passage Adrets vorherige Aussage stützt: Nach der von Adret vorgertragenen Interpretation des Jakob ben Meir Tam sind sich der Kohen und der Israelit nicht wörtlich ebenbürtig. Vielmehr seien beide Gelehrte, wobei der Israelit jedoch gebildeter sei. Damit hat Adret durch die Hinzuziehung der Lehrmeinung des Jakob ben Meir Tam zu dieser Talmudstelle bewiesen, dass man einen gebildeten Kohen vorangehen lassen soll. Denn dies wird positiv bewertet, weil Rav Perida laut der Talmudstelle aufgrund des Vorangehenlassens des Kohens seine Lebenszeit verlängert hat. Adret erklärt jedoch abschließend, dies bedeute nicht, dass in diesem besonderen Fall ein Vorangehen des gebildeteren Israeliten untersagt sei. Als Beleg dafür verweist er auf die vom Anfragenden erwähnte Talmudstelle, in der Rav Huna vor gebildeten Kohanim rezitiert hat. Somit hat Adret die komplette Antwort als durch normative Rechtsquellen belegbar und ableitbar dargestellt, da er seine unterschiedlichen Ausführungen mit passenden Talmudstellen und einer Erklärung Jakob ben Meir Tams als anerkannter Rechtsinstanz untermauert.

In dem Responsum I:131 verwendet Adret ebenfalls normative Texte, um seine Antwort als Ableitung darzustellen: Er führt für seine schrittweise vorgenommenen Aussagen Belege aus bBerakhot an und suggeriert damit, dass seine Antwort aus den Texten zu schlussfolgern sei. In diesem Responsum antwortet Adret auf die folgende Frage: Soll jemand, der vor dem Tefilla-Gebet geprüft hat, ob er Wasser lassen muss, und dann aufgrund einer Erkrankung während des Tefilla-Rezitierens spürt, dass er doch auf Toilette muss, aber noch bis zum Ende einhalten kann, das Gebet für den Toilettengang unterbrechen? Zur Beantwortung der Frage holt Adret weit aus: Zunächst geht er nämlich nicht, wie in der Frage verlangt, auf einen Tefilla-Sprechenden ein, der vor dem Rezitieren geprüft hat, ob er Wasser lassen muss.

8 Diese Lehre wird in den Tosafot anonym wiedergegeben. Vgl. Tosafot zu bMeg 28a. Vgl. auch dazu Zaleznik, She'elot, I, 67, FN 7 zu I:119.

Vielmehr legt er aus, wie das Tefilla-Sprechen zu bewerten ist, wenn jemand vor Beginn des Tefilla-Gebets einen Drang verspürt. Zudem weitet Adret die Antwort abschließend noch auf den Stuhlgang aus. Für alle Festlegungsschritte führt Adret Belege aus bBerakhot an. Zunächst führt Adret aus, dass man nicht Tefilla sprechen solle, wenn man vor dem Tefilla-Gebet spüre, dass man dringend Wasser lassen müsse und nicht länger als den Zeitraum, der zum Gehen einer persischen Meile benötigt wird, einhalten könne. Dies untermauert Adret sodann mit einem Zitat aus bBer 23a:

> Wenn man Wasser lassen muss, spricht man nicht Tefilla. Und wenn man [dennoch] Tefilla gesprochen hat, hat man nicht seine Pflicht erfüllt, weil seine Tefilla ein Gräuel ist. Rav Zevid sagte – und manche sagen: Rav Jehuda sagte: Sie haben es nur gelehrt, wenn er nicht einhalten kann. Und wie lange [muss er einhalten können]. Rav Scheschet sagte: [So lange, wie es dauert,] eine persische Meile [zu gehen].[9]

Sodann führt Adret aus, wie der Fall zu bewerten ist, wenn der Tefilla-Rezitierende nicht schon vor Beginn der Tefilla zur Toilette gehen muss, sondern dieser den Drang erst während des Gebetes verspürt. Die daran anschließende von Adret vorgenommene Festlegung, dass man aber nicht das Tefilla-Gebet unterbrechen müsse, um zur Toilette zu gehen, wenn man erst während des Gebets den Drang verspüre, stützt er mit einem weiteren Zitat aus bBerakhot. Da in bBer 22b dargelegt wird, dass derjenige, dem schon etwas Wasser über die Knie tropfe, währenddessen pausieren solle, und wenn es wieder aufhöre, weitersprechen solle, arbeitet Adret mithilfe dieser Festlegung heraus, dass im Babylonischen Talmud ein Unterbrechen der Tefilla nicht verlangt wird, um zur Toilette zu gehen. Er sieht dies darin begründet, dass ein Lesen und ein Tefilla-Sprechen durch die Bibel nicht bei einer kleinen Menge Urin, sondern nur bei einem Urinstrahl verboten seien. Ohne es an dieser Stelle anzugeben, bezieht sich Adret bei dieser Ausführung lose auf bBer 25a[10], wonach das Schma-Rezitieren in der Gegenwart von Urin erlaubt ist. Damit begründet Adret, dass es umso mehr erlaubt sein müsse, weiter die Tefilla zu sprechen, wenn man einhalten könne, da es schon nicht im oben beschriebenen Fall notwendig sei, dafür zwingend auf Toilette zu gehen. Sodann weitet Adret seine Antwort auf die Regeln bezüglich des Stuhlganges aus. Hier erklärt er, dass derjenige, der noch einhalten könne, die Tefilla ebenfalls nicht für einen Toilettengang unterbrechen müsse. Er führt sodann und belegend aus, wie man sich bei Blähungen zu verhalten habe, wenn diese einem versehentlich entwichen seien oder wenn man den Drang nach ihnen verspüre. Seine Festlegung bei diesen beiden Fällen stützt er

9 bBer 23a; Übersetzung NKS.
10 Vgl. auch die Anmerkungen der Herausgeber. Zaleznik, She'elot, I, 72, FN 6 zu I:131.

erneut mit einem Zitat aus bBerakhot[11], in dem beide Fälle genau aufgeführt sind. Abschließend verweist Adret zudem auf das Rezitieren des Schmas, bei dem er kurz, ohne dafür noch Beweise anzuführen, darlegt, dass es einem freigestellt sei, ob man weiterlese oder zur Toilette gehe, wenn man einhalten könne. Sicherlich sieht er dies durch die früheren Ausführungen zur Tefilla abgedeckt. Auch in diesem Responsum zeigt Adret nicht auf, dass man die Talmudstellen anders deuten und somit abweichend entscheiden könnte. Er deckt ebenfalls nicht auf, ob andere Rechtsansichten zu diesem Fall bestehen und damit aufgrund von Unsicherheiten entschieden werden muss. Seine Antwort wirkt somit wie eine eindeutige Ableitung aus den Rechtsquellen, die dort leicht herauszulesen ist.

Ähnliches ist auch in dem Responsum IV:277 erkennbar: Dort führt Adret einige Zitate aus dem Babylonischen Talmud an und belegt damit, dass aus den Rechtstexten ersichtlich werde, dass man keine Waren, auf die Regen gefallen sei und die schlecht zu werden drohten, nehmen dürfe oder einem Nichtjuden sagen dürfe, sie zu nehmen. Adret begründet dies anhand einiger Talmudpassagen, aus denen er herauslesen kann, dass man nicht aufgrund eines monetären Verlustes eine am Schabbat verbotene Tätigkeit ausüben dürfe: Zunächst bezieht sich Adret kurz auf die vom Anfragenden angeführte Stelle aus bKet 70b, nach der man nur einen Brand am Schabbat löschen darf, andere am Schabbat verbotene Tätigkeiten aber nicht als erlaubt aufgeführt werden; Adret sieht diese Stelle als Beweis dafür an, dass ein Nehmen der nassgewordenen Waren verboten ist. Zudem sieht er sich von einer Passage in bBeẓa 36b gestützt, da er aus dieser herauslesen kann, dass man nicht am Schabbat Verbotenes verrichten dürfe, um einen monetären Verlust zu verhindern. Als Bestätigung deutet er auch die dort zu findende Diskussion um Abajes Mühle: In bBeẓa 36b erlaubt Rabbah Abaje, dass dieser in seine Mühle, in die es hineinregnet, eine Matratze legen dürfe, da die Mühle dann einem Behälter für Exkremente ähnele und man das Wasser dann herausholen könne. Daher sieht Adret an dieser Stelle diese Erlaubnis nicht als Prävention eines monetären Verlusts an. Anders hingegen deutet Adret die in der Talmudstelle von Abaje geäußerte Überlegung, von Vornherein eine Matratze in die Mühle zu legen, um sie einem Behälter für Exkremente ähneln zu lassen. Dies fasst er als Erwägung auf, einen monetären Verlust zu verhindern. Da in der Talmudstelle anschließend berichtet wird, dass daraufhin Abajes Mühle als Strafe einstürzt, kann Adret begründen, dass es verboten sei, von Vornherein eine Matratze in eine Mühle zu legen und einen monetären Verlust zu verhindern. Danach rekurriert Adret auf bShab 154b, womit er ebenfalls belegt, dass der monetäre Schaden am Schabbat kein Ausüben einer verbotenen Tätigkeit rechtfertige. In der Talmudstelle wird eine Festlegung für mit Glasgefäßen beladene Tiere beschrieben, gemäß der man am Schabbat

11 bBer 24b. Adret zitiert diese Stelle mit kleinen Auslassungen.

Matratzen und Polster bringt und diese unter die Tiere legt, um die Gefäße darauf fallen zu lassen. Es wird erklärt, dass diese Festlegung nur bei kleinen Säcken gelte, da man diese leicht von den Kissen abschütteln könne, sodass man nicht die Matratzen mit den Gefäßen transportiere. In der Talmudstelle wird jedoch deutlich, dass bei großen Säcken diese Festlegung nicht gilt, sondern man dort die Gefäße zerbrechen lässt. Adret resümiert somit, dass man bei den großen Säcken einen Defekt der Glasgefäße in Kauf nehme und daher nicht der monetäre Verlust ausschlaggebend sei. Anschließend führt er noch einen weiteren Beleg aus bShab 42b–43a an, der seine Annahme ebenfalls untermauert. Des Weiteren widerspricht er dem Anfragenden, dass er selbst den französischen Gelehrten zugestimmt habe, die das Bewegen von Geld bei der Angst vor der Herrschaft erlauben und damit bei einer Angst vor einem monetären Verlust.[12] Zudem begründet Adret, dass man einen Nichtjuden nur in einem ganz bestimmten Fall die Waren nehmen lasse, um anschließend erneut mithilfe einer Stelle aus dem Babylonischen Talmud, bBeẓa 36a, darauf zu verweisen, dass ein monetärer Verlust nicht entscheidend sei. Da er seine Belege als „starke Beweise wie ein gegossener Spiegel"[13] bezeichnet, wird ersichtlich, dass Adret seine Entscheidung als in den Rechtstexten auffindbar versteht bzw. darstellt. Er zeigt nicht auf, dass man auch anders hätte entscheiden können und Schwierigkeiten erkennbar sind. Er stellt damit die Antwort als durch die Ableitung von Rechtstexten erschließbar dar.

Adret gestaltet in dem Responsum I:319 seine Antwort so, dass sie wie eine Ableitung aus Rechtstexten wirkt. Die Kontingenz wird hier nicht sichtbar gemacht; ob Rechtsauffassungen bestehen, die die Frage anders bewerten, macht Adret nicht sichtbar. Er arbeitet in seiner Antwort heraus, dass man logischerweise die Segenssprüche, die vor dem Rezitieren des Schmas angeordnet sind, nachgeholt sprechen müsse, wenn man das Schma ohne diese Segenssprüche rezitiert habe. Dies arbeitet er argumentativ heraus und stützt sich dabei auf diverse Rechtstexte und Gelehrte. Bei der Beantwortung der Frage holt Adret weit aus und geht zunächst auf einen vom Anfragenden nicht angezweifelten Aspekt ein: Er führt aus, dass man durch das Rezitieren des Schmas ohne das Anführen der Segenssprüche seine Pflicht erfüllt habe. Als Beleg dafür zitiert er aus mBer 2,1 und aus der dazugehörigen Stelle im Jerusalemer Talmud jBer 2,1. Er begründet im Folgenden seine Behauptung, es sei logisch, die Segenssprüche danach noch sprechen zu müssen, ohne das Schma, dessen Pflicht man schon erfüllt habe, selbst erneut zu wiederholen. Zudem erklärt er, wieso die Segenssprüche auch losgelöst vom Schma rezitiert werden können: Sie seien zwar vor dem Schma angeordnet, seien aber keine Segenssprüche über

12 Adret verweist auch in seinen Chidusche zu bShab 153a auf die Lehrmeinung der französischen Gelehrten und setzt sich dort mit ihr kritisch auseinander. Vgl. auch Zaleznik, She'elot, IV, 139, FN zu IV:277.

13 IV:277; Übersetzung NKS.

das Rezitieren des Schmas. Die Differenz zeigt er zu den Segenssprüchen auf, die über das Lesen in der Thora gesprochen werden. Als Stütze für diese Ausführung verweist Adret auf die Geonim, ohne sie aber wörtlich zu zitieren, die ihre Festlegung dieser Darlegung entsprechend ausgeführt hätten. Damit argumentiert Adret, dass man nur die Pflicht des Schmas, aber nicht die der Segenssprüche erfüllt habe. Um diese Aussage nicht ohne Beleg stehen zu lassen, zitiert er aus bBer 11b–12a. Anhand dieses Zitats kann Adret zum einen ableiten, dass man die Segenssprüche noch spricht, und zum anderen, dass man das Schma nicht noch einmal rezitiert. Adret unterstreicht im Folgenden die Eindeutigkeit durch eine Ableitung, indem er anführt, dass er noch weitere Beweise nennen könne, dies aber nun nicht mehr mache, da seine Ausführungen schon ausreichend belegt seien. Er zeigt damit dem Anfragenden, dass weitere Belege bestanden hätten, aus denen man die Antwort ebenfalls ableiten könne. Damit negiert Adret die Kontingenz des Entscheidens, also die Möglichkeit, auch anders entscheiden zu können. Vielmehr unterstreicht er, dass man in den Rechtstexten ausreichend Belege finden kann, um die Antwort zu erschließen.

### 4.1.2 Betonen von einander widersprechenden Rechtsvorstellungen

In einigen Responsa verweist Adret auf unterschiedliche, einander widersprechende Rechtsvorstellungen, die zu einer vom Anfragenden gestellten Frage bestehen. Im Unterschied zu den oben vorgestellten Fällen zeigt Adret hier aufgrund der Betonung von Meinungsdifferenzen eine gewisse Komplexität auf. Er verdeutlicht zum einen, dass die Frage nicht einheitlich zu beantworten ist und somit die Alternativen begründet sind. Zum anderen unterstreicht er, dass aufgrund der unterschiedlichen Rechtstexte, zu denen man sich positionieren muss, eine Entscheidensschwierigkeit besteht. Hier legt Adret die Notwendigkeit des Entscheidens offen, indem er unterschiedliche Rechtsalternativen benennt.

In dem zweiten Teil des Responsums I:13 betont Adret eine Meinungsverschiedenheit und zeigt damit, dass er eine der beiden Seiten für richtig erklären muss. Somit legt Adret hier den Entscheidensprozess offen und suggeriert an dieser Stelle nicht, dass nur eine Rechtsableitung stattfindet, um die Antwort geben zu können: Bei der Frage, ob ein Levit an Stelle eines Israeliten in der Synagoge hinaufsteigen könne, um aus der Thora zu lesen, weist Adret für den Fall, dass kein Kohen in der Synagoge anwesend sei, darauf hin, dass hierzu zwei unterschiedliche Rechtsauffassungen beständen. Die eine Seite sehe jegliches Lesen eines Leviten als ungeeignet an, wohingegen die andere Seite die Auffassung vertrete, ihn nicht als Levit, sondern aufgrund seines Bildungsstandes lesen zu lassen; sollte also ein Klügerer als der Levit in der Synagoge anwesend sein, sollte der Levit erst an späterer Stelle lesen. Adret gibt nach der Nennung der beiden Lehrmeinungen der ersten Seite Recht. Dies zeichnet sich eventuell bereits dadurch ab, dass Adret nur die Belege für diese

Lehrauffassung angibt und für die zweite keine Belege nennt. Adret übergeht an dieser Stelle jedoch nicht die andere Lehrmeinung, sondern stellt sie vor. Damit unterstreicht er das Entscheiden zwischen zwei bestehenden Rechtsauffassungen.

In dem Responsum I:313 findet sich ebenfalls eine Meinungsverschiedenheit. Dieses Responsum setzt sich mit dem Thema des Schlachtens und der Frage auseinander, ob das Tier noch tauglich ist, wenn das Hinterbein am mittleren Knochen zerbrochen und die Verbindungsstelle der Sehnen unbeschädigt ist. Dabei führt Adret nicht allein die unterschiedlichen Rechtsvorstellungen an, sondern nennt ebenfalls die Belege, die beide Seiten jeweils für ihre Festlegung vorbringen. Zunächst führt er die Lehrmeinung[14] der Gelehrten an, die das Tier in diesem Fall erlauben. Adret sieht die Erlaubnis darin begründet, dass die Erlaubenden eine Mischna-Stelle gemäß dem Gelehrten Ulla verstehen. In der Gemara, bHul 76a, wird die Mischna-Stelle mHul 4,6 diskutiert, die das Gelenk nicht genauer definiert, das als Trennlinie dafür gilt, ob das Gebrochene noch tauglich ist. Dazu bestehen zwei unterschiedliche Äußerungen zu Rav Jehuda, der in der ersten Variante dieses Gelenk anders als Ulla definiert, wobei Ulla dieser Definition aufgrund der Mischna widerspricht. In der zweiten Variante der Äußerung Rav Jehudas besteht kein Widerspruch zu der Definition Ullas. Adret arbeitet heraus, dass aus diesen Gründen – einerseits dem Widerspruch seitens Ulla, andererseits der anderen, mit Ulla übereinstimmenden Äußerung – die Geonim sowie Alfasi diese Definition des Gelenks übernähmen.[15] Durch diese Übernahme wird die Mischna-Stelle wie folgt verstanden: Sollte auch der zentrale Knochen gebrochen und die Verbindungsstelle der Sehnen weiter vorhanden sein, ist das Tier tauglich. Gemäß der anderen Definition des Gelenks nach Rav Jehuda ist die Festlegung abweichend zu verstehen: Danach ist das Tier untauglich, wenn ein Knochen oberhalb des Sprunggelenks zerbrochen ist, unabhängig davon, ob die Verbindungsstelle der Sehnen intakt ist oder nicht. Da sich der zentrale Knochen oberhalb davon befindet, gilt nach diesem Verständnis das Tier als trefa. Adret nennt Raschi[16], der diese zweite Ansicht vertritt. Nachdem Adret nun diese beiden einander widersprechenden Positionen benannt hat, arbeitet er heraus, welche Position ihm richtig erscheint: Er sieht die Antwort Raschis als die richtige an und führt anschließend zwei Beweise für seine Entscheidung an: Er begründet dies zum einen damit, dass beide Ausdrücke bei einer biblischen Anordnung bestehen und man bei einer biblischen Anordnung erschweren und es somit als verboten ansehen solle. Zum anderen arbeitet Adret

---

14 In diesem Fall die Geonim und Alfasi.

15 Wie bereits Adret ausführt, übernimmt Alfasi nicht beide Lehrmeinungsvarianten des Rav Jehuda. Vielmehr nimmt er nur die zweite Rav Jehuda zugesprochene Lehrmeinung und lässt die andere Variante weg, in der Ulla und Rav Jehuda unterschiedlicher Ansicht sind. Vgl. Sefer ha-Halakhot Hul 25b.

16 Vgl. Raschi zu bHul 76a, wo Raschi festhällt, dass man es gemäß der ersten Variante macht.

dies durch einen Verweis auf bHul 76b heraus, in der eine Meinungsverschiedenheit zwischen zwei Gelehrten erwähnt wird. Adret zeigt auf, dass diese Stelle nach dem Verständnis der Geonim und Alfasi Schwierigkeiten aufwirft, sodass er daher Raschis Festlegung und Verständnis Recht gibt. Adret deckt somit in diesem Responsum auf, dass er zwischen zwei Gelehrtenmeinungen entscheiden muss, da uneinheitliche Rechtsvorstellungen bestehen. Er führt für seine Entscheidung Begründungen an, um die Kontingenz zu verringern und die Entscheidung nicht als willkürlich darzustellen. Da er aber die unterschiedlichen Sichtweisen zunächst benennt, ist hier ein deutlicher Unterschied in der Darstellungsart zu den Responsa erkennbar, in denen Adret nur eine Festlegung mit Begründungen benennt, ohne auf Entscheidensschwierigkeiten hinzuweisen. Während er dort das Entscheiden nicht offenlegt und darstellt, zeigt Adret hier die unterschiedlichen Entscheidensalternativen auf.

Auch in dem Responsum I:237 betont Adret die Schwierigkeit, zwischen unterschiedlichen Rechtsfestlegungen entscheiden zu müssen. Hierbei geht es um die Frage, was geschieht, wenn man vergessen hat, das Afikoman am Seder-Abend zu essen, und schon den Segen nach der Speise über den dritten Becher gesprochen hat. Hintergrund und Schwierigkeit bei dieser Frage sind folgende: Mit den Festlegungen in den Halakhot Gedolot[17] und im Sefer ha-Halakhot des Isaak Alfasi[18] wird sichtbar, dass man zum Abschluss des Essens eine Olivenmenge von der Mazze, die man dafür übriglässt, essen soll und danach ein weiteres Verzehren von anderen Dingen verboten ist.[19] Zugelassen sind dann nur noch die zwei danach vorgeschriebenen Becher Wein: jener beim Segen nach der Speise und jener beim Hallel. Diese zum Essen erwähnte Mazze, die bis zum Ende der Mahlzeit übriggelassen wird, wird als Afikoman bezeichnet. Ein weiteres Gebot in der Mischna und dem Babylonischen Talmud Pesaḥim (mPes 10,7/bPes 117b) besagt, dass man zwischen den beiden letzten vorgeschriebenen Bechern, dem dritten und dem vierten Becher, nicht weiter trinken darf. Der dritte Becher ist nun derjenige, über den der Segen nach der Speise rezitiert wird. Daher entsteht die Frage, wie man sich verhalten soll, wenn man versehentlich diese bestimmte Mazze, den Afikoman, zu essen vergessen und über den dritten Becher schon vor dem Verzehr der Mazze den Segen über die Speise rezitiert hat. Letztendlich ist darin die Frage impliziert, ob man in dieser Ausnahmesituation noch einmal über einen Becher den Segen über die Speise sprechen darf – da man ja wieder etwas verzehrt hat – oder wie man sich sonst in diesem besonderen Fall verhalten soll. Adret zeigt in der Beantwortung der Frage auf, dass diesbezüglich unterschiedliche Rechtsauffassungen bestehen: Er nennt

17 Halakhot Gedolot, Nr. 11, Hilkhot Pesaḥ, Kap. Kol She'ah.

18 Sefer ha-Halakhot Pes 27a.

19 Im Babylonischen Talmud wird dieses Verbotene noch selbst als Afikoman bezeichnet. Vgl. bPes 119b.

zum einen die Annahme, über den Afikoman den Segen „der, der hervorbringt" zu sprechen und anschließend über einen Becher den Segen nach der Speise zu rezitieren. Auch den Grund für diese Rechtsauffassung führt Adret an: Danach soll das Verbot, zwischen dem dritten und vierten Becher Wein zu trinken, verhindern, dass durch das viele Trinken von Wein der Geschmack des Afikoman verloren gehen könnte. Zum anderen führt Adret die zweite Auffassung an, derzufolge der Segen ohne einen Becher Wein rezitiert wird, da nach dieser Ansicht, kein Becher für das Segensprechen notwendig ist. Sodann gibt Adret an, dass er auch dieser zweiten Ansicht zustimme. Adret zeigt also auch an dieser Stelle unterschiedliche Positionen, wobei er nicht die Vertreter der beiden Ansichten mit Namen nennt. Er legt somit offen dar, dass er hier zwischen bestehenden Rechtsvorstellungen entscheiden muss. Er erwähnt in diesem Responsum nicht nur die ihm richtig erscheinende Rechtsauffassung, sondern weist auch selbst auf die Alternativen hin, die bei der Beantwortung der Frage bestehen.

Zwei widerstreitende Rechtsvorschriften stehen auch im Mittelpunkt des Responsums I:239. Hier geht es um die Beantwortung der Frage, ob jemand beim Tefilla-Gebet hinzugezählt werden kann, der die Zeit der religiösen Unterweisung erreicht hat. Er führt an, dass sowohl die Rechtsmeinung besteht, dass dieser hinzugezählt werden dürfe, als auch die Lehre, dass man wirklich volljährig sein müsse, um zum Tefilla-Gebet hinzugezählt zu werden. Adret zeigt zudem seine Zustimmung zur Ansicht auf, dass man wirklich volljährig sein müsse. Er zitiert sodann Abraham ben David von Posquières[20], der ebenfalls diese Meinung vertritt und ausführlich in seinen Ausführungen dargelegt hat, wieso diese zweite Aussage die richtige sei. Hier entscheidet Adret somit offen zwischen zwei einander entgegengesetzten Lehrmeinungen, die er auch beide vorstellt. Er legt somit seinen Entscheidensbedarf offen und stellt die Antwort nicht als einfache Ableitung dar. Interessant ist, dass Adret dennoch kaum eigenständig Argumente anführt, sondern für den Argumentationsgang der Rechtsauffassung einen anderen Gelehrten, hier Abraham ben David von Posquières, zu Wort kommen lässt.

In dem Responsum VIII:226 betont Adret die unterschiedlichen Rechtsauffassungen zur Frage, ob die Mikwe tauglich ist, wenn sie mehrheitlich oder vollständig aus geschöpftem Wasser, das geleitet wurde, besteht. Adret zeigt auf, dass seit der mischnaischen Zeit einander widersprechende Lehrmeinungen vorherrschen und diesen entsprechend spätere Gelehrte Festlegungen vornehmen. So bestehen zwei Rechtsauffassungen: zum einen die des Rabbi Elieser ben Jakob, der geschöpftes Wasser, das geleitet wird, nur erlaubt, wenn es nicht die Mehrheit ausmacht, zum anderen die Auffassung, geschöpftes Wasser, das geleitet wird, als rein zu erklären. Da an dieser Stelle nur allgemein und ohne weitere Angabe von geschöpftem

---

20 Die zitierte Stelle ist nicht auszumachen.

Wasser, das geleitet wird, die Rede ist, kann daraus interpretiert werden, dass nach dieser Auffassung die Mikwe auch dann tauglich ist, wenn sie vollständig aus diesem Wasser besteht. Während Isaak Alfasi[21] in seinem Sefer ha-Halakhot gemäß Rabbi Dimi[22] lehre und man daraus schließen könne, dass Alfasi der letzteren Rechtsfestlegung zustimme, lege R. Aḥa von Shabḥa gemäß Rabbi Elieser ben Jakob fest[23], dass die Mikwe nur dann tauglich sei, wenn dieses geleitete Wasser nicht die Mehrheit der Mikwe ausmache. Anschließend führt Adret Belege für die zweite Rechtsauffassung an und unterstützt diese durch den Verweis, dass die späteren großen Gelehrten gemäß der letzteren Lehrmeinung entschieden hätten und er niemanden in seinem Land kenne, der in diesem Punkt erleichternd lehre. Auch wenn Adret abschließend mit dieser Bewertung offiziell nur die Entscheidung anderer Gelehrter wiedergibt, die nach R. Aḥa von Shabḥa entschieden haben, oder er betont, keine andere Entscheidung zu kennen, gibt er damit dieser Seite Recht. Nur macht er dies hier auf versteckte Art und Weise und stellt damit letztendlich seine Antwort auch als reine Darstellung der Meinung anderer dar.[24]

#### 4.1.2.1 Keine Entscheidung zwischen einander widersprechenden Lehren und doch eine abschließende Entscheidung

In dem Responsum I:46[25] betont Adret die Komplexität und unterschiedliche Festlegungen bei der Beurteilung der Befruchtung eines Eis. Obwohl er nicht zwischen zwei unterschiedlichen Lehrmeinungen entscheidet, nimmt Adret hier eine vorsichtige Entscheidung vor, die beide Lehrmeinungen berücksichtigt: Adret gestattet nur das, was in der Schnittmenge beider Lehrmeinungen als erlaubt bewertet wird. Das, was jeweils nur durch eine der beiden Rechtsauffassungen zusätzlich als erlaubt angesehen wird, verwirft Adret sicherheitshalber. Konkret geht es in diesem Responsum um die Frage, wie man mit Eiern umgeht, in denen man Blut findet. Zunächst arbeitet Adret hinaus, dass das Blut in einem Ei eigentlich unproblematisch sei, da es nicht zur Art des Fleisches gehöre. Daher sei das Blut in diesem Fall nicht mit dem Blut von Fleisch zu vergleichen. Das Problem besteht letztendlich, wenn die Befruchtung der Eier einsetzt, da sie dann auch zur Art des Fleischs gezählt werden und diese Blutkategorie verboten ist. Adret betont, dass er sich anhand der Ausführung in bHul 64b nicht in der Lage sehe, zwischen den Rechtslehren der

---

21 Sefer ha-Halakhot Shevu 5b.

22 Der geschöpftes Wasser, das geleitet wurde, für rein erklärt.

23 Vgl. She'iltot, Parashat Aḥare Mot, She'ilta 96.

24 Vgl. dazu im Folgenden 4.1.7.

25 In dem Aufsatz *Semantiken des Entscheidens* wird dieses Responsum unter dem Aspekt einer begrifflichen Erwähnung eines Nicht-Entscheidens kurz vorgestellt. Vgl. Kramp-Seidel, Semantiken des Entscheidens, 170f.

Geonim und Alfasi auf der einen Seite und Raschi auf der anderen Seite zu entscheiden. Beide Seiten machten das Erlauben und das Verbieten des Eis davon abhängig, wo das Blut im Ei zu finden sei, widersprächen einander aber bei der Festlegung: Während Alfasi und die Geonim das Ei dann erlaubten, wenn sich das Blut im Eigelb und sogar auf dem Knoten befinde, es aber verböten, wenn das Blut sich im Eiweiß befinde, mache Raschi die Sache davon abhängig, ob es sich auf dem Knoten oder außerhalb davon befinde.[26] Da Adret unsicher ist, eindeutig eine der beiden Seiten als richtig zu bestimmen, trifft er eine „Vorsichtsentscheidung“: Nur wenn das Ei nach beiden Auffassungen erlaubt ist, lässt Adret es zu, also dann, wenn sich das Blut im Eigelb und nicht auf dem Knoten befinde. Mit dieser Vorgehensweise verhindert Adret, dass er irrtümlich etwas Verbotenes als erlaubt erklärt. Somit entscheidet Adret hier nicht zwischen zwei unterschiedlichen Lehrmeinungen, die für ihn ein Kontingenzproblem darstellen. Doch auch wenn er diese Schwierigkeit betont, entzieht sich Adret an dieser Stelle nicht einer Entscheidung im Sachthema; er konfrontiert den Anfragenden nicht mit einer offenen, ungelösten Antwort.[27]

#### 4.1.2.2 Inszenierung der als richtig angesehenden Rechtsauffassung als Rechtsableitung

In einigen Anfragen und Responsa, in denen Adret unterschiedliche Rechtsauffassungen erwähnt, geht er mit dem Kontingenzproblem dergestalt um, dass er eine der beiden Festlegungen als ableitbar darstellt. Nichtdestotrotz zeigt Adret in diesen Fällen, dass er sich zu unterschiedlichen, einander widersprechenden Lehrmeinungen positionieren muss.

In dem Responsum VIII:234[28] wird dieses Phänomen deutlich erkennbar. Hier leitet Adret nicht nur aus dem Babylonischen Talmud ab, wie seine Entscheidung begründbar ist, in einem bestimmten Fall Maimonides und Raschi Recht zu geben, sondern zeigt ebenfalls auf, warum die anderslautende Rechtsauffassung nicht damit vereinbar ist. Konkret möchte der Anfragende wissen, wie die Anordnung der Thoraverse auszusehen hat, die in die Kammern der Kopf-Tefilla gegeben werden. Grund für diese Frage sind die einander widersprechenden Festlegungen früherer Gelehrter, die zu einer Rechtsunsicherheit führen: Maimonides hält eine andere Reihenfolge für richtig als Rav Hai Gaon und Abraham ben David von Posquières, der Maimonides‘ Ansicht widerspricht.[29] Adret antwortet daraufhin sehr ausführlich. Bevor er sich zur Reihenfolge der Tefillin des Kopfes äußert,

---

26 Vgl. Sefer ha-Halakhot Hul 22a und Raschi zu bHul 64b sowie die Ausführungen Adrets zu den einzelnen Erklärungen der Gelehrten in seinen Chidusche zu Hul 64b.

27 Vgl. im Gegensatz dazu die wenigen Fälle, in denen Adret keine Festlegung anbietet.

28 Vgl zu der Zählung der Responsa in dieser Arbeit die Einführung, 16, FN 57.

29 Vgl. auch Kapitel 2.2.

zeigt Adret auf, dass das Schreiben und das Hereingeben der Verse bei den Arm- und Kopf-Tefillin übereinstimmend sei, und der Unterschied nur darin bestehe, dass es bei den Tefillin des Kopfes vier unterschiedliche Kammern gebe, in die man jeweils einen Abschnitt gebe, wohingegen bei den Arm-Tefillin alle in eine Kammer getan würden. Diese Behauptung, dass keine Differenz zwischen den Arm- und Kopf-Tefillin bestehe, belegt Adret sodann mit zwei Zitaten aus bMen 34b und seinen dazugehörenden Ausführungen dieser Talmudzitate. Da in den beiden Zitaten aus bMen 34b ersichtlich wird, dass notfalls die Hand-Tefilla für den Kopf und die Kopf-Tefilla für die Hand geeignet sei[30], sieht er es als bewiesen an, dass das Schreiben und Hereingeben nicht voneinander abweichen könne. Denn mit einer anderen Reihenfolge könne die eine Tefilla nicht jeweils für die andere tauglich sein. Nachdem er somit diese von ihm getätigte Äußerung als aus dem Babylonischen Talmud ableitbar dargestellt hat, behandelt Adret nun einen anderen Aspekt: die Reihenfolge des Schreibens. Durch einen Rückgriff auf die Mekhilta de Rabbi Jischmael[31] zeigt Adret die für ihn richtige Reihenfolge beim Schreiben auf, die er entsprechend der Reihenfolge in der Thora versteht: „Kadesch/Heilige" (Ex 13,1–10), „und es wird sein, wenn er dich bringt" (Ex 13,11–16), „Höre [Israel]" (Dtn 6,4–9) sowie „und es wird sein, wenn du hörst" (Dtn 11,13–21). Da dies die einzige in der Mekhilta erwähnte Anordnung ist, sieht es Adret als eindeutig an, dass dies somit auch die geforderte Reihenfolge ist. Adret ist sich auch einer anderen Lehrauffassung bewusst. Er begründet jedoch die Nichtberücksichtigung damit, dass man sich auf das Eindeutige berufen solle und die andere nicht so überzeugend sei. Da das Eindeutige in der Mekhilta zu finden sei, sieht er also diese Reihenfolge als die zu bevorzugende an. Nach dieser Ausführung fasst Adret die Reihenfolge bei der Hand-Tefilla zusammen, die auf eine Haut geschrieben wird, in den Spalten eins bis vier nach der Reihenfolge in der Thora. Adret möchte damit hervorheben, dass der Schreiber beim Schreiben nicht zwischen den Zeilen springt, sondern diese chronologisch abarbeitet. Damit hat Adret seine bisherigen Ausführungen durch Stellenbezüge und eigene Schlussfolgerungen belegt. Mithilfe seiner Schlussfolgerungen kann er nun aufzeigen, dass Raschi und Maimonides in ihrer Festlegung Recht haben.

Sodann führt Adret erweiternd aus, wieso man sich auf Maimonides und Raschi stützen solle. Dafür bezieht er sich erneut auf bMen 34b. Adret verweist auf zwei dort zu findende Baraitot. Die erste davon lautet: „Wie ist ihre Ordnung? ‚Kadesch/Heilige' (Ex 13,1–10); ‚und es wird sein, wenn er dich bringt' (Ex 13,11–16) von

30 Wobei dies bei der Kopf-Tefilla nur möglich ist, wenn sie noch nicht als Kopf-Tefilla getragen wurde und somit neu ist. Vgl. bMen 34b und Raschi zu bMen 34b.

31 Zumindest gemäß der Version, wie die Herausgeber diesen Abschnitt in dem Responsum entsprechend der Handschrift ergänzt haben. Vgl. Zaleznik, She'elot, VIII/Ramban zugeschrieben, 196, FN 19 zu VIII:234.

rechts und ‚Höre [Israel]' (Dtn 6,4–9) und ‚und es wird sein, wenn du hörst' (Dtn 11,13–21) von links."[32] Adret ergänzt dazu, dass dies die Reihenfolge nach der Thora anzeige und wie sie vom Lesenden aus zu sehen sei. Nach Adrets Einschätzung zeige die zweite Baraita, die exakt die umgekehrte Reihenfolge nennt und zunächst als Erwiderung der ersten angeführt wird, letztendlich aber im Talmudtext mit der anderen Version harmonisiert wird, die Ansicht des Anlegenden an. Wenn im Talmudtext auch nicht eindeutig zugeordnet wird, welche Baraita die Ansicht des Lesenden und welche die des Anlegenden anzeigt, klärt die Talmudstelle selbst, dass hier die unterschiedlichen Blickrichtungen für die gegensätzliche Anordnung verantwortlich sind. Zur Bestätigung seiner Aussage wählt Adret nun ein interessantes Stilmittel: Er dekonstruiert die Argumentation des Abraham ben David von Posquières und zeigt die Schwachstellen in dessen Ausführungen auf. Damit kann er sich von dessen Lehrmeinung distanzieren und diese als nicht überzeugend und somit als falsch darstellen. Abraham ben David von Posquières hat in seinen kritischen Anmerkungen zu Maimonides der Ansicht widersprochen, dass in der ersten Baraita die Perspektive des Lesenden gemeint sein könnte.[33] Adret stellt folgendes Argument des Abraham ben David von Posquières als wenig überzeugend dar: Wieso sollte die Reihenfolge des Lesenden in der ersten Baraita angeführt werden, wenn doch der Anlegende ein Gebot erfülle? Adret führt aus, dass sonst die Perspektive des Lesenden in der umgekehrten Baraita bestehen bliebe. Um Abraham ben David von Posquières zu widersprechen, zeigt Adret anschließend auf, wieso es durchaus plausibel sei, dass sich die erste Baraita auf den Lesenden beziehe. Adret legt dar, es gehe dabei nicht um die Perspektive des Anlegenden, sondern darum, die Ordnung des Festsetzens in den Kammern zu bestimmen. Er führt sodann einen weiteren Grund aus, wieso sich die erste Baraita auf den Lesenden beziehen müsse: Jener Gelehrte, der in bMen 34b festlegt, dass eine Baraita von der Sicht des Lesenden und eine von der Sicht des Anlegenden ausgehe, legt ebenfalls dar, dass der Lesende dies nach seiner Ordnung lese. Damit belegt Adret, dass sich Abajes Ausführung gar nicht auf die zweite Baraita beziehen könne. Denn im anderen Fall würde der Lesende nicht nach seiner Ordnung lesen. Adret zeigt sodann, dass Abraham ben David von Posquières noch in einem weiteren Argumentationsschritt nicht überzeugen kann und entkräftet diesen ebenfalls. Er demonstriert somit, dass die andere Rechtsvorstellung für ihn aufgrund der Ableitung aus den Rechtstexten nicht stimmig ist. Im Folgenden kann Adret noch eine Entgegnung entkräften, die gegen die Erklärungen Raschis[34] hervorgebracht wird. Der Einwand, die Baraita müsse nach Raschi anders lauten, weist Adret mit der

---

32 bMen 34b; Übersetzung NKS.

33 Vgl. die Hassagot zu MT, Hilkhot Tefilin u-Mezuzah ve-Sefer Torah, 3:5.

34 Vgl. Raschi zu bMen 34b.

Ausführung zurück, wieso nach Raschi die Baraita eben doch so präzise formuliert werden müsse: Dies sei deswegen notwendig gewesen, da auch die innenliegenden Kammern und nicht nur die äußeren eine vorgeschriebene Ordnung haben sollten. Nach dieser ausgefeilten Argumentationskette, die sich aus eigenen Ausführungen und der Kritik an der entgegengesetzten Position zusammensetzt, die erneut durch die Ableitung und Interpretation der Rechtstexte erreicht wird, legt Adret noch einmal zusammenfassend dar, dass Maimonides und Raschi mit ihrer Festlegung Recht hätten. Anschließend zeigt er zudem durch einen Verweis auf seine Lehrer Nachmanides und R. Jonah ben Abraham Gerondi, die praktisch ebenso bei der Anordnung der Abschnitte verfahren hätten, dass er sich mit dieser Argumentation nicht außerhalb der Rechtstradition positioniert. Somit zeigt Adret zum einen, dass er selbst aufgrund eigenständiger Rechtsableitung antworten kann, zum anderen damit auch den Rechtsvorstellungen seiner Lehrer entspricht. Hier stellt Adret also seine Antwort als Rechtsableitung dar, grenzt sich dabei gleichzeitig von einer anderen Rechtsauffassung ab und präsentiert diese als argumentativ nicht überzeugend.[35]

### 4.1.3 Ein Suggerieren des Nicht-Entscheidens – Die Betonung einer einfachen Sachlage[36]

In einigen Responsa zeigt sich, dass Adret, anders als der Anfragende, der unterschiedliche Alternativen nennt, in seiner Antwort durch die Darstellung einer einfachen Sachlage diese Alternativität nicht benennt. Adret antwortet in diesen Fällen mit Formulierungen wie „es ist eine einfache Sache“ oder „es ist eine klare Sache“ oder „es ist einfach“ und lässt dadurch keine Entscheidensproblematik erkennen, bei der er zwischen unterschiedlichen Alternativen unterscheiden muss. So betont Adret in dem Responsum I:227, dass die Frage, ob man beim irrtümlichen Lesen in einer untauglichen Thorarolle auch das Segensprechen über der tauglichen Rolle wiederholen müsse, einfach zu beantworten sei, und der Segen ohne Zweifel wiederholt werden müsse. Auch wenn Adret eigene Ausführungen dafür anführt, bezieht er sich nicht offen auf einen Rechtstext, durch den er seine Aussagen stützt. Er arbeitet nur heraus, dass auch das Segensprechen umsonst gewesen sei und daher nochmals gesprochen werden müsse, weil das Gebot, in einer tauglichen Thorarolle zu lesen, nicht erfüllt worden sei. Adret bestreitet mit dieser Art der

35 Ähnliches ist auch bei dem bereits oben ausgeführten Responsum I:313 feststellbar. Dort führt Adret Belege für die von ihm als richtig erachtete Passage an.

36 Formulierungen wie „es ist einfach“ werden ebenfalls in dem Aufsatz *Semantiken des Entscheidens* unter dem Blickwinkel der Darstellung eines Nicht-Entscheidens vorgestellt. Vgl. Kramp-Seidel, Semantiken des Entscheidens, 167f.

Antwort, dass hier unterschiedliche Alternativen bestehen könnten, zwischen denen man abwägen müsste. Da Adret den Fall als „klar“ ansieht, suggeriert er somit, dass man mit ausreichendem Wissen diese Frage beantworten könne und nicht aufgrund von Unklarheiten und Unsicherheiten entscheiden müsse. Mit diesem Antwortstil suggeriert Adret, dass die Kontingenz des Entscheidens nicht bestehe.

Auch in dem Responsum I:232 widerspricht Adret dem Anfragenden, dass dessen wahrgenommene Schwierigkeit bestehe. Der Anfragende sieht ein Problem darin, dass einerseits im Babylonischen Talmud (bPes 4a) und im Jerusalemer Talmud (jPes 1,1) der Abend als der richtige Zeitpunkt, an dem man mit einer Leuchte nach Gesäuertem suchen solle, beschrieben wird; andererseits ist aber ebenso im Jerusalemer Talmud (jPes 1,1) die Aussage zu finden, dass man auch am Tag zum Licht der Leuchte das Haus durchsuchen solle. Adret widerspricht, dass die für den Anfragenden erkennbare Problematik bestehe. Er schreibt eingangs: „Dies ist keine Schwierigkeit“[37] und beendet das Responsum mit den Worten „und das ist einfach“[38]. Er stellt zudem kurz in einem Satz dar, dass nur bei Tageslicht mit einer Leuchte durchsucht werde, wenn man den Zeitpunkt am 14. Nisan[39] verpasst habe und zu einem späteren Zeitpunkt durchsuche. Durch die Formulierung „wie auch du gesagt hast“[40], zeigt Adret zudem dem Anfragenden auf, dass auch dieser zu der Erkenntnis hätte kommen können, da er selbst eingangs in den Zitaten und Verweisen auf die Talmudstellen den 14. Nisan erwähnt hat. Adret stellt also auch diesen Fall als einen solchen dar, in dem er nicht entscheiden muss. Er zeigt vielmehr auf, dass die Frage eine solche ist, bei der man aufgrund seines Wissens antworten könne. Damit suggeriert er, es beständen keine Unsicherheiten und einander widersprechende Antwortmöglichkeiten.

In dem Responsum IV:80 suggeriert Adret ebenfalls, dass keine schwierige Fragesituation bestehe, und sieht die dem Anfragenden sichtbaren Unsicherheiten als nicht gegeben an. Adret betont die Eindeutigkeit mit der Formulierung „ich weiß nicht, was bei dieser Sache zweifelhaft für dich ist.“[41] Zudem antwortet Adret kurz angebunden, dass keine Frage darüber bestehe, welche halakhische Auswirkung es habe, wenn jemand sage, er würde dem Tempel zwei Tauben weihen, wenn dieser noch bestände. Adret hält kurz fest, dies habe keine Auswirkung, da der Tempel nicht mehr bestehe, und man daher dem Tempel keine Tiere weihe. Adret belässt es bei dieser kurzen Antwort und sieht es nicht als notwendig an, dies ausführlicher zu erklären und zu untermauern. Durch die Kürze der Antwort wird die einfache Situation stark hervorgehoben.

---

37 I:232.

38 Ebenda.

39 Hierbei handelt es sich um den eigentlich richtigen und vorgeschriebenen Zeitpunkt.

40 I:232.

41 IV:80; Übersetzung NKS.

Auffallend kurz ist zudem das Responsum IX:7, das nur aus einem Satz besteht. Dort verwendet Adret die Formulierung „Es ist eine klare Sache“, um keinen Zweifel an seiner Antwort aufkommen zu lassen und sie als eindeutig und leicht darzustellen. Die in einem Nebensatz zu findende Begründung ist zudem auch nur kurz angegeben. Auf die Frage, ob man für das Kaddisch und die Keduscha die Segenssprüche über das Rezitieren des Schmas unterbreche, schreibt Adret: „Und es ist eine klare Sache, dass man unterbricht, denn er grüßt aus Furcht und antwortet aus der Ehre.“[42] Adret macht damit nicht sichtbar, dass er sich auf mBer 2,1 bezieht und damit seine Antwort stützt. Möglicherweise sieht er diese Mischna-Stelle als so prägnant und bekannt an, dass er eine Stellenangabe als nicht notwendig erachtet. Adret hebt ebenfalls nicht zusätzlich das in der Mischna angesprochene Grüßen und Erwidern hervor, während man die Segenssprüche über das Rezitieren des Schmas spricht. Weitere Erklärungen werden von Adret nicht angeführt. Diese kurze Antwort unterstreicht Adrets Behauptung, dass für ihn die Sachlage eindeutig ist: Sie ist so unzweifelhaft, dass man nicht zu langen Ausführungen gezwungen ist, welche die Antwort untermauern.

### 4.1.4 Das Leugnen einer komplexen Situation mit ausführlichen Begründungen

In einigen Responsa betont Adret ebenfalls eine einfache Situation und leugnet die Komplexität, die der Frage zugrunde liegt. Jedoch unterscheiden sich diese Responsa von den oben beschriebenen dadurch, dass Adret nicht nur kurz, ohne Bezug auf rechtliche Quellen, antwortet. Vielmehr führt Adret in diesen Fällen normative Quellen an, die die Eindeutigkeit der Situation belegen sollen. Somit stellt Adret auch in diesen Responsa seine Antwort als keine Entscheidung dar; er suggeriert damit, keine Entscheidensschwierigkeiten zu haben und keine Alternativen ausmachen zu können, die zu einer Kontingenz des Entscheidens führen könnten.

Als markantes Beispiel kann hierfür das Responsum I:29 gelten.[43] Die an Adret gerichtete Frage, in welchem Knochen sich die Verbindungsstelle der Sehnen bei Vieh und Geflügel befindet, präsentiert er als eindeutig und ohne Zweifel beantwortbar. Sowohl am Anfang als auch am Ende des Responsums betont Adret die einfache Situation. Einleitend bezeichnet er die Situation als „klar“ und am Ende bezeichnet er das Thema als „eine klare und einfache Sache“[44]. Diese vermittelte Eindeutigkeit unterstützt Adret durch seine Antwortart, indem er unterstützende Belege

---

42 IX:7; Übersetzung NKS.

43 Vgl. zu diesem Responsum ebenso Kramp-Seidel, Semantiken des Entscheidens, 168.

44 I:29; Übersetzung NKS.

für seine Festlegungen anführt und Erklärungen für mögliche Unsicherheiten als haltlos herausarbeitet. Dadurch suggeriert Adret, dass er in diesem Responsum nicht entscheiden muss, da für ihn an dieser Stelle keine Alternativen bestehen. Direkt zu Beginn des Responsums nennt Adret die Antwort auf die Frage, dass die Verbindungsstelle der Sehnen im zentralen Knochen zu finden sei. Bevor er dies belegt, nimmt Adret eine Erklärung zur Anatomie und Bezeichnung der unterschiedlichen Knochen beim Tier vor. Da er später in seinen Belegen auf die nun erklärten Knochen zurückgreift, ist die Erklärung dazu gedacht, für das nötige Verständnis für die anschließenden Belege zu sorgen. So führt Adret zunächst aus, dass der zentrale Knochen, in dem sich die Verbindungsstelle der Sehnen befindet, „Unterschenkel" heiße. Zudem erläutert er noch die Knochen „Fuß" und „Sprungbein" und führt aus, an welcher Stelle sich welche Knochen befinden. Er legt zudem dar, dass der Fußknochen jener sei, der im Babylonischen Talmud (bPes Hul 76a) als der Knochen bezeichnet werde, der mit dem Kopf verkauft werde. Sodann zitiert Adret die Stellen ausführlich, die die Eindeutigkeit unterstreichen sollen, dass die Verbindungsstelle der Sehnen im Unterschenkel zu finden ist, und führt sie mit eigenen Einschüben aus: Er zitiert einen Teil der in bHul 76a zu findenden Mischna mHul 4,6 und die dazugehörende Diskussion in der Gemara. In mHul 4,6 heißt es wie folgt: „Wurde das Hinterbein des Viehs vom Gelenk und unterhalb abgeschnitten, ist es erlaubt. [Wurde es] oberhalb des Gelenks [abgeschnitten], ist es trefa[45]."[46] Daraufhin zitiert Adret die daran anschließende Diskussion zwischen Rabbi Jehuda und Ulla, die das Gelenk unterschiedlich definieren, und fügt eigene Erklärungen zur Ergänzung an. Er zeigt insbesondere durch den dann von Ulla angeführten Einwand gegenüber der Definition des Rabbi Jehuda, dass die Verbindungsstelle der Sehnen im zentralen Knochen verortet wird. Denn R. Jehuda geht davon aus, dass in der Mischna von dem Knochen gesprochen wird, der mit dem Kopf verkauft wird. Demnach ist also der Fuß das Gelenk, das als Trennlinie dafür gilt, ob das Tier trefa ist. Dem widerspricht Ulla, der davon ausgeht, dass alles oberhalb des zentralen Knochens, also vom Knie aufwärts, als trefa gilt. Adret zeigt sodann auf, wie durch den daran anschließenden Einwand Ullas auf die Festlegung Rabbi Jehudas deutlich wird, dass im zentralen Knochen die Verbindungsstelle der Sehnen zu finden sei. Ulla verweist nämlich auf eine weitere, im Anschluss zu findende Festlegung in der Mischna, nach der auch das Tier als trefa gilt, wenn die Verbindungsstelle der Sehnen fehlt. Ulla argumentiert damit, dass diese Aussage in der Mischna nach Rabbi Jehudas Festlegung weiter angeführt werden müsse. Denn Ulla versteht diese Passage derart – so arbeitet es auch Adret durch seine Erklärungen heraus – dass die Mischna später die vorherige Erlaubnis aller Gliedmaßen

45 So die Lesart bei Adret. In der Version nach Bar Ilan und Albeck steht nicht טרפה sondern פסולה.
46 mHul 4,6; Übersetzung NKS.

unterhalb des Knies einschränkt und es nicht gestattet, wenn die Verbindungsstelle der Sehnen fehlt. Damit belegt Adret, dass nach dem Verständnis der Gelehrten die Verbindungsstelle in dem zentralen Knochen zu finden sei, da dieser sich unterhalb des Knies befinde. Adret hat damit durch das Anführen und Erklären dieser Stelle des Babylonischen Talmuds die Antwort als einfach dargestellt. Er suggeriert, dass allein durch die genaue Lektüre von bHul 76a ersichtlich wird, dass sich die Verbindungsstelle in dem zentralen Knochen befinde. Anschließend bestärkt Adret seine Aussage, dass hier keine schwierige Situation vorliege, indem er die Ursache für die mögliche Unsicherheit des Anfragenden als haltlos herausarbeiten kann. Dass die Anfragenden eventuell durch eine andere von Maimonides geäußerte Definition in Bezug auf das Geflügel in der Mischne Torah[47] verunsichert sein könnten, kann Adret als unbegründet ablehnen, da er selbst bei Maimonides in einem Responsum eine Rücknahme dieser Festlegung erkannt habe. Somit stellt er diese andere von Maimonides ausgeführte Festlegung als falsch dar, die nicht beachtet werden müsse. Adret leugnet auf diese Weise, dass diese andere Festlegung eine Entscheidenssituation verursache. Indem Adret die einfache Situation zum Ausdruck bringt und seine Aussage mit Belegen unterstützt, betont er eine alternativlose Antwort.

In dem Responsum I:76 hebt Adret ebenfalls auf rhetorischer Ebene hervor, dass die für ihn gestellte Frage keine Entscheidensschwierigkeit besitzt, sondern die Antwort leicht benannt werden kann. Denn Adret verdeutlicht zu Beginn des Responsums, der Sachverhalt sei für ihn „klar". Jedoch antwortet Adret wie schon im zuvor beschriebenen Responsum hier nicht nur kurz in ein bis zwei Sätzen, sondern führt Begründungen für die von ihm geäußerte Regel an. Adret führt in dem Responsum aus, dass die Frage, ob man auf einer Tischdecke, auf der man Fleisch gegessen hat, später Käse zu sich nehmen kann, leicht zu verneinen sei. Die vom Anfragenden in der Frage vorgebrachte mögliche Begründung für ein Verbot arbeitet Adret als falsch heraus, da durch diese Begründung nicht generell das Essen von Käse auf solch einer Decke verboten sei, sondern nur das Essen von heißem Käse. Hintergrund für die Frage ist die Vermutung des Anfragenden, dass Fleischreste, die in die Decke aufgenommenen wurden, beim Verzehr von Käse wieder hinauskommen könnten. Adret erklärt jedoch, dass dies nicht stimmen könne, da Aufgenommenes nur durch Heißes wieder hinauskomme. Nach dieser Erklärung könne man davon ausgehen, dass man keinen heißen Käse, aber sehr wohl kalten Käse auf die Decke legen dürfe. Anschließend nennt Adret den Grund für das Verbot: Er erklärt, dass sich vielmehr Reste des Fleisches auf dem Tuch befinden könnten oder man das Fleischmesser am Tuch abwische und dann davon ausgehen könne, dass sich Fleisch und Käse zumindest kalt berührten. Dies verlange ein Abwaschen, wie Adret mithilfe von einem Verweis auf bHul 107b

47 Vgl. MT, Hilkhot Sheḥiṭa, 8:14.

zeigt. Er arbeitet zudem heraus, dass der angefragte Fall noch schwerwiegender als der in bHul angesprochene sei. Denn im angefragten Fall könne es geschehen, dass Fleisch am Käse oder am Brot, das man auf das Tuch legt, kleben bleibe und man verbotenerweise Käse und Fleisch zusammen essen könnte. So arbeitet Adret mithilfe seines Argumentationsgang heraus, dass man die Frage verneinen müsse, ob man Fleisch und Käse auf demselben Tuch essen dürfe. Für einen scheinbar weiteren Aspekt der Frage, den Adret anschließend behandelt und ebenfalls als einfach zu beantworten ansieht, führt er eine Begründung an und lässt den Teilaspekt nicht ohne weitere Ausführungen stehen: Adret zeigt mit Verweisen auf Stellen im Babylonischen Talmud (bHul 111b und bHul 112a) sowie eine Bezugnahme auf Raschi[48], dass über die Verwendung dieses Tuches für beide Speisen hinaus noch Folgendes verboten sei: Käse und Fleisch mit demselben Messer zu schneiden oder das Brot, das man mit Käse essen möchte, mit einem für Fleisch verwendeten Messer zu schneiden. Man erkennt somit, dass Adret in diesem Responsum die betonte einfache Situation mit Begründungen untermauert. Schwierigkeiten werden negiert und die Antwort wird als logisch argumentativ dargestellt.

In dem Responsum I:165 leugnet Adret, dass die von dem Anfragenden erkannten Alternativen beständen. Somit suggeriert Adret, in dem konkreten Fall nicht entscheiden zu müssen. Er kombiniert das Herausarbeiten der einfachen Sachlage mit dem Anführen von Beweisen aus normativen Rechtstexten, um die Situation als eindeutig aus den Rechtstexten erkennbar darzustellen. Die Frage, ob man über Wein, der sich erst im Anfangsstadium des Säuerungsprozesses befinde, den Segen über Wein spreche oder nicht, präsentiert Adret als leicht zu beantworten. Er rahmt damit sein Responsum, da er sowohl im ersten als auch im letzten Satz Formulierungen wählt, die eine einfach zu beantwortende Frage unterstreichen: Zu Beginn bezeichnet Adret die Fragesituation als „eine klare Sache“[49] und am Ende spricht er davon, dass es „dabei keinen Zweifel gibt“[50]. Dazwischen führt Adret Belege für seine Antwort an, die zudem unterstreichen sollen, wie einfach die Antwort aus den Rechtstexten zu deduzieren ist. Zunächst zeigt Adret durch die Zitate aus bPes 107a und 106a, dass man den Kiddusch und Segen nur über Wein spreche. Mithilfe dieser Stellen kann er somit beweisen, dass der Wein im Anfangsstadium des Säuerns als richtiger Wein angesehen werde, da man über ihn den Kiddusch spreche. Sodann zeigt Adret, dass derjenige, der behauptet, bei diesem Wein den Segensspruch „denn alles (ist durch sein Wort)“ zu sprechen, in mehrfacher Hinsicht irre: Zum einen irre er darin, nicht den Segen über den Wein zu sprechen. Zum anderen schlage er auch noch den vollkommen falschen

48 Vgl. Raschi zu bHul 111b. Raschi schreibt: „Dass es verboten ist in ihr [der Schüssel] Kochendes zu essen, wenn es nicht einen Koch gibt.“ in Anlehnung an die Talmudpassage.

49 I:165.

50 Ebd.

Segensspruch vor, angenommen, er hätte damit Recht gehabt, nicht den Segen über den Wein darüber zu sprechen. Dies führt Adret jedoch nicht mehr weiter belegend aus, was auch nicht notwendig ist, da er bereits Belege geliefert hat, wieso der Segen „der, der die Frucht des Weins erschafft" über diesen besonderen Wein gesprochen wird. Somit kann er seine Antwort als einfache Deduktion darstellen: Die Antwort beruht auf dem Babylonischen Talmud und ist dort einfach auffindbar. Durch das Betonen der einfachen und klaren Situation hebt er hervor, dass für ihn keine Entscheidensschwierigkeit bestanden habe. Die Möglichkeit, auch anders entscheiden zu können, präsentiert er als nicht gegeben.

Salomon Adret betont in dem Responsum I:486 ebenfalls eine einfache Situation und hebt hervor, bei der Beantwortung der Frage keine Zweifel zu haben. Wie im Beispiel zuvor rahmt Adret sein Responsum, indem er sowohl zu Beginn als auch am Ende des Responsums eine „klare" Situation beschreibt. Innerhalb dieser Klammer führt Adret einen Beleg dafür an, wieso diese Situation derart einfach und klar zu benennen ist. Konkret wird die Frage behandelt, ob derjenige, der den Segen über den vor einer Mahlzeit getrunkenen Wein spricht, noch einmal einen Segen über den Wein während der Mahlzeit sprechen muss, da dieser nicht zum Trinken, sondern zum Eintunken dient. Nach dem Betonen der Klarheit führt Adret Begründungen dafür an: Er argumentiert, dass das Wichtige das Unwichtige befreie, und, da das vor der Mahlzeit erfolgende Trinken wichtiger sei und darüber Segen gesprochen werde, den Wein während der Mahlzeit befreie. Dies sieht Adret durch eine Festlegung im Babylonischen Talmud (bBer 42a) bestärkt, nach der das Brot das weniger wichtige Zubrot vom Segen befreie. Zudem unterstreicht er anschließend, dass nur eine Meinungsverschiedenheit (bBer 42b) darüber bestehe, ob es den Wein nach der Speise befreie, wenn man während der Mahlzeit den Segen über Wein gesprochen habe. Er führt aber aus, dass es hierbei um die Frage gehe, ob das weniger Wichtige das Wichtigere befreien könne. Somit untermauert Adret in diesem Responsum die einfache Situation durch Begründungen aus Rechtstexten. Er negiert, dass bei dieser Frage eine unklare Situation vorliege oder unterschiedliche Rechtsauffassungen bestanden. Somit unterstreicht Adret mit dem Aufbau des Responsums die eindeutige Sachlage und suggeriert auf diese Weise zudem einen fehlenden Entscheidensprozess.

### 4.1.5 Kurze und kategorische Antworten

Einige Responsa des Salomon Adret fallen durch ihre kurzen und kategorischen Antworten auf, in denen anschließend keine normativen Rechtsquellen als Belege angeführt werden. Vielmehr wird die Frage direkt, meist in einem Satz oder in zwei Sätzen beantwortet. Manche, aber nicht sämtliche dieser Responsa leitet er mit „Es ist logisch/ableitbar" ein. Dadurch unterscheiden sie sich bereits von den Responsa, in denen die Sachlage als „einfach“ oder „klar“ dargestellt wird. Denn hier wird der Sachverhalt nicht eindeutig als wenig komplex dargestellt.

Ein Beispiel hierfür ist das Responsum I:125. Auf die Frage, ob man nur mit Wasser, das über Nacht stehen geblieben sei, für Pesach backen dürfe oder nur entscheidend sei, ob das Wasser vor Sonnenaufgang geschöpft worden sei, antwortet Adret lediglich, dass es über Nacht stehen bleiben müsse, ohne dafür einen Beleg anzuführen. Auch die zweite dort zu findende Frage, ob man mit Wasser kneten dürfe, das länger als nur eine Nacht stehen gelassen worden sei, bejaht er in einem Satz. Adret scheint somit an dieser Stelle keine Notwendigkeit auszumachen, die Antwort weiter auszuführen. Durch die kurze und knappe Gestaltung der Antwort wirkt es ebenfalls wie eine einfache Situation, die man nicht weiter ausführen muss. Jedenfalls ist augenfällig, dass er in diesem Responsum auf keine Rechtsquelle verweist, sondern nur in diesen zwei Sätzen antwortet.

In dem Responsum I:457 wird ebenfalls erkennbar, dass Adret lediglich in einem Satz antwortet und keine weiteren Belege anführt. Auf die Frage, ob man beim Omerzählen „der Tag XY des Omers“ oder „der Tag XY“ sage, gibt Adret an, dass man beide Varianten nutzen dürfe, die erste Variante jedoch zu bevorzugen sei. Adret nennt im Folgenden keine Argumente für seine beiden Lehrmeinungen, sondern lässt sie unbegründet stehen.

In dem Responsum I:187 antwortet Adret ebenfalls sehr kurz angebunden, auch wenn er sich hier kurz auf eine Talmudstelle bezieht. Nichtsdestotrotz wird deutlich, dass Adret in diesem Responsum nicht ausführlich antworten möchte; dies wird schon an der Schlussformulierung ersichtlich. Mit der Phrase „ich werde es nicht weiter verlängern“[51] leugnet er eine zwingende Darlegung und Ausführung von Belegen und Ableitungen. Adret gibt nur knapp an, dass in der Woche, in die der neunte Aw fällt, nicht nur das Tragen und Lagerbereiten mit geglättetem Leinen verboten sei, sondern auch das Waschen, da ein Lagern der Wäsche nicht gestattet sei. Dafür verweist er knapp auf eine Stelle in bTaan 29b, nach der in der Woche, in die der neunte Aw fällt, Wäscher inaktiv sind, was für ein allgemeines Verbot spricht. Daran anschließend gibt Adret kurz an, dass seine Meister[52] dies ebenso bewertet hätten und schließt dann das Responsum, ohne noch weitere Begründungen anzuführen.

---

51 I:187; Übersetzung NKS.

52 In den Anmerkungen wird Nachmanides erwähnt, der dementsprechend in Torat ha-'Adam lehrt. Vgl. die Anmerkung der Edition: Zaleznik, She'elot, I, 89, FN 2 zu I:187.

### 4.1.6 Die Antwort als reine Wiedergabe früherer Rechtsentscheide

In wenigen Responsa suggeriert Adret, dass er nicht selbst entscheidet, da er keine eigene Einschätzung zu einer Frage erkennen lässt, sondern nur die Entscheidung anderer Gelehrter zitiert. Er arbeitet nicht heraus, ob eine andere Festlegung vorliegt und ob er entsprechend dieser entscheidet. Adret zitiert vielmehr nur die Entscheidung eines anderen Gelehrten.

In dem Responsum I:182 wird Adret von einem Anfragenden zu einer Festlegung des Maimonides befragt. Anstatt sich selbst diesbezüglich zu äußern, verweist Adret an dieser Stelle auf die Ausführungen von Abraham ben David von Posquières und zitiert ihn.[53] Selbstständig fügt Adret den Ausführungen Abraham ben David von Posquières keine weiteren Sätze hinzu, sondern lässt sie für sich stehen. Damit inszeniert sich Adret in diesem Responsum als derjenige, der nur die Lehrmeinung eines anderen Gelehrten wiedergibt. Denn im Unterschied zu anderen Responsa führt Adret nicht zunächst eine eigene Ausführung an, die er anschließend durch andere Lehrmeinungen oder Gelehrte stützt.

Auch in den Responsa V:212, 213 und 214 gibt Adret nur die Lehrmeinungen anderer Gelehrter wieder.[54] Im ersten von diesen Responsa suggeriert Adret, nicht selbst zu entscheiden, da er nur die Entscheidung des Saadja Gaon anführt, um auf die Anfrage zu antworten. Auf die Frage, ob Adret der Ansicht sei, dass man in der Nacht des Schabbats etwas essen müsse, antwortet er lediglich wie folgt: „Und so schrieb R. Saadja Gaon, s.A.s, dass man mindestens eine Olivenmenge nach dem Kiddusch essen muss."[55] Damit lässt Adret nicht seine eigene Meinung hören, da er nicht hervorhebt, ob er dieser Entscheidung Recht gibt, und sich nicht zu ihr positioniert. Letztendlich gibt er nur die Einschätzung eines anderen Gelehrten wieder. Auch wenn man davon ausgehen kann, dass Adret eine seiner Ansicht entsprechende Antwort auswählt, macht er dies nicht deutlich sichtbar. Denn anders als in den Fällen, in denen er deutlich eine zitierte Lehrmeinung als überzeugend und richtig bewertet, lässt Adret in diesem Responsum eine eigene Bewertung weg. Ähnliches ist in dem Responsum V:213 erkennbar. Auch hier zitiert Adret nur die Lehrmeinungen der Geonim und antwortet nicht eigenständig auf die Frage, ob ein Blinder die Havdalah über den Becher spricht. Vielmehr nennt er die Geonim[56], die dies nicht vom Blinden verlangen. Somit lässt Adret, wie in dem Responsum zuvor, den Leser nicht offen seine Lehrmeinung wissen

---

53 Adret zitiert die Hassagot zu MT, Hilkhot 'Isure Bi'ah, 14:8.

54 Vgl. dazu auch den Beitrag Kramp-Seidel, Semantiken des Entscheidens, 172.

55 V:212; Übersetzung NKS.

56 Aaron ben Jacob ha-Kohen von Lunel (Provence Ende 13./ 1. Hälfte 14. Jh.) gibt in seinem Werk Orḥot Ḥayim, Hilkhot Havdalah, 12 ein Responsum des Rav Hai Gaon an, in dem diese Lehre vertreten wird. Vgl. auch die Angabe der Editoren: Zaleznik, She'elot, V, 139, FN zu V:214.

oder positioniert sich nicht zu anderen Lehren. Er belässt es beim bloßen Zitat früherer Gelehrter. Interessant ist, dass er in dem Responsum V:214 nicht selbst einer Lehrauffassung des Rav Hai Gaon Recht gibt, sondern dafür auf seinen Lehrer Nachmanides verweist, der Rav Hai Gaon[57] zustimme, dass man die Tefillin am neunten Aw anlege. Damit entzieht sich Adret einer Entscheidung, da er sich nur als ein Wiedergebender von Rechtsauffassungen darstellt; seine eigene Meinung äußert Adret dabei nicht und diskutiert die Äußerungen anderer auch nicht mithilfe von Belegen oder Widerlegungen.

Ähnliches ist auch in dem Responsum VIII:206[58] feststellbar. Adret beantwortet die Frage nicht eigenständig, ob ein Kranker am Schabbat mit seinem Mund Milch von Ziegen saugen dürfe, sondern verweist nur auf die Einschätzungen von Isaak Alfasi und Jakob ben Meir Tam, die dies aus unterschiedlichen Gründen erlauben. Adret zitiert dafür zwei Talmudstellen, die zur Beantwortung der Frage eine Schwierigkeit darstellen könnten und führt anschließend die dazugehörigen Festlegungen der beiden Gelehrten an. Adret selbst enthält sich dabei einer eigenen Einschätzung. Zunächst zitiert er eine in bKet 60a zu findende Lehrmeinung des R. Marinus, nach der ein an Angina Pectoris Erkrankter am Schabbat Milch saugen darf; durch Rav Josef wird die Halakha anschließend gemäß R. Marinus festgehalten. Im Anschluss daran führt Adret ein Zitat aus bYev 114a an, wonach eine Aussage des Abba Shaul so verstanden werden kann, dass man aufgrund von Schmerzen zwar am Feiertag, nicht aber am Schabbat Milch von einem reinen Tier saugen darf. Sodann führt Adret aus, dass Jakob ben Meir Tam das Milch-Saugen bei einem Kranken am Schabbat erlaube, indem er die Aussage des Abba Shaul nicht als Schmerzen eines Kranken verstehe, sondern nur als Schmerzen, die jemand wegen eines Verlangen nach etwas spüre.[59] Sodann verweist Adret auf Isaak Alfasis Umgang mit diesen beiden Passagen: Alfasi sehe die zwei Stellen als widersprüchlich zueinander an und entscheide bei dieser Meinungsverschiedenheit entsprechend R. Marinus, da schon Rav Josef festgehalten habe, dass die Halakha nach R. Marinus festzusetzen sei.[60] Adret belässt es mit der Nennung dieser beiden Einschätzungen. Im Gegensatz zu anderen Fällen, in denen Adret selbst etwas erlaubt oder verbietet und dafür Belege anderer Gelehrter anführt, zeigt er hier nicht offen seine eigene Einschätzung auf, sondern zieht sich hinter das Nennen anderer Einschätzungen zurück. Damit suggeriert Adret, wie auch in den zuvor beschriebenen Responsa, dass er nicht selbstständig auf die konkret gestellte Frage antwortet, sondern allein die Lehrmeinung anderer Gelehrter wiedergibt.

57 In den Teshuvot ha-Ge'onim, Sha'are Teshuva, 155, wird Rav Sheshna Gaon angeführt, der diese Lehre vertritt.

58 Vgl. zu der Zählung in dieser Arbeit die Anmerkungen in der Einführung, 16, FN 57.

59 Vgl. Tosafot zu bYev 114a.

60 Vgl. Sefer ha-Halakhot Shab 61a. Adret gibt die Stelle im Sefer ha-Halakhot nicht wörtlich wieder.

## 4.2 Nennung des Brauchs anstelle einer eindeutigen Festlegung

In wenigen Responsa ist auffällig, dass Adret keine eindeutige Entscheidung trifft, aber dennoch den in seinem Ort gepflegten Brauch oder auch weitere Bräuche anführt oder den Anfragenden auffordert, sich an dem bei ihm bestehenden Brauch zu orientieren. Adret hat zuvor meistens unterschiedliche Rechtsauffassungen vorgestellt, wenn er auf diese Weise vorgeht. Durch seine Methode, anschließend auf Bräuche zu verweisen, gibt er nicht eindeutig einer Seite Recht, sondern enthält sich einer expliziten Entscheidung. Zuweilen kann es vorkommen, dass der anschließend von ihm bezeichnete Brauch auch keiner der zuvor vorgestellten Lehrmeinungen in Gänze entspricht, sondern beim Brauch wiederum anders vorgegangen wird. Erkennbar wird dieses Phänomen in dem Responsum I:398. Dort möchte der Anfragende wissen, wie die Schlussformel beim Segen über den Wein bei dem einen Segen, der die drei umfasst, lautet. Grund für dieses Rechtsproblem ist, dass im Babylonischen Talmud in Berakhot 44a, bei der Erklärung des Segens, der die drei umfasst, nicht die Schlussformel beim Segen über Wein angeführt wird, sondern nur beim Segen über die Früchte.[61] Adret betont in seiner Antwort die Komplexität, indem er unterschiedliche Rechtsauffassungen nennt. So sei Maimonides der Ansicht, dass die Schlussformel dem Segen der Früchte entspreche,[62] wohingegen Alfasi und Abraham ben David von Posquières[63] eine anders lautende Schlussformel über den Wein lehrten. Im Anschluss daran positioniert sich Adret nicht eindeutig zu diesen beiden Rechtsauffassungen und stellt sie weder als richtig noch als falsch dar. Vielmehr führt er aus, wie man in seinem Ort die Schlussformel zu sprechen pflegt, die in diesem Fall nicht einer der beiden zuvor vorgestellten Lehrmeinungen entspricht. Es wirkt somit, als ob Adret an dieser Stelle damit eine eindeutige Entscheidung vermeidet, und auch dem Anfragenden nicht explizit beantwortet, wie die Schlussformel über Wein festzulegen ist.

Auch wenn das Responsum I:189 ebenfalls so wirkt, als ob Adret in diesem nicht eindeutig auf die Frage mit einer Festlegung antworten möchte und einen

---

61 Der Anfragende scheint eine andere Talmudversion vorliegen zu haben, die nicht mit der Druck-Version übereinstimmt. Der Anfragende erwähnt in seiner Bezugnahme auf die Talmudstelle, wie man über den Wein den Segen beginnen sollte, jedoch wird dort nicht die Schlussformel angeführt. Vgl. I:398. Nach der Lesart der Steinsaltz-Edition, wie sie bei Responsa Bar Ilan wiedergegeben wird, wird in bBer 44a innerhalb des einen Segens, der die drei umfasst, gar nicht auf das Segen-Sprechen über Wein eingegangen. Vgl. zu dem Problem auch Kesef Mishneh zu MT, Hilkhot Berakhot, 8:14. https://rambam.alhatorah.org/Full/Berakhot/8.14#e0n6. Zuletzt aufgerufen am 05.08.2021.

62 Vgl. MT, Hilkhot Berakhot, 8:14.

63 Joseph Caro gibt in seinem Werk Kesef Mishneh zur Mischne Torah an, dass Abraham ben David von Posquières die Schlussformel (wie Alfasi) wie folgt festlege: „Über das Land und über die Frucht des Weines." Vgl. https://rambam.alhatorah.org/Full/Berakhot/8.14#e0n6. Zuletzt aufgerufen am 05.08.2021. Vgl. auch die Anmerkungen der Editoren: Zaleznik, She'elot, I, 186, FN 5 zu I:398.

Brauch anführt, ist hier ein gewisser Unterschied erkennbar: Der anschließend von Adret als bei ihm üblich bezeichnete Brauch entspricht einer der zuvor vorgestellten Rechtsauffassungen. Denn auf die Frage, ob man die Psuke de Simra nach dem Achtzehnbittengebet sprechen dürfe, führt Adret zunächst die dazu einander widersprechenden Lehrmeinungen vor. Er erläutert den Ursprung der einander widersprechenden Rechtsauffassungen, die zwischen den Geonim[64] und den französischen Gelehrten bestehen. Zudem zeigt er auf, dass auch seine eigenen Lehrer bei dieser Frage unterschiedlich urteilen.[65] Sodann führt Adret den bei ihm üblichen Brauch an, der der Rechtsauffassung der Geonim entspreche. Abschließend nennt er zwar eine kurze Begründung für die Annahme, die jedoch nicht inhaltlicher Natur ist. Vielmehr zielt sie darauf, zu rechtfertigen, wieso in dem Ort von Adret gemäß der Lehrmeinung der Geonim gehandelt wird. Die Rechtfertigung wirkt nicht, als ob sie dafür gedacht ist, die andere Meinung abzuwerten. Ein deutliches Betonen der Richtigkeit mithilfe von Belegen aus weiteren normativen Rechtstexten findet nicht statt. Da zuvor alle Seiten gleichwertig vorgestellt werden, wirkt das ganze Responsum demnach nicht wie eine eindeutige Festlegung auf die vom Anfragenden gestellte Frage. Vielmehr formuliert Adret an dieser Stelle vorsichtiger und unterlässt eine eindeutige Positionierung.

Adret verzichtet sowohl in dem Responsum I:223 als auch in dem Responsum I:379 darauf, eine eindeutige Entscheidung zu nennen, ob man über das Wegschaffen von Gesäuertem für Pesach den Zeitsegen spricht, sondern verweist anschließend nur auf den Brauch. Doch sind auch Unterschiede zwischen diesen beiden Responsa erkennbar: In dem Responsum I:223 stellt Adret die dazu einander widersprechenden Rechtsauffassungen vor und führt zu einer der beiden die damit verbundene Begründung an. Letztendlich erklärt er aber keine der beiden deutlich für richtig, sondern gibt allein den bei ihm üblichen Brauch an, indem er schreibt

64 Die Meinung der Geonim, man dürfe die Psuke de Simra nicht nach dem Achtzehnbittengebet sprechen, findet man bei Rav Natronai Gaon. Diese Antwort wird von Rav Amram Gaon in seinem Seder Rav Amram Gaon zitiert. Die gleiche Antwort findet man ebenfalls in der Responsa-Sammlung Teshuvot Ge'onim ha-Ḥadashot. Vgl. Teshuvat Rav Natronai Gaon, Oraḥ Ḥayim 12; Seder Rav Amram Gaon, Seder Sheni ṿe Ḥamishi, 24; Teshuvot Ge'onim ha-Ḥadashot 137.

65 Vgl. Rabbenu Jona ʿal ha-Rif Ber 23a. Er schreibt dort:
ועוד אמר הרב נר"ו בשם רבותיו ז"ל שאם נכנס בשעה שמתחיל החזן יוצר ולא היה יכול לומר אפילו זה המזמור בלבד שיתחיל ק"ש וברכותיה ויתפלל עם הצבור ואח"כ יקרא פסוקי דזמרה עם הברכות שלפניהם ולאחריהם שיותר טוב הוא שיתפלל עם הצבור שהתפלה רצויה ומקובלת לפני המקום משיאמר המזמורים תחלה ולא יוכל להתפלל עם הצבור וכיון שתקנו ברכה עליהם אין לו לשוח בהם ובמדרש אומר שאפילו בין ברכת ישתבח ליוצר אור אין לו להפסיק כלל וכן כתב הרב אלפסי ז"ל.

Spätere Gelehrte geben die Lehre im Namen von Jonah ben Abraham Gerondi wieder. Vgl. beispielsweise Jacob ben Asher (Deutschland/Toledo 13./14. Jh.), Tur, Oraḥ Ḥayim, Hilkhot Birkhot ha-Shaḥar ṿe-She'ar Berakhot 21.

„Und unsere Art ist es, ihn nicht zu sagen."[66] In dem Responsum I:379 weist Adret hingegen nicht allein nach, dass es keinen entscheidenden Beweis sowohl für ein Rezitieren des Zeitsegens als auch für kein Rezitieren gebe, indem er die Schwachpunkte bei allen Argumenten hervorhebt. Er arbeitet vielmehr anschließend unterschiedliche Bräuche in Bezug auf das Rezitieren des Zeitsegens heraus. Damit nennt Adret nicht nur den an seinem Ort gültigen Brauch, den Zeitsegen nicht zu sprechen, sondern gibt auch an, dass Isaak ben Abba Mari (Baal ha-'Iṭur) (Provence/Spanien, 12. Jh.) den Brauch anführe, den Zeitsegen über das Wegschaffen von Gesäuertem zu sprechen.[67] Durch Adrets Betonen, keine zwingenden Beweise ausmachen zu können, unterstreicht er die Kontingenz des Entscheidens. In diesem Fall ist die Kontingenz derart beschaffen, dass Adret nicht das Responsum mit einer Entscheidung schließt, sondern nur unterschiedliche, mögliche Bräuche anführt. Auch in dem Responsum I:233, entzieht sich Adret letztendlich der Entscheidung, da er nicht eindeutig eine der beiden Rechtsauffassungen als richtig oder falsch bezeichnet. Damit bleiben sie nebeneinander bestehen. Auch wenn er in diesem Responsum die Position stärker ausführt, die seinem Brauch entspricht, ist daran nicht zu erkennen, dass er die andere als nicht zu berücksichtigen abwertet oder seinen Brauch als richtig darstellt.

In dem Responsum I:454 vermeidet es Salomon Adret ebenfalls, eindeutig eine Festlegung anzuführen. Stattdessen verweist er abschließend auf den bei ihm üblichen Brauch: Auf die Frage, ob man für Pesach den Teig mit Ei bestreichen könne, nennt Adret die in einer Baraita[68] in bPes 36a zu findende Meinungsverschiedenheit, ob man an Pesach den Teig mit Fruchtsaft knete, und die danach in weiteren Generationen unterschiedlichen Beurteilungen der Rechtslage. Dafür verweist Adret auf Isaak Alfasi, der ein Kneten und Formen mit Fruchtsaft erlaubt, und nennt dessen Begründungen für diese Beurteilung.[69] Auch auf die entgegengesetzte Position, die Nutzung von Fruchtsaft weder beim Kneten noch beim Formen zu erlauben, macht Adret aufmerksam und führt aus, dass Alfasi die Gründe für diese Rechtsauffassung angeführt habe, auch wenn sie nicht Alfasis Auffassung entsprächen.[70] Im Anschluss daran erklärt Adret keine der beiden Ansichten eindeutig für richtig und wertet keine mit der Begründung ab, nicht überzeugend zu sein. Vielmehr verweist er nur darauf, dass „wir es zu verbieten pflegen"[71]. Da er

---

66 I:233; Übersetzung NKS.

67 Vgl. Sefer ha-'Iṭur, 'Aseret ha-Diberot, Hilkhot Bi'ur Ḥamets 120c.

68 In dem Responsum steht fälschlicherweise, dass es die Meinungsverschiedenheit in der Mischna zu finden sei. Vgl. auch die Richtigstellung der Editoren: Zaleznik, She'elot, I, 241, FN 1 zu I:454.

69 Vgl. Sefer ha-Halakhot Pes 10a–b.

70 Vgl. Sefer ha-Halakhot Pes 10b.

71 I:454.

aber nur den Brauch nennt, unterlässt es Adret, dem Anfragenden diesen Usus als Verhaltensweise vorzuschreiben.

Etwas anders ist das Responsum IX:82 gestaltet: Dort betont Adret, dass man sich nach dem Ortsbrauch richten solle, nachdem er unterschiedliche Rechtsauffassungen von Gelehrten vorgestellt hat.[72] Damit hebt er hervor, dass in diesem Fall keine allgemeingültige Rechtsfestlegung bestehe, sondern je nach Brauch zu verfahren sei. Somit bewertet Adret in diesem Fall auch keine der beiden Rechtsauffassungen als falsch, sondern lässt sie nebeneinander stehen. Zwar gibt er auch an, welcher Brauch in seinem Land üblich sei; da Adret danach aber die Abhängigkeit vom Ortsbrauch betont, möchte er den bei ihnen üblichen Usus nicht für andere festlegen. Abweichend von den anderen Fällen übermittelt Adret hier jedoch dem Anfragenden eine Verhaltensanweisung, indem er fordert, sich nach dem Ortsbrauch zu richten. In den zuvor vorgestellten Responsa ist dieses Phänomen nicht zu erkennen; dort nennt er abschließend nur einen Brauch oder verschiedene Bräuche; eine eindeutig zu erkennende Aufforderung an den Anfragenden, sich nach dem Ortsbrauch zu richten, wird in den anderen vorgestellten Responsa nicht erkennbar.

## 4.3 Entscheidensprozesse ohne letztendliche Entscheidung

In wenigen Responsa kommt es vor, dass Adret eine Festlegung vermeidet und in manchen Responsa sogar offen betont, aufgrund von Schwierigkeiten zu keiner Entscheidung gelangen zu wollen. Zudem führt Adret in wenigen Responsa lediglich unterschiedliche Lehrmeinungen an, ohne sich deutlicher zu ihnen zu positionieren. In diesen Fällen verweist er dann auch nicht auf unterschiedliche Ortsbräuche oder den bei ihm zu findenden Ortsbrauch.

Das prägnanteste Beispiel für dieses Phänomen stellt das Responsum I:329 dar.[73] Dort betont Adret die Kontingenzsteigerung durch einander widersprechende Lehrmeinungen, für die er die von den jeweiligen Vertretern vorgetragenen Argumente und Begründungen anführt. Diese Kontingenzsteigerung ist letztendlich so hoch, dass Adret bei einem Teil der Frage einer dieser Rechtsauffassungen nicht eindeutig Recht gibt. Da in der Frage über zwei unterschiedliche Personengruppen gesprochen wird, die unterschiedlich behandelt werden müssen, antwortet er letztendlich auf zwei Fragen: Bei der ersten betont Adret abschließend das Nicht-Entscheiden nach der Vorstellung unterschiedlicher Rechtsauffassungen; bei der zweiten scheint er jedoch eine Seite zu präferieren. Konkret geht es um die Frage, ob man über

72 Namentlich erwähnt er Alfasi und die Geonim. Die andere Seite nennt er nicht namentlich. Vielmehr schreibt Adret: „Es gibt welche, die sagen […]“ Im Sefer ha-Halakhot BM 38a findet sich die Stelle.

73 Im Aufsatz *Semantiken des Entscheidens* wurde dieses Responsum unter der Verwendung des Begriffes des Nicht-Entscheidens angeführt. Vgl. Kramp-Seidel, Semantiken des Entscheidens, 170.

einen Proselyten, der zum Judentum übertritt und dabei schon beschnitten ist bzw. keine Vorhaut hat, und einem Minderjährigen, der ohne Vorhaut geboren wurde, den Segensspruch zur Beschneidung sprechen muss. Bei der Beantwortung der Frage differenziert Adret zwischen dem Proselyten und einem minderjährigen Juden und konzentriert sich eingangs auf den Minderjährigen, bei dem er abschließend eine Entscheidung vermeidet. Die Schwierigkeit, hier richtig entscheiden zu müssen, wird von Adret durch die konträren Rechtsauffassungen und eine große, dadurch bestehende Meinungsverschiedenheit unterstrichen. Bevor er ausführlich auf die unterschiedlichen Rechtsauffassungen eingeht, beginnt Adret mit einer Art Einführung, mit der anschließend aufgezeigt werden kann, wieso es zu Meinungsverschiedenheiten kommt. Dafür zitiert er zwei Diskussionen aus bShab 135a. Anhand der ersten kann Adret darlegen, dass nach der Meinung von Rabbi Simeon ben Rabbi Eleasar sowohl beim Lehrhaus Schamais als auch beim Lehrhaus Hillels die Ansicht bestehe, dass man bei einem Minderjährigen das „Blut des Bundes tropfen lassen“, also einen Beschneidungsakt vornehmen solle.[74] Mit der zweiten Diskussion arbeitet er heraus, dass nach Rabba zweifelhaft sei, ob die Vorhaut angepresst sei und man daher nicht aus einer Sicherheit heraus, sondern aus einem Zweifel heraus die Beschneidung vornehme. Mit diesen beiden Festlegungen aus bShab 135a wird von den Vertretern der widersprechenden Rechtsauffassungen unterschiedlich in ihrer Beweisführung umgegangen. Adret stellt zunächst „die Geonim“[75], Alfasi[76] und Maimonides[77] mit ihrer Rechtsauffassung vor, die festlegen, dass kein Segen gesprochen wird. Adret führt direkt Begründungen für ihre Haltung an: Aufgrund der Ausführung Rabbas, dass ein Zweifel vorliege, gelte für diese Seite: Da die Segenssprüche über Gebote eine rabbinische Anordnung seien, auch wenn der Ursprung des Gebotes selbst eine biblische Anordnung sei, spreche man einen zweifelhaften Segen nicht. Dies geschehe aufgrund der Festlegung, dass man eine rabbinische Anordnung bei einem Zweifel nicht befolge. Anschließend zitiert Adret die Stellen, aus denen diese Festlegung zu schlussfolgern ist. Daraufhin stellt Adret die gegenteilige Position vor, über das Beschneiden in diesem konkreten Fall den Segen zu sprechen. Raschi erkenne als ein Vertreter dieser Auffassung zwar an, dass man keinen Segensspruch spreche, wenn es vollständig eine rabbinische Anordnung sei. Da der Ursprung des Gebots aber biblisch sei, was auch die Gegenseite zugebe, wird hier argumentiert, dass die folgende Ansicht seitens Rava im Babylonischen Talmud bestehe: Man spreche den Segen dann bei einem

74 Die Meinungsverschiedenheit zwischen dem Lehrhaus Hillels und Schamais bestehe nur bei einem Proselyten, wenn er übertritt.

75 Vgl. Teshuvot ha-Ge'onim, Sha'are Tsedeḳ, Teil 3, 5:13. Vgl. dazu auch die Angabe von https://library.alhatorah.org/?r1=Rif_Shabbat_54a. Zuletzt aufgerufen am 05.08.2021.

76 Vgl. Sefer ha-Halakhot Shab 54a.

77 Vgl. MT, Hilkhot Mila, 3:6.

Zweifel, wenn der Ursprung biblisch sei. Daher argumentiert diese Seite, dass man auch in dem Fall des Minderjährigen den Segen zur Beschneidung sprechen solle. Nach dieser langen Vorstellung der unterschiedlichen Rechtsauffassungen, für die er auch jeweils Begründungen anführt, hebt Adret hervor, dass er in diesem Fall nicht zwischen diesen beiden Rechtsauffassungen entscheiden möchte (להכריע). Indem er die unterschiedlichen Positionen im Detail aufführt, zeigt er die Komplexität auf, die zur Konsequenz hat, dass die Kontingenz zu groß ist, um zu einer Entscheidung zu gelangen. Auch wenn Adret anschließend zugesteht, dass er die Worte der einen Seite „angenehmer" findet, führt dies in diesem Responsum nicht zu einer Entscheidung für diese Seite. Adret entzieht sich vielmehr deutlich dieser Entscheidung.[78]

In dem Responsum III:285 vermeidet Adret wiederum eine eindeutige Entscheidung. Vielmehr lässt er dort unterschiedliche Lehrmeinungen nebeneinander bestehen. Zwar weist dieses Responsum erhebliche Ähnlichkeiten mit dem Responsum I:189 auf, da in beiden Responsa die einander widersprechenden Lehrmeinungen vorgetragen werden, ob man die Psuke de Simra nach dem Achtzehnbittengebet sprechen dürfe oder nicht.[79] Doch während Adret in dem Responsum I:189 am Ende den bei ihm üblichen Brauch nennt,[80] findet der Brauch in dem Responsum III:285 keine Erwähnung. Somit wirkt dieses Responsum wie eine reine Gegenüberstellung einander widersprechender Rechtsauffassungen, zwischen denen Adret nicht entscheiden möchte. Zwar formuliert er dies an dieser Stelle nicht selbst, doch sprechen die einander gegenübergestellten Lehren für sich. Adret selbst nennt hier keine eigene Präferenz. Die einander widersprechenden Lehren steigern die Kontingenz des Entscheidens, sodass sich Adret einer Entscheidung entzieht und die konkret gestellte Frage nicht beantwortet.

Seine Zurückhaltung, eine Entscheidung zu nennen, zeigt Adret ebenfalls in dem Responsum I:80.[81] Hier ist die Unsicherheit und Kontingenz nicht aufgrund einander widersprechender Rechtslehren verursacht. Vielmehr liegt bei Adret an

---

78 Bei der Beantwortung des zweiten Teils der Frage zu den Proselyten, nennt Adret unterschiedliche Rechtsauffassungen, ob man bei ihm überhaupt „das Blut topfen lassen" muss, wenn er keine Vorhaut hat. Hier scheint er jedoch eine der beiden Auffassungen zu präferieren, nämlich die Lehrmeinung der Geonim, dass man bei einem beschnittenen Proselyten bzw. einem Proselyten ohne Vorhaut „Blut tropfen lässt". Dazu ergänzend führt Adret die Lehrmeinung des Nachmanides an: Man spreche dann den Segensspruch, da hier kein Zweifel, sondern eine Sicherheit bestehe. Ob dies auch der Auffassung der Geonim entspricht, wird anhand des Responsums nicht ersichtlich. Vgl. I:329.

79 Vgl. Teshuvat Rav Natronai Gaon, Oraḥ Ḥayim 12; Seder Rav Amram Gaon, Seder Sheni ṿe Ḥamishi, 24; Teshuvot Ge'onim ha-Ḥadashot 137.

80 Vgl. Kapitel 4.2.

81 In dem Aufsatz *Semantiken des Entscheidens* wurde dieses Responsum unter einer begrifflichen Nicht-Erwähnung einer Entscheidensvermeidung angeführt. Vgl. Kramp-Seidel, Semantiken des Entscheidens, 170.

dieser Stelle eine Unsicherheit im Sachthema vor: Er beantwortet nicht eindeutig die Frage, ob Konfitüre erlaubt sei, in die so viele Ameisen gefallen seien, dass man sie nicht daraus entfernen könne, wenn zwölf Monate vergangen seien. Zwar gesteht er dem Anfragenden zu, dass dessen folgende Begründung, diese Konfitüre zu erlauben, gut durchdacht sei. Der Anfragende sieht die Konfitüre nach einem Ablauf von zwölf Monaten als erlaubt an, da es eine Festlegung gebe, dass alles, was keine Knochen besitze, nicht zwölf Monate bestehen bleibe; da Ameisen keine Knochen besäßen, könnten sie auch nicht zwölf Monate überdauern. Adret gibt dem Anfragenden aufgrund dessen Begründung bei ohne Honig hergestellter Konfitüre Recht. Dennoch entzieht sich Adret einer Entscheidung bei einer mit Honig hergestellten Konfitüre. Er begründet seine Unentschlossenheit in diesem Fall mit dem Verweis auf zwei Eigenschaften des Honigs: geschnittene Dinge zerfallen zu lassen, aber intakte Sachen zu konservieren. Die letztere Eigenschaft des Honigs untermauert Adret mit dem Verweis auf eine Stelle in bBB 3b, nach der Herodes die Leiche einer von ihm begehrten Magd sieben Jahre lang in Honig konserviert habe. Aufgrund dieser zwei Spezifika des Honigs ist sich Adret nun nicht sicher, ob die Ameisen in mit Honig hergestellter Konfitüre weiter bestehen. Wäre dies der Fall, wäre die Konfitüre auch weiterhin verboten. Daher gelangt Adret in diesem Responsum aufgrund der unsicheren Situation zu keiner Entscheidung. Interessant ist, dass Adret an dieser Stelle nicht sicherheitshalber die Konfitüre verbietet, da sich in ihr möglicherweise noch nicht zerfallene Ameisen befinden könnten. Vielmehr belässt er es in diesem Responsum dabei, die Frage unentschieden stehen zu lassen und die mit Honig hergestellte Konfitüre weder zu verbieten noch zu erlauben.

# 5. Unterschiedliche Gestaltung von Antworten bei identischen Themen

In diesem Kapitel soll aufgezeigt werden, dass unterschiedliche Darstellungsarten auch bei identischen Themen vorkommen können. Responsa zu identischen Themen formuliert Adret teilweise mit, teilweise ohne Nennung divergierender Lehrmeinungen. Dies deutet daraufhin, dass Adret abweichende Lehrmeinungen nicht immer vorstellt, auch wenn sie in Wirklichkeit vorliegen. Zudem kann gezeigt werden, dass in Responsa zu identischen Themen, in einem der Responsa Schwierigkeiten beim Entscheiden, in einem anderen sie nicht aufgezeigt werden. Da die Responsa nicht datiert sind, kann man nicht feststellen, ob Adret sich im Laufe der Zeit widersprochen hat, wenn er zu einem Thema in einem Fall eine Kontingenz des Entscheidens herausarbeitet, in einem anderen Fall jedoch leugnet, oder ob bei ihm ein Entwicklungsprozess eingesetzt hat. Dennoch ist es frappierend, wenn in einem Responsum eine Schwierigkeit negiert und in einem anderen Responsum zum gleichen Thema eine Unsicherheit betont wird.

Dieses Phänomen zeigt sich im Vergleich der Responsa I:685 und III:274. In beiden Responsa wird die Frage gestellt, ob man, wenn der Feiertag in der Diaspora vor den Schabbat fällt und zwei Feiertage bestehen, am Donnerstag, also dem ersten Feiertag, die Sachen für den Schabbat bereiten darf. In dem Responsum I:685 betont Adret in seiner kurzen Antwort zweimal, dass er in dieser Frage lange Zweifel gehabt habe. Zwar gibt er eine Präferenz an, wenn er hervorhebt, dass es ihm eher so erscheine, dass es verboten sei, da der zweite Tag profan sei und man daher nicht etwas am ersten Tag für den Schabbat bereiten solle, doch stellt Adret dies nicht als eindeutige Lehre vor. Vielmehr betont er die für ihn bestehenden Zweifel, die aufgrund einer Stelle im Jerusalemer Talmud entstanden sind.[1] In dem Responsum III:274 stellt Adret hingegen seine Antwort anders da und betont an dieser Stelle nicht, dass er hier Zweifel haben könnte. Vielmehr schreibt er, dass ein Verbot vernünftig[2] sei. Des Weiteren baut er seine Antwort anders auf. Der Anfang erinnert an die in dem anderen Responsum zu findende Begründung, dass der zweite Tag als profan gelte: Adret hält fest, dass es verboten sei, am Donnerstag Dinge für den Schabbat zu bereiten, weil man nun den Mond festsetzen könne und daher der erste Tag als heilig und der zweite als profan gelte, und man nicht am

1 Leider zitiert er die Stelle nicht weiter oder nennt die Stelle. Auch gibt er nicht an oder ist zumindest nicht überliefert, worin dieser Zweifel aus diesem Grund besteht. Vgl. auch die Anmerkung der Edition: Zaleznik, She'elot, I, 333, FN 1 zu I:685.

2 Oder alternativ: logisch.

Donnerstag etwas für den Schabbat bereite, wenn dazwischen noch ein profaner Tag liege. Danach arbeitet Adret in diesem Responsum ein weiteres Argument heraus. Dabei verweist er auf eine Diskussion zwischen Rav Chisda und Rava aus bPes 46b, in der Rav Chisda den Umstand erwähnt, an einem Feiertag die notwendigen Dinge für den Schabbat zu verrichten. Adret erklärt diese Stelle und verweist darauf, es sei nicht Rav Chisdas Absicht gewesen, damit den Feiertag am Donnerstag dafür zu erlauben. Vielmehr habe er damit beabsichtigt, nur den Feiertag, der dem Schabbat nahe sei, in die Erlaubnis einzuschließen, die Notwendigkeiten für den Schabbat zu bereiten. Adret arbeitet in diesem Responsum keinerlei Zweifel an seiner Aussage heraus, sondern stellt sie als logisch erklärbar dar.

Eine ähnliche Abweichung in der Darstellung der Antwort bei einem gleichlautenden Thema ist ebenfalls in den Responsa III:282 und VIII:233 festzustellen. In beiden Responsa wird die Frage beantwortet, ob man die Kopf-Tefillin auf der Kleidung anlegen darf oder sie direkt auf der Haut anlegen muss.[3] Jedoch findet sich eine unterschiedliche Gestaltung in dem Themenbereich, der in beiden Responsa vorliegt. Während Adret in dem Responsum VIII:233 seine Zweifel bei der Antwort hervorhebt, ist dies in dem Responsum III:282 nicht feststellbar. Denn in dem Responsum VIII:233 macht er deutlich, dass er sich unsicher sei und diese Unsicherheit für ihn seit Jahren bestehe. Zwar gibt Adret zu, alle anderen Gelehrten hätten an dieser Stelle keine Zweifel und behaupteten, die Kopf-Tefillin sollten direkt auf der Haut angelegt werden. Doch sieht er die dann von anderen Gelehrten angeführten Begründungen als nicht nachvollziehbar an: Adret arbeitet heraus, der angeführte Grund der anderen Gelehrten laute, man solle keine Trennung zwischen den Tefillin und dem Kopf entstehen lassen. Dies erscheint Adret als wenig überzeugend, da bei den Arm-Tefillin im Talmud selbst begründet werde, wieso man diese nicht auf dem Ärmel des Untergewandes anlegen solle. Dort werde jedoch nicht das Argument angeführt, dies verursache eine Trennung zwischen dem Arm und den Tefillin, sondern vielmehr das dann missachtete Gebot „Sie seien dir zum Zeichen [auf dem Arm].“[4] Somit sollten sie für andere nicht sichtbar sein, da sie nur für die Person selbst zum Zeichen gedacht seien. Dies gelte aber nicht für die Kopf-Tefillin, bezüglich derer es vielmehr heiße: „Und alle Völker der Erde werden sehen, dass der Name JHWHs auf dir gerufen wird.“[5] Für diese Behauptung stützt Adret sich auf die Talmudstelle bMen 35b, in der dieser Bibelvers

---

3 Zwar besteht dahingehend ein Unterschied zwischen den Responsa, dass in dem Responsum VIII:233 für Adret aus der Frage nicht erkennbar wird, ob der Anfragende insgesamt wissen möchte, ob man Tefillin auf Kleidung tragen darf oder sich die Frage nur auf die des Armes oder des Kopfes bezieht. Daher ist dieses Responsum inhaltlich umfangreicher und bezieht sich in der Antwort nicht nur auf die Kopf-Tefillin. Vgl. VIII:233 und III:282.

4 Ex 13,9; Übersetzung NKS.

5 Dtn 28,10; Übersetzung NKS.

als Vorschrift zu den Kopf-Tefillin verstanden wird. Sodann bietet Adret weiterhin Gründe, wieso ihm die Begründung unwahrscheinlich erscheint, man solle nicht zwischen Kopf und Tefillin trennen. Da er aber seine Unsicherheit in Formulierungen betont, stellt er in diesem Fall die Beantwortung nicht als einfach und klar dar. Ein anderer Sachverhalt ist in dem Responsum III:282 zu finden. Dort wird in dem Responsum seitens Adret keine Unsicherheit sichtbar gemacht. Zunächst formuliert er, wieso man nach dem wörtlichen Sinn der Halakha verstehe, dass man sie auf der Haut tragen solle, damit man nicht zwischen Kopf und Tefillin trenne. Danach schreibt er jedoch, man sollte zwischen der Halakha in der Theorie und in der Praxis unterscheiden.[6] Nach der Halakha dürfe man die Kopf-Tefillin auf der Kleidung tragen, was er argumentativ ähnlich wie im anderen Responsum aufarbeitet. Dennoch ist auffällig, dass in diesem Responsum kein Zeichen des Zweifels, sondern eine scheinbar eindeutige Darstellung Adrets zu finden ist.

In den Responsa I:59 und III:272 scheinen ebenfalls Unterschiede in der Darstellung erkennbar zu werden, auch wenn dies auf einer anderen Ebene stattfindet. Denn in diesem Fallbeispiel liegt die Differenz darin begründet, dass in einem der beiden Responsa explizit auf eine abweichend von Nachmanides vertretene Lehrmeinung verwiesen wird. Zwar wird auch im anderen Responsum dieser Ansatz theoretisch abgehandelt und als falsch dargestellt, doch wird es in diesem Responsum anders inszeniert; es wirkt vielmehr wie eine potentiell angenommene andere Meinung, die man aus einer Talmudstelle schlussfolgern könnte. Ob diese Lehrmeinung realiter vertreten wird, macht Adret dabei jedoch nicht sichtbar. Während Adret in dem Responsum I:59 deutlich eine ihm widersprechende Lehrmeinung des Nachmanides inklusive der Werksangabe[7], in dem die Lehrmeinung vertreten wird, anführt, weist er sie in dem Responsum III:272 nicht eindeutig als die Lehrmeinung des Nachmanides aus. Bei der Beantwortung der Frage, ob es auch einem unbeschnittenen Sklaven verboten sei, am Schabbat für einen jüdischen Kranken, der nicht lebensbedrohlich krank sei, das Licht anzuzünden oder Wasser zu erhitzen, bezieht er Stellung zu einer Haltung des Nachmanides. Doch ist es möglich, dass dies in dem Responsum I:59 nur geschieht, da der Anfragende selbst auf Nachmanides verweist und dessen Lehrmeinung so versteht, dass ein unbeschnittener Sklave diese Arbeit verrichten dürfe. In diesem Responsum antwortet Adret eingangs jedoch ohne Bezugnahme auf Nachmanides, dass ein unbeschnittener Sklave, einem Ger Toschav ähnlich, am Schabbat keine Arbeit für einen nicht lebensbedrohlich Erkrankten verrichten dürfe, aber für sich selbst, und führt zu diesem Zweck Belege aus dem Babylonischen Talmud (bYev 48b und bKer 9a)

6 „Aber ich sage gemäß der Halakha, nicht der Praxis, ist es erlaubt, sie auf dem Kopf auf dem Hut zu tragen." III:282; Übersetzung NKS.

7 Vgl. Torat ha-'Adam, Sha'ar ha-Sof, 'Inyan ha-Hotsa'ah.

an. Im Anschluss daran nimmt Adret zu Nachmanides und dessen Lehrmeinung Stellung und bejaht die Vermutung des Anfragenden, Nachmanides gestatte am Schabbat die Arbeitsverrichtung eines unbeschnittenen Sklaven für einen erkrankten Juden. Da Adret bereits eingangs diese Tätigkeit verboten hat, zeigt er sodann auf, in welchen Punkten die von ihm angenommene Begründung für die Lehre des Nachmanides nicht stimmig ist. Adret setzt sich somit in diesem Responsum mit dieser anderen Lehrmeinung auseinander; damit wird deutlich, dass nicht alle Rechtsgelehrten zwingendermaßen und logischerweise eine Arbeitsverrichtung eines unbeschnittenen Sklaven verbieten. Zwar stellt er die andere Lehrmeinung als nicht überzeugend dar, erwähnt sie aber nichtsdestotrotz. In dem anderen Responsum, in III:272, markiert Adret diese Auffassung nicht als Lehrmeinung des Nachmanides. Wohl nutzt er in seinem Argumentationsgang die angenommenen Begründungen, um sie als möglichen theoretischen Einwand zu entkräften. Doch stellt er dies nicht als eine bereits von einem Rechtsgelehrten geäußerte Lehre dar.

In den Responsa I:244 und I:455 ist ähnliches feststellbar. Auch hier wird nur in einem Responsum, in I:455, eine abweichende Lehrmeinung sichtbar gemacht.[8] Da der Anfragende die anderslautende Lehrmeinung erwähnt hat, nennt Adret möglicherweise nur aufgrund der durch den Anfragenden erfolgten Erwähnung diese Lehrmeinung. Adret zeigt zumindest auf, dass keine einheitliche Lehrmeinung vorherrsche und es ebenfalls Gelehrte gebe, die die Zugabe von Salz in einen Teig für Pesach verböten. Er bewertet jedoch den von diesen Gelehrten vorgebrachten Beweis als schwach. Im Gegensatz zum Responsum I:455 liest sich das Responsum I:224 bei der Beantwortung der Frage, ob man Salz in den Teig für Pesach geben dürfe, als logische Ableitung, in deren Präsentation kein Zweifel oder eine anders lautende Lehrmeinung erwähnt wird. Adret zeigt dem Leser nicht auf, dass auch eine andere Lehrmeinung bestehe, die Salz im Teig verbietet. Hier wird allein auf zweifache Weise ausgeführt, wieso eine Zugabe von Salz in den Teig unproblematisch und seitens der Rechtsquellen nicht verboten ist. Er argumentiert zunächst, dass die Befürchtung, Salz könne verboten sein, da es im Talmud mit Heißem gleichgesetzt werde und daher der Teig durch die Hitze säuern könne, nicht gegeben sei. Adret zeigt die bestimmten Fälle, in denen nur Salz mit Heißem gleichgestellt wird (b Hul 111b und bHul 97b), und erläutert, dass auch in einem anderen Fall Salz nicht wie Heißes bewertet worden sei (bAZ 33b)[9] und somit nicht

8 Laut ʾOrḥot Ḥayim, Bd. 1, Hilkhot Ḥamets u-Matsah, 61 verbietet Abraham ben David von Posquières, Salz in den Teig zu geben. Vgl. auch die Anmerkung der Editoren zum Responsum I:224: Zaleznik, She'elot, I, 100, FN 6 zu I:224.

9 Adret verweist darauf, dass in bAZ 33b die Gefäße, in die Libationswein gegeben worden ist, nicht dadurch tauglich erklärt wurden, wenn in sie Salz gegeben wurde. Dort wird nur darauf verwiesen, dass diese Gefäße, die man in einen erhitzten Ofen gibt, tauglich werden, wenn sich das Pech davon löst. Adret schließt somit daraus, dass in diesem Fall Salz nicht als Heißes aufgefasst werden kann.

für alle Dinge die eine im Babylonischen Talmud bestimmte Regel gelte. Des Weiteren verweist er auf eine Speise namens „Watika", bei der ein Verbot diskutiert und die mit Salz hergestellt wird. Adret schlussfolgert Folgendes: Wäre die Zugabe von Salz beim Teig verboten, hätte dies ebenso deutlich gemacht werden müssen wie das Verbot der anderen Speise, die mit Wasser und Salz hergestellt wird.[10] In diesem Responsum I:224 wird somit keine Schwierigkeit sichtbar gemacht, die Antwort liest sich logisch und als sich einfach ergebend. Auch wenn Adret im anderen Fall (in I:455) die andere Lehrmeinung als falsch deklariert und dort ebenfalls mithilfe der Watika-Speise argumentiert, setzt er sich dort mit ihr auseinander und zeigt zumindest auf, dass andere den Fall abweichend bewerten.[11]

Auch im Vergleich der Responsa I:239 und 453 wird erkennbar, wie Adret nur in einem Responsum trotz ähnlicher Themenstellung auf einander widersprechende Lehrmeinungen verweist: Während Adret in dem Responsum I:453 lediglich ausführt, dass kein Minderjähriger für die Tefilla dazugezählt werden dürfe, bevor er nicht 13 Jahre und einen Tag alt sei, weist er in dem Responsum I:239 darauf hin, dass einander widersprechende Lehrmeinungen darüber beständen, ob jemand wirklich volljährig sein müsse. Somit macht er auch nur in dem Responsum, in dem er auf die widersprechenden Lehrmeinungen verweist, darauf aufmerksam, sich selbst zu unterschiedlichen Alternativen positionieren zu müssen.[12]

Bei einem ähnlich lautenden Thema ist zwischen den Responsa I:487 und I:611 eine andere Abweichung feststellbar. Beide Responsa behandeln die Tauglichkeit der Schriftrolle, um in ihr öffentlich lesen zu können. Auch wenn die Fragen in den Responsa voneinander abweichen, ist doch die Antwort sehr ähnlich; dabei ist auffallend, dass Adret in dem einen Fall eine lange Erklärung und Belege für überflüssig hält, weil er die Begebenheit als eine „einfache Sache"[13] bezeichnet. In dem anderen Responsum führt Adret im Gegensatz dazu einige Beweise an, um seine Aussagen zu stützen: In dem Responsum I:487 antwortet Adret nicht direkt auf die Frage, ob der Segen überflüssig sei, wenn man, wie es in den Nachbarorten der Fall sei, den Segen über das Lesen in der Torah spreche, die auf Papier wie Bücher geschrieben sei. Vielmehr antwortet er, man solle nur in einer Schriftrolle lesen, die wie verlangt hergestellt worden sei. Zudem führt er kurz an, ein Fehler oder ein Wort, das fälschlicherweise wie zwei Wörter aussehe, reichten aus, um die Schriftrolle untauglich zu machen, ebenso wenn man Pergament nutze, das nicht für diesen Zweck hergestellt worden sei. Dabei verweist er nur auf Massekhet

10 Vgl. bPes 39b.

11 Vgl. auch den Hinweis in der Fußnote: Berger/Günzl/Kramp-Seidel, Normen und Entscheiden. Bemerkungen zu einem problematischen Verhältnis, 154, FN 17.

12 Adret schreibt bezüglich der einen Lehrmeinung nur: „Es gibt einen, der sagt […]". Damit macht er nicht kenntlich, welcher Gelehrte diese Meinung vertreten hat.

13 I:487.

Soferim und den Babylonischen Talmud[14], ohne direkt Zitate auszuführen. Zudem macht Adret auf rhetorischer Ebene deutlich, ihm erscheine die Sachlage als so eindeutig, dass keine weiteren Ausführungen von Nöten seien. In dem anderen Responsum, I:611, führt Adret hingegen ausführlich aus, wieso eine Schriftrolle schon bei einem Fehler untauglich werde. Die Anfrage zu diesem Responsum zielt im Gegensatz zum anderen Responsum genau auf das Thema ab, da der Anfragende wissen möchte, ob eine Schriftrolle, in der auf jeder Seite vier Fehler zu finden seien, noch zum Lesen in der Öffentlichkeit genutzt werden könne. Anstatt wie im anderen Responsum auf die Simplizität der Sachlage hinzuweisen, bietet Adret eine Reihe von Zitaten und Belegen aus verschiedenen Stellen sowie eigene argumentative Ausführungen, um die Untauglichkeit der Schriftrolle umfänglich darzustellen. Zunächst führt er aus, wieso man anhand der Passage aus bMen 34a auf die Idee kommen könnte, dass die Vorschriften, die dort bezüglich der Mesusot und der Tefillin geäußert werden, sich wirklich nur auf diese und nicht auch auf die Schriftrolle beziehen würden, da nämlich nur diese namentlich in Menaḥot erwähnt werden, nicht aber die Schriftrolle. Adret arbeitet jedoch heraus, dass der Hinweis auf einen fehlerhaften Buchstaben, der eine Mesusa untauglich mache, umso mehr für eine Schriftrolle gelten und ebenso die Schriftrolle untauglich machen müsse, da die Schriftrolle bedeutender als die Mesusot und die Tefillin sei. Außerdem argumentiert er, nach der Äußerung von Rav werde ersichtlich, dass der Buchstabe, der nicht von Pergament umgeben und somit mit einem anderen Buchstaben verbunden sei, kein Buchstabe sei. Wenn dies also zuträfe, sei nicht zwischen einer Schriftrolle und einer Mesusa zu unterscheiden. Einen möglicherweise auftretenden Einwand entkräftet Adret bereits im Vorhinein und fasst anschließend noch einmal zusammen, dass es keinen Unterschied zwischen einer Schriftrolle einerseits und der Mesusa und den Tefillin andererseits gebe. Daraufhin zitiert Adret belegend aus Massekhet Soferim Kap. II,1 und Kap. III,7. Dort findet sich die seine Aussage stützende Festlegung, dass auch Fehler und Defekte bei einer Schriftrolle dazu führten, nicht mehr in ihr zu lesen. Sodann belegt er mithilfe von Baraitot, dass die Schriftrolle wichtig sei. Zudem unterstreicht er mit einem Zitat aus dem Traktat Megilla des Jerusalemer Talmuds jMeg 1,9, dass die Schrift

---

14 Wie bereits die Editoren festhalten, muss die Passage in dem Responsum „in der Gemara in Massekhet Soferim" wie folgt lauten: „In der Gemara und in Massekhet Soferim". In Massekhet Soferim Kap. III,10 (die Editoren geben III,9 an) findet man die Ausführungen zu einer Schriftrolle, die einen Fehler hat. In Massekhet Soferim Kap. II,1 und II,2 wird angeführt, dass man keine Unterbrechung innerhalb eines Wortes machen könnte, das zu dem von Adret beschriebenen Phänomen führt, dass ein Wort wie zwei Wörter erscheinen könnte. Die Thematik zu dem Pergament, das nicht zu dem Zweck, eine Schriftrolle herzustellen, genutzt wurde, findet sich im Babylonischen Talmud in bGit 54b. Vgl. insbesondere auch die Ausführungen der Editoren. Zaleznik, She'elot, I, 252, FN 3 zu I:487.

der Bücher/Schriftrollen der Schrift der Tefillin und der Mesusa im Bereich der Tauglichkeit bzw. Untauglichkeit gleichgesetzt werde. Anschließend zeigt Adret eine mögliche Talmudstelle auf, nach der man die Schwierigkeit des Anfragenden ausmachen könne. Dies kann Adret jedoch argumentativ abweisen und er bietet weitere Belege für seine Ausführungen an. Sodann befasst sich Adret mit der Frage der Untauglichkeit der Schriftrolle bei miteinander verbundenen Buchstaben. Dieser Frage gesteht er eine genaue Betrachtung zu, der er sich ebenfalls ausführlich widmet. Im Gegensatz zum Responsum I:487 ist in diesem Responsum somit zu erkennen, dass Adret ausführlich begründet, wieso unter welchen Umständen, eine Schriftrolle untauglich geworden ist. In I:487 sieht er jedoch keine argumentative und durch Rechtstexte gestützte Antwort als notwendig an, da er die Frage als einfach inszeniert.

# 6. Adrets Inszenierung der eigenen Sachautorität

Adret stellt sich in seinen Responsa insbesondere durch seine Rhetorik und seinen Umgang mit dem Anfragenden als Kenner des jüdischen Rechts sowie als Rechts- und Sachautorität dar. Dies erreicht er sowohl, wenn er sich dem Adressaten überlegen und diesen als unwissend darstellt, als auch, wenn er den Anfragenden lobt, dessen Wissen anerkennt oder die gestellte Frage als berechtigt ansieht. In diesen Fällen zeigt Adret auf, die Gelehrsamkeit anderer bewerten zu können. Die Sachautorität unterstreicht Adret ebenfalls, wenn er in einem nüchternen Stil auf die gestellte Frage antwortet und die wesentlichen Quellen für seine Festlegung anführt. Bei dieser Art der Gestaltung der Responsa liegt das Hauptaugenmerk darauf, durch die Stichhaltigkeit der Argumente und der angeführten Beweise die eigenen Kenntnisse im jüdischen Recht zu untermauern. Des Weiteren inszeniert sich Adret als Sachautorität, wenn er früheren Gelehrten Respekt zollt. Damit unterstreicht er, dass er die Größe anderer Gelehrter anerkennen und bewerten kann. Auch bei Kritik an anderen Gelehrten kann Adret sich als Fachkenner inszenieren, der die Fehler anderer halakhischen Größen zu entdecken weiß.

## 6.1 Kritik am Anfragenden

Oftmals unterstreicht Adret seine Sachautorität, indem er den Anfragenden kritisiert, Fehler in der Frage aufzeigt und sie im Folgenden verbessert. In diesen Fällen betont Adret sein besseres Fachwissen: Während der Anfragende die Fehler nicht bemerkt hat, kann Adret sie leicht identifizieren. Adret zeigt somit auf, dass er über ein deutlich größeres Wissen verfügt und falsche Annahmen leichter als solche bezeichnen kann. Die von Adret identifizierten Fehler sind vielfacher Natur: So werden sowohl eklatante Fehler herausgearbeitet, die dazu führen, dass die gestellte Frage nicht beantwortet werden kann, als auch fehlerhafte Begründungen für eine Entscheidensoption von Adret betont, als auch zu unpräzise Fragestellungen kritisiert.

In dem Responsum I:14 stellt Adret schon zu Beginn der Antwort klar, dass die Frage des Anfragenden inkorrekt gestellt sei und anders lauten müsse. Adret zeigt auf, dass die beiden vom Anfragenden vorgeschlagenen Möglichkeiten für den zweiten Segensspruch nach dem Rezitieren des abendlichen Schmas inkorrekt seien und der zweite Segensspruch weder „Hüter Israels“ noch „Der, der herrscht“ laute, sondern „Hashkibenu“. Durch das Korrigieren der Frage kann Adret versteckt, ohne es offen formulieren zu müssen, sein besseres Wissen unter Beweis stellen. Adret unterstreicht die schlechteren Kenntnisse des Anfragenden in jüdischen Rechtsfragen, indem er ihm die falsche Auswahl für den zweiten Segen sowie die daraus resultierenden, fehlerhaften Fragen aufzeigt: Denn diesem ist die Fehlerhaftigkeit der Frage nicht aufgefallen, sonst wäre sie nicht auf diese Weise gestellt worden. Adret zeigt an dieser Stelle also gekonnt, dass der Anfragende weniger Wissen als er selbst besitzt, ohne den Adressaten dabei offensichtlich mit Formulierungen abzuwerten. Vielmehr unterstreicht Adret an dieser Stelle durch eine rein sachliche Kritik seine eigene Autorität.

Auch in dem Responsum I:99 zeigt Adret dem Anfragenden auf, dass die Frage falsch gestellt ist, und hält ihm damit seine Unwissenheit vor. Adret beweist dem Anfragenden in seinen Ausführungen, dass der andere eine so geringe Kenntnis in Rechtsfragen besitze, dass er zwei unterschiedliche Themen in der Frage miteinander vermischt habe. Der Anfragende möchte wissen, ob ein „ismaelitischer" und ein „kanaanitischer" Sklave, der nicht vom Besitzer, sondern einer weiteren Person dazu gebracht wird, ein Proselyt zu werden, als befreit gelte und ob die weitere Person verpflichtet sei, an den ursprünglichen Besitzer des Sklaven eine Kompensation für den Sklaven zu zahlen. Adret demonstriert in der Antwort, dass ein ismaelitischer und ein kanaanitischer Sklave jeweils einen unterschiedlichen Status besäßen und somit nicht miteinander gleichgesetzt werden könnten. Er führt aus, dass ein ismaelitischer Sklave bereits ein Proselyt sei: Er sei beschnitten und habe schon das Tauchbad vollzogen, sodass er nicht durch ein Tauchbad befreit sei, sondern nur durch einen „Get" von seinem Herrn in die Freiheit entlassen werde. Der kanaanitische Sklave könne hingegen sehr wohl frei sein, wenn er das Untertauchen von selbst und ohne Zwang ausübe. Adret führt ebenfalls die entsprechenden Gründe an und zeigt somit auf, dass er beide Fälle nicht gleich behandeln könne, obwohl der Anfragende davon ausgegangen ist, dass es nicht entscheidend sei, ob es sich um einen ismaelitischen oder einen kanaanitischen Sklaven handle. Damit untermauert Adret sein höheres Fachwissen, da er dem Anfragenden implizit aufzeigt, unbewusst eine falsche Frage gestellt zu haben.

Letztendlich weist Adret auch in dem Responsum I:152 die Frage als falsch gestellt zurück. Doch kritisiert Adret den Adressaten an dieser Stelle nicht deutlich in der Ausdrucksweise, sondern formuliert den Widerspruch vorsichtig: „Ich bin nahe, in meinen Augen zu sagen"[1] wirkt nicht so absolut, als wenn er in anderen Fällen eindeutig hervorhebt, dass die Frage nicht richtig gestellt sei.[2] Nichtsdestotrotz äußert Adret einen Widerspruch. Er zeigt in seiner Antwort nämlich auf, dass die Frage, zu welcher Zeit man das große Hallel sprechen soll, wenn man für das Fallen von Regen fastet und in der Nacht des Fastens bereits der Regen fällt, falsch

1 I:152; Übersetzung NKS.

2 Vgl. dazu das Responsum I:225, in dem er schreibt: זו אינה שאלה.

gestellt sei. Die unterschiedlichen Optionen, die der Anfragende als Zeitpunkt zum Sprechen des großen Hallel vorschlägt, weist Adret beide als nicht korrekt zurück, da er herausarbeiten kann, dass in diesem Fall gar kein Hallel gesprochen werden soll. Somit äußert Adret in diesem Responsum versteckt seine Kritik und zeigt damit auf, dass er mit seinem Wissen die Frage als falsch zurückweisen kann und letztendlich nicht über die beschriebene Ausgangslage entschieden wird.

Die geringere Sachkenntnis des Anfragenden kann Adret ebenfalls in dem Responsum I:155 durch Aufzeigen eines Fehlers in der Frage betonen. Der Anfragende hat die Behauptung aufgestellt, laut der Gemara in Mo'ed Qatan seien der Todestag und der Tag der Beerdigung eine biblische Anordnung. Adret zeigt auf, dass dies an keiner Stelle in der Gemara stehe, vielmehr hätten Geonim diese Lehre aufgestellt, der wiederum andere Gelehrte widersprochen hätten. Adret unterstreicht mit dieser Richtigstellung, dass der Anfragende eine geringe Kenntnis der Rechtstexte besitzt. Zudem kann Adret hervorheben, dass er aufgrund seiner Fachexpertise Fehler in der Zuschreibung von Lehren finden kann.

In dem Responsum I:175 legt Adret[3] dar, dass eine für den Anfragenden mögliche Entscheidensoption zwar richtig ist, nicht aber die vom Anfragenden dazu ausgeführte Begründung. Adret widerspricht nämlich der folgenden Behauptung: Ein Topf, in dem ein Israelit für einen lebensbedrohlich Erkrankten gekocht habe, sei erlaubt, da ein Agieren am Schabbat nur nach R. Jochanan ha-Sandaler verboten sei, man die Halakha aber nicht nach ihm festgelegt habe. Da Adret im Folgenden demonstriert, dass R. Jochanans Aussage sich nur auf ein Ausüben von am Schabbat verbotenen Dingen beziehe, aber das Kochen für einen lebensbedrohlich Erkrankten ein Gebot darstelle, kann er damit die Annahme des Anfragenden als haltlos darstellen. Er demonstriert dem Anfragenden damit dessen mangelndes Verständnis der Rechtsquellen. Adret kann die Ausführungen des anderen als nicht nachvollziehbar präsentieren und zeigt damit natürlich auch, dass er selbst über dieses Verständnis verfügt.

In dem Responsum I:68 erachtet Adret die Frage als nicht präzise genug und formuliert dies direkt zu Beginn seiner Antwort.[4] Adret stellt klar, dass für ihn nicht

3 Daneben negiert Adret, dass eine Schwierigkeit vorliegt, und weist letztendlich damit zurück, in diesem Responsum zu entscheiden.

4 Dass Adret damit Kritik am Anfragenden übt und sich selbst als bessere Rechtsinstanz inszeniert, wenn er gerade betont, der andere habe die Frage nicht genau genug gestellt, wird insbesondere deutlich, wenn Adret nicht in allen Fällen Kritik übt, in denen eine Frage nicht eindeutig gestellt ist. In dem Responsum VIII:233 präzisiert der Anfragende beispielsweise nicht genau, ob sich die Frage, ob man die Tefillin auf Kleider anlegen darf, nur auf die Kopf- oder die Hand-Tefillin bezieht. Adret antwortet zunächst neutral auf die Möglichkeit, dass der Anfragende sich auf die Tefilla der Hand beziehen könnte. Im Anschluss daran geht er auf die des Kopfes ein. Hier wird jedoch keine offene Kritik an der Frage geäußert.

ersichtlich wird, auf welche rechtliche Regel der Anfragende abzielt, wenn er fragt, ob für die Handarbeit erworbene Mägde wie unbeschnittene Sklaven anzusehen seien und sie unter die Allgemeinregel der Anordnungen zu unbeschnittenen Sklaven fielen. Anschließend nennt Adret zwei mögliche Varianten, auf die diese Frage abzielen könnte und beantwortet diesbezüglich die beiden rechtlichen Fragen. Dadurch wird die Kritik klar sichtbar, denn Adret hätte ebenfalls die unterschiedlichen Varianten mit den rechtlichen Konsequenzen nennen können, ohne die Unklarheit selbst sprachlich zu benennen. Durch die Vorwegstellung seiner Kritik zieht Adret die Möglichkeit nicht in Betracht, die Frage könnte absichtlich allgemein formuliert sein, weil der Anfragende wirklich in Bezug auf sämtliche Bereiche wissen möchte, ob die Mägde wie unbeschnittene Sklaven zu bewerten sind. Adret sieht sich somit in der Lage, die Fragen bewerten und als nicht ausreichend benennen zu können.

Auf subtile Weise zeigt Adret, dass er über mehr Fachwissen verfügt, wenn er in dem Responsum I:149 dem Anfragenden aufzeigt, dass dessen Vorannahme in der Frage nicht stimmen kann. Auch wenn die Kritik in diesem Fall auf sachlicher Ebene geschieht, er neutral bleibt und den Anfragenden sprachlich nicht eindeutig als unwissend darstellt[5], formuliert Adret dennoch implizit, dass dessen Vermutung falsch ist und nennt selbst den richtigen Grund für das vom Anfragenden aufgeworfene Problem.

Adret erreicht das Inszenieren als Sachautorität nicht nur dadurch, dass er auf Fehler in Fragen hinweist, sondern oftmals auch, indem er die Antwort auf die Frage als einfach darstellt: Es sind unterschiedliche Responsa auszumachen, in denen er dergestalt antwortet. So kommt es vor, dass Adret im Anschluss an die Frage knapp antwortet und keinen Beleg mehr ausführt. Er hält damit der anderen Seite den Spiegel vor, dass die Sachlage für einen Rechtsexperten so eindeutig ist und keiner weiteren Ausführungen bedarf. In anderen Fällen unterstreicht Adret durch Zitate aus Rechtsquellen die Eindeutigkeit bzw. inszeniert sie. Da er in diesen Fällen die normativen Ressourcen wie eindeutige Beweise der eigenen Aussage anführt, suggeriert Adret im Zusammenspiel von Ausdrücken der einfachen Sachlage und rechtlichen Untermauerungen, dass auch die Gegenseite als Kenner des jüdischen Rechts diese Frage hätte leicht beantworten können.

Eine kurze und kategorische Antwort mit der gleichzeitigen sprachlichen Betonung einer klaren Situation findet man in dem Responsum I:16. Durch die Formulierung „eine einfache Sache ist es/דבר פשוט“[6] und der knappen Antwort, dass ein Abschlagen des Kopfes bedeutet, dass die Speise- und Luftröhre zusammen durchtrennt werden müssen, inszeniert Adret seine Autorität und sein Verhältnis zum Anfragenden, ohne dabei auf eine Rechtsquelle zu verweisen. Da er in diesem

5 Vgl. zu dieser Art der Abwertung Kapitel 6.2.
6 I:16.

Responsum deutlich macht, dass für ihn keine Schwierigkeit erkennbar ist und er selbst ohne langes Abwägen antworten kann, zeigt Adret dem Anfragenden die eigene Überlegenheit in Wissensfragen auf. Denn während der Anfragende hier eine Schwierigkeit entdeckt hat, sodass er die Frage an eine externe Instanz abgibt, zeigt Adret, wie einfach sich für ihn die Sachlage darstellt. Damit kann er sich als einen besseren Kenner des jüdischen Rechts und dadurch als Sachautorität inszenieren, auch wenn er hier nicht unterschiedliche Rechtsquellen zitiert.

Auch in dem Responsum I:125 ist dieses Charakteristikum erkennbar. Hier antwortet Adret ebenfalls kurz und kategorisch, ohne Begründungen oder Herleitungen für seine Antwort anzuführen. Er unterstreicht damit auch an dieser Stelle, dass die für den Anfragenden komplizierte Frage für ihn keine Schwierigkeit darstellt und einfach zu beantworten ist. Versteckt kann er damit sogar suggerieren, dass auch der Anfragende die Frage mit gleicher Sachkenntnis hätte beantworten können.

Ähnlich geht Adret in dem Responsum IV:80 vor: Die vom Anfragenden ausgemachten Schwierigkeiten sieht Adret als nicht existent an. Damit wertet Adret das Wissen des Anfragenden deutlich ab, indem er behauptet, er verstehe nicht, „was bei dieser Sache zweifelhaft für dich war“[7]. Adret unterstreicht die Einfachheit der Anfrage auch durch seine kurze Antwort und den nicht erfolgenden Verweis auf andere Rechtstexte. Mit dem damit stattfindenden Negieren einer Entscheidenssituation inszeniert sich Adret als derjenige mit der besseren Rechtskenntnis und zeigt sich dem anderen gegenüber überlegen. Konkret geht es um die Frage, wie der Fall zu bewerten ist, wenn jemand sagte, er würde zwei Tauben heiligen, wenn der Tempel noch stünde. Adret stellt klar, dass die Frage sinnlos sei, da der Jerusalemer Tempel nicht mehr existiere, dadurch auch nichts geheiligt werde und die reine Intention des Heiligens nicht ausreiche, wenn man nicht auch tatsächlich das Tier geheiligt habe. Durch die kurze Antwort wird das Betonen der einfachen Situation stark hervorgehoben: Die knappe Antwort reicht aus, die Frage zu beantworten.

In dem Responsum I:29[8] betont Adret die einfache Sachlage und untermauert diese mit Zitaten aus Gelehrtentexten. Damit demonstriert Adret dem Anfragenden, dass die vom Anfragenden angenommene Schwierigkeit für ihn nicht sichtbar wird. In diesem Responsum leitet Adret die Antwort zwar nicht mit „eine einfache Sache“ ein, aber „klar“ sind die „Dinge“ hier ebenfalls. Auch im weiteren Verlauf lässt Adret keine Unsicherheit erkennen. Vielmehr bezeichnet er hier seine Festlegung, wo die Verbindungsstelle der Sehnen bei Geflügel und beim Vieh zu finden sei, als eindeutig und führt für diese klare Beweise an. Ob er von sich aus

---

7 IV:80; Übersetzung NKS.

8 Dieses Responsum wird ebenfalls im Kapitel 4 vorgestellt zu der Darstellung einer eindeutigen Sachlage. Vgl. dort und vgl. auch Kramp-Seidel, Semantiken des Entscheidens, 168.

die Beweise anführt oder nur, weil er von dem Anfragenden darum gebeten wird, ist nicht klar auszumachen. Nach den Belegen für die von Adret zu Beginn schon mit Formulierungen als eindeutige Sache dargestellte Frage, hält Adret dem Anfragenden erneut die geringe Komplexität vor, wenn er zum Ende hin noch einmal darauf verweist, dass die Sache „klar und einfach“[9] ist und dabei „kein Zweifel“[10] besteht. Adret inszeniert zudem noch auf eine subtile Art und Weise seine umfangreichen Kenntnisse im jüdischen Recht. Denn auch wenn er dem Anfragenden ein Verständnis für seine Rechtsunsicherheit in der Hinsicht entgegenbringt, dass er auf eine von Adrets Meinung abweichende Festlegung des Maimonides in seiner Mischne Torah (MT, Hilkhot Sheḥiṭa, 8:14) verweist, zeigt Adret anschließend auf, dass sogar Maimonides diese Ansicht im Nachhinein revidiert habe. Adret stellt somit unter Beweis, dass für ihn als großen Kenner sogar die mögliche Schwierigkeit, die für die Anfragenden bestanden hat, nicht existiert. Zudem zeigt er im Umgang mit der Festlegung des Maimonides, dass er sich selbst als eine solche Rechtsinstanz ansieht, die frühere Festlegungen leicht als falsch bezeichnen kann.[11] Implizit zeigt Adret mit dieser Antwort, dass nur diejenigen hier eine Entscheidensfrage erkennen können, die nicht über solch umfangreiche Kenntnisse verfügen: zum einen, weil sie sich für die Bewertung der Sachlage nicht mit den möglichen Belegen auskennen; zum anderen aber auch, da sie die Festlegungen früherer Gelehrter nicht selbst bewerten können.

In dem Responsum I:183 zeigt Adret dem Anfragenden ebenfalls die simple Situation auf, indem er neben den dies unterstreichenden Formulierungen zusätzlich Belege anführt. Adret betont, es sei eine „einfache Sache“, den Vorbeter nicht das Achtzehnbittengebet in der Abend-Tefilla wiederholen zu lassen. Während der Anfragende Unsicherheit erkennen lässt, ob das Achtzehnbittengebet wiederholt werden müsse oder nicht, unterstreicht Adret, dass keine Schwierigkeit vorliege: Der Vorbeter müsse am Abend nicht die Tefilla wiederholen. Adret untermauert anschließend seine Aussage auf vielschichtige Art und Weise. Zunächst führt Adret aus, wieso der Vorbeter die Tefilla sprechen müsse und begründet dies mit der in bRH 34b zu findenden Lehrmeinung, der Vorbeter müsse es sprechen, um die Ungeübten davon zu befreien. Dies unterstreicht Adret zudem mit einem Verweis auf bRH 35a, wonach der anderslautenden Lehrmeinung von Rabban Simeon ben Gamaliel nur bei den Segenssprüchen zu Rosch ha-Schana und Yom ha-Kippurim Recht gegeben wird. Im Anschluss daran begründet Adret, warum der Vorbeter deswegen am Abend nicht wiederholen muss: Die Tefilla am Abend sei eine optionale Sache, womit sich Adret auf bBer 27b stützt, ohne dies kenntlich zu machen.

9 I:29.

10 Ebenda.

11 Ebenfalls ausführlich wurde dieses Responsum in dem Aufsatz Kramp-Seidel, Semantiken des Entscheidens, 168 vorgestellt und auf gleiche Argumentationsschritte hingewiesen.

Im Anschluss daran zeigt Adret auf, dass er auch mithilfe der Lehrmeinung der Geonim seine Aussage bestätigen kann, die festlegten, man habe nach einmaligem Rezitieren der Tefilla (auch am Abend) die Pflicht auf sich genommen, diese zu rezitieren: Diese Regel gelte nur für einen Geübten, den der Vorbeter nicht von seiner Pflicht befreie. Der Ungeübte habe aber nie die Pflicht auf sich genommen, da er bisher nicht die Tefilla gesprochen habe; daher müsse auch der Vorbeter ihn nicht am Abend von der Pflicht befreien. Abschließend untermauert er sein Fachwissen mit einem Rekurs auf Maimonides, der am Abend ebenfalls keine Pflicht sieht.[12] In diesem Responsum zeigt Adret somit erneut auf, dass für ihn eine einfache Situation vorliegt, für die ausreichend Belege in den Rechtstexten zu finden sind. Er inszeniert sich damit erneut als Kenner des jüdischen Rechts, der eine Situation leichter als der Anfragende bewerten kann.

In dem Responsum I:124 kombiniert Adret das Bestreiten einer komplexen Situation im angefragten Fall mit der Kritik an einem anderen Gelehrten. Da von diesem Gelehrten der in dem Ort bisher übliche Brauch in Frage gestellt worden ist, sind die Anfragenden verunsichert, ob der Brauch weiterhin ausgeübt werden darf. Während für die Anfragenden eine Rechtsunsicherheit besteht, ob sie wie bisher an Pesach den gekneteten Teig zu einem stationären, fünf oder zehn Häuser entfernt liegenden Ofen bringen dürfen, erkennt Adret in dem zu bewertenden Fall keine Rechtsschwierigkeit: Er sieht den Brauch als eindeutig erlaubt an. In diesem Responsum unterstreicht Adret die Eindeutigkeit, indem er hervorhebt, nicht ausführlich antworten zu müssen. Er zeigt damit auf, dass für einen Experten des jüdischen Rechts keine Belege notwendig sind. Adret betont, er erachte die Beweise als unnötig und führe diese nur aufgrund der Bitten der Anfragenden an. In diesem Responsum nutzt Adret mehrere Formulierungen, um durch das Hervorheben der einfachen Situation seine Sachkenntnis zu unterstreichen. Er leugnet, dass die Frage ein Studium erfordere und zeigt somit auf, die Antwort könne ohne großes Nachdenken gegeben werden. Adret inszeniert sich jedoch nicht nur gegenüber dem Anfragenden, sondern auch gegenüber dem anderen, in der Frage erwähnten Gelehrten als Sachautorität. Da Adret dessen Behauptung widerspricht und den Sachverhalt als eindeutig schildert, präsentiert er sich als der Gelehrte, der über das höhere Fachwissen verfügt und unterstreicht somit das fehlerhafte Urteil des anderen Gelehrten.

Die größere Kompetenz in Sachfragen unterstreicht Adret ebenfalls in dem Responsum I:150. Er stellt seine bessere Kenntnis nicht nur durch das Leugnen einer komplexen Situation unter Beweis, sondern verdeutlicht dem Anfragenden auch die Abwegigkeit seiner Anfrage durch eine rhetorische Gegenfrage, welche die Annahme des Anfragenden als falsch untermauert.

12 Vgl. MT, Tefila u-Birkat Kohanim, 9:9.

## 6.2 Reaktion beim Anzweifeln der Sachautorität Adrets

Während in den bisher vorgestellten Responsa die von Adret vorgetragene Kritik meist in einem recht sachlichen Stil gehalten ist, lässt sich daneben eine starke Kritik erkennen, die die Gegenseite mit teilweise harschen Formulierungen abwertet. Hierfür kann eine Reihe von Responsa angeführt werden, in denen Adret den Adressaten in einem schlechten Licht darstellt. Häufig findet sich diese Art der Kritik in Responsa, in deren Anfragen Erwiderungen auf Festlegungen und Äußerungen des Adret zu finden sind, und damit letztendlich in Fällen, in denen Adret selbst vorher von anderer Seite Anzweiflungen seiner Sachautorität erfahren hat. In diesen Fällen dient die Abwertung des Anfragenden der Wiederherstellung der eigenen Rechtsinstanz. Adrets Ziel ist es, eigene Fehler zu negieren, indem er der anderen Seite Unwissenheit vorwirft, die für die Infragestellung seines Urteils ursächlich gewesen sei. Adret kann zudem deutlich machen, dass er in den ersten Ausführungen oder Festlegungen keine argumentativen Schwächen aufgezeigt hat, wenn er hervorhebt, die andere Seite bringe die Erwiderung aufgrund ihrer Kenntnislosigkeit hervor. Dies muss jedoch nicht bedeuten, dass Adret den Anfragenden an jeder Stelle abwertet, an der dieser Adrets Lehre erklärt haben möchte; doch lassen sich für dieses Phänomen eine Reihe von Responsa nennen, die Adrets Versuch zur Wahrung seines Status als Sachautorität durch das starke Abwerten des anderen aufzeigen.

Dies ist ausgeprägt in dem Responsum I:53 zu erkennen. Hier zweifelt Adret den Gelehrtengrad des Anfragenden an und äußert eine mehrstufige Kritik. Schon zu Beginn formuliert Adret: „Und ich wundere mich über einen Gelehrten, wie du es bist, der nicht [bewandert ist] in den Worten der Geonim und wie es scheint, hast du ihre Worte niemals gesehen.“[13] Hiermit arbeitet Adret heraus, dass der Adressat als Gelehrter über eine bessere Kenntnis der Lehrmeinungen früherer Gelehrter verfügen müsste und wirft ihm damit eine hohe Unkenntnis als Rechtsgelehrter vor, da er nicht um die Ausführungen früherer Gelehrter weiß. Im Anschluss daran verstärkt Adret diesen Vorwurf, indem er in einer rhetorischen Frage darauf hinweist, dass er selbst in seinem ersten Responsum dem Adressaten den Verweis zu Alfasis Festlegung und die dazugehörige Stellenangabe genannt habe. Hiermit zeigt er dem Gegenüber auf, dass dieser sich durch die Stellenangaben in Alfasis Sefer ha-Halakhot selbst hätte informieren können.[14] Damit kann Adret ihm eine große Wissenslücke vorhalten, die er für einen Gelehrten als unangemessen ansieht. Indem Adret anschließend weitere Gelehrte anführt, die sich Alfasi entsprechend

13 I:53; Übersetzung NKS.

14 Adret schreibt in dem Responsum I:53: „Und habe ich dir nicht angedeutet, dass du es so in den Halakhot des großen Rav, Isaak Fasi, bei der Meinungsverschiedenheit des Rav Uqba und Samuels finden wirst?“ Übersetzung NKS.

äußern und der Anfragende selbst solche Lehrmeinungen als nicht existent bezeichnet hat, inszeniert sich Adret als großer Kenner. Gerade in dieser Kombination aus dem Vorwurf der Unkenntnis und dem Beweis des eigenen Wissens stellt Adret existierenden Mängel seines Adressaten vor. Auch bei einer weiteren Behauptung des Gegenübers zweifelt Adret dessen Gelehrtenstatus an, da Adret ebenfalls darüber „verwundert"[15] ist, wie ein Gelehrter behaupten könne, es sei eine bekannte Sache, dass bei einer Vermischung das sich darin befindliche Verbotene bei einem Verhältnis von eins zu zwei nichtig sei. Mit diesem Ausdruck suggeriert Adret letztendlich, dass eine solche Äußerung nicht von einem Gelehrten stammen könne. Adret unterstreicht anschließend erneut die mangelnde Kenntnis des Adressaten durch die Auflistung weiterer Gelehrter und ihrer Äußerungen, die aufzeigen sollen, dass die von dem Adressaten als eindeutig bezeichnete Sachlage von anderen Gelehrten als zweifelhaft bewertet wird. Damit kann Adret dem Gegenüber vorwerfen, nicht von den Ausführungen bekannter früherer Gelehrter zu wissen. Im Grunde deutet Adret damit an, dass der Anfragende mit seinen Äußerungen außerhalb der existierenden Rechtstradition einzuordnen ist, wenn seine Schlussfolgerungen nicht durch andere Gelehrten gedeckt sind. Letztendlich versucht Adret sich mithilfe seiner Rhetorik in einem besseren Licht darzustellen. Er inszeniert sich als Rechtsinstanz und großen Kenner des jüdischen Rechts.

Ähnliches ist in dem Responsum I:272 feststellbar: Auch hier zweifelt der Anfragende die Kompetenz Adrets an, indem er dessen Festlegung hinterfragt, dass Trockenes in Trockenem bei der Mehrheit nichtig sei. Die Reaktion Adrets ist harsch, auch wenn er zu Beginn des Responsums den Grund für die Nachfrage darin zu finden sucht, dass der Anfragende nur seine Torat ha-Bayit ha-kazar kenne, nicht aber den ausführlicheren Teil der Torat ha-Bayit ha-arokh. Dennoch äußert er anschließend Kritik an der Person. Er hält dem Anfragenden vor, dass „ein Mensch, wie du es bist"[16] dieses Gesetz nicht kenne. Damit stellt Adret letztendlich auch das Wissen des Anfragenden in Frage und bewertet es negativ, dass der Anfragende die Lehre nicht bereits gekannt hat. Zudem zeigt Adret dem Anfragenden auf, dass schon viele Rischonim sich mit diesem Thema auseinandergesetzt hätten. Hiermit stellt Adret klar, dass er von der anderen Seite dieses Wissen verlangt hätte. Somit geht Adret direkt zu Beginn seiner Antwort in die Offensive und versucht sich dadurch selbst von einer möglichen Kritik freizusprechen. Er impliziert damit, dass die Anfrage nicht durch seine fehlerhafte Argumentation verursacht wurde, sondern durch die Unkenntnis des Anfragenden, wenn er diesen als weniger kenntnisreich darstellt. Adret führt sodann im Anschluss Belege für seine Festlegung an und weist weitere Schwierigkeiten ebenso zurück, die für den Anfragenden durch

15 Ebd.
16 I:272.

die Festlegung des Adret und mit seinem Textverständnis offenbar geworden sind. Durch Formulierungen wie „durch deinen Scharfsinn, hast du es nicht [genau] studiert“[17] übt er Kritik am Anfragenden. Letztendlich zweifelt Adret nicht generell am Intellekt des Anfragenden, wenn er dies oder Ähnliches äußert, wirft ihm aber Ungenauigkeit und daraus entstehende Fehler vor. Eine vergleichbare Kritik äußert Adret zudem in dem Responsum I:284: In der Anfrage erfährt er eine erneute Erwiderung auf das Responsum I:272. Adret kritisiert, dass der andere sich beeile, Schwierigkeiten aufgrund seines Scharfsinns zu finden und zeigt ihm auf, dass er sich damit im Unrecht befinde und eigentlich diesen bestehenden Irrtum nicht hätte begehen sollen. Adret hält dem erneut Anfragenden vor, dass dieser unüberlegt die Erwiderung von sich gegeben habe. Letztendlich kritisiert er damit sein Gegenüber als nicht so gewissenhaft und spricht ihm somit auch die Genauigkeit ab, die im Umgang mit den Rechtstexten vonnöten ist. Zudem unterstellt Adret ihm damit, dass ihm sowohl die Halakha als auch Adrets Worte „verloren gegangen sind“[18]. Adret hält dem Anfragenden darüber hinaus in dem Responsum I:284 vor, dass dieser ihn in seinem ersten Responsum falsch verstanden habe. Er äußert nicht nur Kritik daran, dass der Anfragende die Antwort missverstanden habe, sondern zeigt im Folgenden auch auf, dass der andere ihm analytisch unterlegen ist: Adret hält dem Anfragenden vor, dass ihm beim Missverständnis von Adrets erster Aussage eine viel stärkere Schwierigkeit hätte bewusst werden müssen. Auch in dem anschließenden Responsum I:285[19] übt Adret heftige Kritik am Anfragenden, und wirft ihm Folgendes vor: „Dies ist das schwierigste von allem, was du geschrieben hast, und du hast nicht auf die Sugia der Halakha geachtet.“[20] Zudem beendet Adret das Responsum mit dem Wortlaut, dass die vom Anfragenden verfassten Ausführungen ein Irrtum seien.

Nicht ganz so stark ausgeprägt, aber immer noch erkennbar ist die Kritik in dem Responsum I:267. Hier stellt der Anfragende nicht nur eine frühere Lehrmeinung des Salomon Adret, die er im Namen des Rav Hai Gaon wiedergibt, in Frage, sondern auch die früherer Gelehrter, wobei Alfasi, der im Namen der Geonim lehre, namentlich erwähnt wird.[21] Auch an dieser Stelle äußert Adret seine Verwunderung deutlich, wenn er den Anfragenden auffordert, er solle sich über sich selbst statt über die anderen Lehrmeinungen wundern. Neben der rhetorischen Abwertung

---

17 Ebd.; Übersetzung NKS.

18 I:284.

19 Dieses Responsum scheint eine Fortführung des vorherigen Responsums zu sein. Zumindest liest sich das Responsum so, als ob die Responsa zusammengehörten. Zudem passt dies inhaltlich.

20 I:285; Übersetzung NKS.

21 Vielleicht zitiert Alfasi auch Rav Hai Gaon. Zumindest wird in der Sefer ha-Halakhot-Version von Chwat eine Lesevariante angezeigt, nach der Alfasi das Zitat nach den Worten Hai Gaons wiedergibt. Vgl. https://library.alhatorah.org/?r1=Rif_Taanit_4a. Zuletzt aufgerufen am 10.08.2021.

zeigt Adret inhaltlich auf, wie wenig überzeugend der Einwand des Anfragenden ist. Er diffamiert dessen Aussage als falsch, wenn er aufzeigt, dass die Lehre, nur ein Reviit-Maß kosten zu dürfen, beinhalte, lediglich mit dem Gaumen schmecken und nicht hinunterschlucken zu dürfen.

Das Abwerten auf rhetorischer Ebene bei einer Kritik an der eigenen Ausführung und damit einem Anzweifeln der Sachautorität tritt ebenfalls in dem Responsum I:709 hervor. Denn hier wendet sich Adret äußerst kritisch an den Anfragenden, der die Festlegung hinterfragt, dass der Verzehr von warmem Bäcker-Brot verboten sei. Adret wirft ihm vor, dass sogar jemand, der nur ein Tag Gelehrtenschüler gewesen sei, in diesem Fall nicht hätte irren können. Scharfe Kritik macht Adret auch deutlich, indem er sich wundert, wie derjenige, „der etwas von den Worten der Gelehrten gelernt hat“[22], eine solche Aussage tätigen könne. Mit dieser Vorgehensweise stellt Adret die Sachkompetenz des Anfragenden in Frage. Denn letztendlich unterstellt Adret dem Anfragenden mit diesen Formulierungen, dass dieser über keinerlei Wissen verfügt. Die zu erkennende Implikation in diesen Ausdrücken ist folgende: Jemand, der über Wissen verfügt, würde diesen Einwand nicht hervorbringen. Damit weist Adret auch die Kritik an der eigenen Person zurück; er zeigt durch seine Sprachwahl, dass der Anfragende nicht aufgrund seiner fehlenden und unschlüssigen Argumente Einwände erhebt, sondern hält dem Anfragenden vor, dass dieser Einwand nur aus der Unkenntnis heraus geäußert werden konnte. Dies unterstreicht Adret umso mehr, wenn er im Folgenden eine Reihe von Belegen für seine Festlegung anführt. Neben seinen Beweisen durch Zitate aus Talmudstellen verweist er zudem auf Alfasi[23], um seine Argumentation und Festlegung zu stützen, und verortet sich damit im rechtlichen Traditionsrahmen.

## 6.3 Wertschätzung gegenüber dem Anfragenden

In Adrets Responsa sind aber nicht nur Kritikpunkte am Anfragenden erkennbar. Neben einer neutralen Haltung gegenüber dem Anfragenden wird auch ersichtlich, wie Adret einigen Anfragenden Wertschätzung entgegenbringt und ihnen vermittelt, wie berechtigt ihre Fragestellungen seien. Auf diese Weise antwortet Adret in dem Responsum I:18. Hier bezeichnet er die Anfrage als „tiefe Frage“ und verweist zudem auf viele frühere Gelehrte, die sich mit dieser Problemstellung befasst haben. Damit kann Adret aufzeigen, dass nicht nur dem Anfragenden die Frage halakhisch wichtig erscheint, wieso man nur über einen Teil der Gebote Segen spreche, aber nicht über alle Gebote. Doch kann Adret damit noch mehr andeuten: Er zeigt dem

22 I:709; Übersetzung NKS.

23 So finden sich beispielsweise Bezüge zu bEr 68a und Sefer ha-Halakhot Shab 56a.

Anfragenden, dass er, Adret, über solch ein Wissen verfügt, dass er dem anderen die Berechtigung der Frage zusprechen und zudem noch allgemein auf andere Gelehrte verweisen kann.

Auch in dem Responsum I:72 zeigt sich, dass Adret den Adressaten als halakhische Größe schätzt. Hier betont Adret das Wissen des Anfragenden, der von Adret wissen möchte, ob man am Sederabend über alle vier Becher den Segen „der, der die Frucht des Weins erschafft" spreche oder nur über den ersten und dritten. Adret zeigt auf, dass der Anfragende die unterschiedlichen Gelehrten mit ihren einander widersprechenden Haltungen und damit die wesentlichen Aspekte der bestehenden Meinungsverschiedenheit inklusive der dazugehörigen Beweise kennt. Damit deutet Adret selbst an, dass die Entscheidensschwierigkeit für den Anfragenden gerade aufgrund seiner Informiertheit bestehe. In diesem Responsum verzichtet Adret nicht wie in anderen Fällen darauf, ausführlicher zu werden, weil die Sachlage so eindeutig ist, sondern vielmehr, weil der andere über ein großes Wissen verfügt. Adret muss somit nicht mehr die unterschiedlichen Ansichten mit den jeweiligen Argumenten anführen, sondern kann seine Einschätzung leicht abgeben.

In dem Responsum I:123 arbeitet Adret ebenfalls heraus, dass der Anfragende die Meinungsverschiedenheit der Rischonim und deren dazugehörige Beweise kenne. Somit gibt Adret auch in diesem Responsum zu erkennen, dass er das Wissen des Anfragenden anerkennt, und bringt ihm damit indirekt Respekt entgegen.

In dem Responsum III:303 ist fernerhin feststellbar, dass Adret das Wissen des Anfragenden anerkennt. Er schreibt: „Was soll ich dir sagen und was soll ich dir bei dieser Sache an Neuem unterbreiten, wo du dich schon mit der Meinung von ihnen allen gründlich befasst hast."[24] Damit unterstreicht Adret, dass er den Wissensstand des Anfragenden einschätzen und honorieren kann.

Letztendlich bringt Adret dem Anfragenden auch indirekt Respekt entgegen, wenn er eine Frage als berechtigt ansieht. Dies geschieht unter anderem dann, wenn Adret auf eine Anfrage hin auf bestehende Meinungsverschiedenheiten früherer Gelehrter hinweist. Denn Adret zeigt, dass letztendlich eine Problemsituation besteht, wenn unterschiedliche Lehrmeinungen vorliegen, und die Frage nicht simpel und unbegründet ist. So unterstreicht Adret, dass unterschiedliche Rechtsauffassungen in Bezug auf die Frage[25] bestehen, ob ein Tier tauglich sei, wenn ein Knochen an der Stelle des Sehnenbündels gebrochen sei, dieses Bündel der Sehnen bestehe und nicht Haut und Fleisch die Mehrheit des Knochens bedeckten. Adret zeigt auf, dass es viele Gelehrte gibt, die das Tier für tauglich erklären, und führt ihre dazugehörigen Beweise an. Auch nennt er die andere, von Raschi vertretene Position.

---

24 III:303; Übersetzung NKS.

25 In dem Responsum I:313.

Da Adret direkt zu Beginn seines Responsums auf diese Meinungsverschiedenheit zwischen Gelehrten hinweist, zeigt er dem Anfragenden die Komplexität und die Berechtigung seiner Anfrage auf, ohne es offen zu formulieren.

Auch in dem Responsum VIII:198[26] unterstreicht Adret durch den Bezug auf eine Meinungsverschiedenheit, dass die Frage berechtigt ist und zollt damit dem Anfragenden Respekt. Denn hier verweist Adret auf die unterschiedlichen Ansätze der Geonim und Gelehrten Frankreichs bei der Frage, ob man die Psuke de Simra auch nach dem Achtzehnbittengebet sagen könne oder nicht. Während die Gelehrten Frankreichs es erlaubten, zeigt Adret auf, dass die Geonim dies verboten und sie die Psuke de Simra immer vor der Tefilla angeordnet hätten. Hiermit unterstreicht Adret die Berechtigung der Frage, da unterschiedliche Rechtsauffassungen auf eine Rechtsschwierigkeit hindeuten.

In dem Responsum I:329[27] zeigt Adret ebenfalls die Berechtigung der Frage auf, indem er auf eine Meinungsverschiedenheit von Gelehrten hinweist. Da Adret sich bei einem Teil der Frage einer Entscheidung zwischen den einander widersprechenden Lehrmeinungen entzieht, gibt er dem Anfragenden umso mehr zu verstehen, dass die Frage kompliziert und auch für ihn nicht eindeutig zu beantworten ist. Zur Aufrechterhaltung seiner eigenen Position als Rechtsinstanz nennt er die unterschiedlichen Belege für die Meinungsverschiedenheit und erklärt, welche Lehrmeinung ihm angenehmer erscheint. Ähnlich verhält es sich in dem Responsum I:237, wenn er unterschiedliche Lehrfestlegungen aufzeigt.[28]

## 6.4 Neutrale Antworten

In vielen Responsa inszeniert Adret seine Sachautorität, indem er sachlich antwortet und Belege für seine Antworten anführt, ohne den Anfragenden für seine Antwort zu kritisieren oder zu loben. In diesen Responsa unterstreicht Adret seine Sachautorität, indem er seine Expertise in den vielen Rechtstexten demonstriert und sie für den angefragten Fall zu nutzen weiß.

In dem Responsum III:282 antwortet Adret in einem nüchtern gehaltenen, sachlichen Stil und gibt keine Einschätzung zur Qualität der Frage oder des Anfragenden. Ihm ist es in diesem Fall wichtig, seine Fachexpertise durch Zitate und Belege herauszustreichen. Auf die Frage, ob man die Kopf-Tefillin nur direkt anlegen dürfe, ohne dass eine Bedeckung eine Unterbrechung darstelle, arbeitet Adret zunächst heraus, dass man aus dem einfachen Wortsinn der Halakha verstehen könne, die

26 Identisch mit dem Responsum I:189.

27 Im Aufsatz *Semantiken des Entscheidens* wurde dieses Responsum unter der Verwendung des Begriffes des Nicht-Entscheidens angeführt. Kramp-Seidel, Semantiken des Entscheidens, 170.

28 Das Responsum wird ausführlich in 4.1.2 vorgestellt.

Kopf-Tefillin müssten ohne eine Unterbrechung angelegt werden. Zur Untermauerung führt er dafür ein Zitat aus bʿArakhin an:

> Alle sind zu [dem Gebot] der Tefillin verpflichtet. Kohanim, Leviten und Israeliten. Und wir hatten eine Schwierigkeit[29]: Das ist logisch. Und wir erklärten[30]: Für die Kohanim ist es notwendig. Denn es hätte dir in den Sinn kommen können, dass ich sagen könnte: Weil geschrieben steht: Du sollst sie dir als Zeichen auf deiner Hand binden und sie sollen dir als Merkzeichen zwischen deinen Augen sein (Dtn 6,8), [gilt bei] jedem, bei dem es ein Gebot ist, [sie an] die Hand anzubringen[31], das Gebot, es an den Kopf anzubringen[32]. Und diese Kohanim, weil bei ihnen nicht das Gebot, an der Hand zu binden[33], gilt, weil geschrieben steht: [Und die leinenen Unterhosen/Beinkleider] soll er[34] auf seiner Haut tragen (Lev 6,3) – dass nicht eine Sache zwischen ihm und seiner Haut trennt, würde ich sagen: Bei dem Gebot des Kopfes ist es auch nicht für ihn verpflichtend. Er lehrt uns, dass sie einander nicht verhindern, wie wir gelernt haben: Die Tefilla der Hand verhindert nicht die des Kopfes […][35]. Wir hatten eine Schwierigkeit:[36] Was ist der Unterschied bei der Hand? Denn es steht geschrieben: Er soll sie auf seinem Fleisch tragen (Lev 6,3) – dass nicht eine Sache zwischen ihm und seinem Fleisch trennt. Aber in Bezug des Kopfes steht doch auch geschrieben: Du sollst den Turban[37] auf seinen Kopf setzen. (Ex 29,6). Und wir haben es gelöst:[38] Und [ein Tanna] lehrte: Sein Haar war zwischen der Platte und dem Turban sichtbar, dass man dort die Tefillin anbringt.[39]

Adret zeigt somit auf, dass man aus dieser Diskussion schließen könnte, die Tefillin seien auf den Haaren anzubringen, da die freie Stelle, an der der Kohen die Tefillin anbringen soll, angeführt und dort explizit das Haar genannt wird. Anschließend verweist Adret zudem noch darauf, dass ähnliches für die Krone des Malcam[40] gelte, die man auf den Kopf Davids setzte. Nachdem Adret diese Erklärung gemäß dem

29 Von Adret eingefügt.
30 Von Adret eingefügt.
31 Wörtlich: das Gebot der Hand.
32 Wörtlich: das Gebot des Kopfes.
33 Wörtlich: Gebot der Hand.
34 Der Kohen.
35 Adret lässt Folgendes weg: Und die Tefilla des Kopfes verhindert nicht die der Hand.
36 Von Adret eingefügt.
37 Den Turban des Hohepriesters.
38 Von Adret eingefügt.
39 bAr 3b.
40 So handelt es sich jedenfalls nach dem Verständnis Raschis in der in bAZ 44a erwähnten Bibelstelle 2 Sam 12,30 um die ammonitische Gottheit Malkam bzw. Milkom. Vgl. Raschi zu bAZ 44a. Letztendlich könnte ebenfalls nur „ihr König" gemeint sein, wie es der einfache Wortsinn der Bibelstelle erschließen lassen könnte. In der Textfassung in dem Responsum III:282 selbst steht nur מלך, die

einfachen Sinn gegeben hat, erklärt er jedoch, dies gelte nur in der Theorie, nicht aber in der Praxis, denn da sei es erlaubt, die Tefillin auf einem Hut anzubringen. Für diesen Argumentationsschritt führt Adret im Folgenden Belege an: Er erklärt den zwischen Hand- und Kopf-Tefillin bestehenden Unterschied: Er verweist auf die biblische Vorschrift in Bezug auf die Hand-Tefillin, sie sollten „dir zum Zeichen (Ex 13,9)" sein, und die dazugehörige Erklärung in Menaḥot, wonach sie nur dem Tragenden und nicht anderen zum Zeichen sein sollten. Damit werde begründet, dass man die Tefillin der Hand auf der Haut anbringen müsse. Um zu belegen, dass bei den Kopf-Tefillin jedoch eine gegenteilige Vorschrift gelte, zitiert er den Bibelvers Dtn 28,10: „Und alle Völker der Erde sollen sehen, dass der Name JHWHs auf dir gerufen wird, und sie werden sich vor dir fürchten."[41] Um weiterhin zu belegen, dass es kein Gebot gebe, die Tefillin direkt auf dem Haar anzubringen, zitiert er bMeg 24b. Dort werden Fehler in Bezug auf das Anlegen der Tefillin erwähnt. So wird das Anlegen der Tefillin auf der Stirn oder auf den Handflächen als häretische Handlung beschrieben. Da nur das Anlegen der Tefillin auf die Ärmel des Unterkleides kritisiert und als Art der Separatisten (Chizonim) beschrieben wird, argumentiert Adret an dieser Stelle mit einem fehlenden Gebot bzw. einer fehlenden Kritik in Bezug auf die Kopf-Tefillin. Seiner Ansicht nach hätte auch ein Anlegen auf eine Kopfbedeckung kritisiert werden müssen, wenn es wirklich verboten wäre. Er sieht somit durch dieses Zitat aus Megilla bestätigt, dass keine Vorschrift bestehe, die Tefillin direkt auf dem Haar anbringen zu müssen. Im Anschluss daran bietet Adret noch Erklärungen dafür, wieso die zwei zu Beginn des Responsums erwähnten Ausführungen zu dem Turban des Priesters und der Krone des Davids keine Schwierigkeit zu seiner Festlegung darstellen, dass man die Kopf-Tefillin nicht auf dem Haar anbringen muss. In diesem Responsum antwortet Adret somit in einem sachlichen Stil und führt für seine unterschiedlichen Argumentationsschritte Belege an. Damit kann er sich als Kenner der wichtigen und für diese Antwort notwendigen Rechtstexte inszenieren, ohne dabei eine Einschätzung zur Qualität der Frage zu geben.

Ähnliches ist in dem Responsum IV:315 feststellbar: Auch hier verwendet Adret einen neutralen Stil und lässt nicht erkennen, ob er die Frage des Anfragenden schätzt oder kritisiert. Hier inszeniert Adret allein sein Fachwissen, ohne eine Bewertung zu dem Anfragenden oder anderen Gelehrten anklingen zu lassen. In der Frage wird Adret darum gebeten, eine zuvor getroffene Entscheidung auf ihre Richtigkeit hin zu überprüfen und zu entscheiden, ob das einer Person zugesprochene Strafmaß Gültigkeit besitzt.[42] Adret versucht in seiner Antwort zunächst

---

Herausgeber weisen darauf hin, dass die Stelle mit מלכם verbessert werden müsste. Vgl. Zaleznik, She'elot, III, 158, FN 3 zu III:282.

41 Übersetzung NKS.

42 Vgl. ausführlich zu der Frage Kapitel 2.3.

zu klären, ob es erlaubt ist, mit einem Nichtjuden an einem Schabbat zu bauen. Anhand des Zitats von bAZ 21b zeigt er, dass es erlaubt sei, einem Nichtjuden ein Feld zu vermieten, da dieser die Arbeit in seinem Pachtverhältnis ausübe und somit für sich selbst und nicht für einen Juden arbeite. Zudem zitiert Adret aus bMQ 11b, wonach Feldarbeiter und Pächter Arbeit verrichten können, und zeigt damit auf, dass es bei ihnen als ihre eigenständige Arbeit angesehen wird. Im Anschluss daran verdeutlicht er, dass ein Unterschied von einem Pächter und Feldarbeiter zu jemandem bestehe, der ein Gebäude oder Haus baue. Im ersten Fall sei bekannt, dass es die Art des Menschen sei, ihre Felder und Weinberge in Pacht zu geben und man wisse, dass der Nichtjude für seine eigene Pacht arbeite. Im letzteren Fall erscheine die Person jedoch wie jemand, der für das Verrichten des Tagewerks angestellt sei. Adret zeigt mithilfe seiner Interpretation einer Passage aus bMQ 12a auf, dass die Arbeit, ein Haus zu bauen, verboten sei. Nachdem Adret nun herausgearbeitet hat, dass es für die Nichtjuden verboten gewesen sei, für den Juden die Arbeit zu verrichten, widmet sich Adret einem neuen Themenaspekt: Wie ist der Fall zu bewerten, wenn der Jude gewusst hätte, dass die nichtjüdischen Arbeiter am Schabbat arbeiten? Er zeigt auf, dass der Jude gebannt werden müsse, da er das Verbot der Rabbanan geringschätze. Adret verweist sodann als Beleg seiner Ausführung auf eine Passage in bYev 121a, in der Rav Samuel vorschlägt, Rav Schila zu bannen, da dieser die rabbinische Anordnung missachtet haben könnte, und führt zur Beweisführung ebenfalls eine Stelle aus dem Jerusalemer Talmud (jMQ 3,1) an. Im Folgenden geht Adret auf den Fall ein, dass der Jude nicht gewusst habe, dass die nichtjüdischen Maurer Arbeit verrichten, wie der Jude selbst beteuert habe. Auch in diesem Fall gibt Adret den Gelehrten Recht, die vorher entschieden hatten, den Juden zu bannen. Als Begründung führt Adret an, dass zu ihrer Zeit die Mehrheit der Bevölkerung kein Kind der Thora mehr sei und daher eine große Gefahr zur Verleitung zu einer großen Sünde bestehe. Um diese Begründung zu stützen, zitiert Adret anschließend aus bYev 90b, wonach man bannen und eine Prügelstrafe verhängen darf, um einen Zaun um die Thora zu machen, und nicht aufgrund eines Gesetzes oder wegen einer Übertretung die Bannung erfolgt. In dieser Talmudstelle werden zudem verschiedene Präzedenzfälle angeführt, die diese Aussage untermauern. Adret lässt somit in diesem Responsum keine Kritik an dem Fragesteller erkennen, sondern antwortet in einem sachlichen Stil. Zur Inszenierung seiner Sachautorität zitiert oder verweist er auf verschiedene Rechtstexte und präsentiert dadurch sein Fachwissen.

In dem Responsum IX:11 lässt Adret ebenfalls keine Kritik oder keine Wertschätzung für den Anfragenden erkennen, sondern antwortet nüchtern auf die gestellte Frage. Zur Beantwortung der Frage, ob man dort, wo es nur eine Thorarolle gebe, an den auf einen Schabbat fallenden Rosch Chodesch, an dem man üblicherweise zwei Thorarollen hinausholt, das Ereignis aus dem Pentateuch lesen dürfe, zitiert Adret allein mYom 7,1 und bYom 70a und lässt seine eigene Schlussfolgerung zu diesen Passagen wissen: Mithilfe der Zitate zeigt er auf, dass der Hohepriester, wie in mYom beschrieben wird, den Abschnitt aus Numeri (Num 29,7–11) aus dem Gedächtnis rezitiert habe, da, so die Erklärung in der Gemara, man nicht vor der Gemeinde wegen der Ehre der Gemeinde die Rolle rollen sollte. Adret zeigt damit auf, dass ein Rezitieren aus dem Gedächtnis erlaubt sei. Aus diesem Grund zieht er einen Schluss vom Leichteren auf das Schwerere, dass es umso mehr erlaubt sein müsste, das geschriebene Wort zu rezitieren und auch hier nicht wegen der Ehre der Gemeinde die eine existierende Rolle zu rollen. Adret unterstreicht somit, dass er die wichtigen Rechtsquellen kennt, um zu seiner Aussage zu gelangen und inszeniert sich damit erneut als Experte.

Adrets neutraler Stil bei der Beantwortung einer Frage ist ebenfalls in dem Responsum I:300 feststellbar. Auf die Frage zu einem Streitfall zwischen unterschiedlichen Parteien, lässt Adret keine Einschätzung zur Qualität der Frage und zum Kenntnisstand des Fragestellers erkennen, sondern führt in einem sachlichen Stil die unterschiedlichen Argumentationsschritte aus. In der Antwort soll Adret zu einem Streitfall zwischen einem Vorbeter und einigen wenigen in der Gemeinde, insbesondere Ruben[43], Stellung nehmen: Da der Vorbeter seine Aufgaben nicht mehr alleine ausüben kann, lässt er seinen Sohn die Tefilla an seiner statt rezitieren. Die Stimme des Sohnes wird jedoch als nicht so angenehm empfunden, sodass Ruben von dem Vorbeter fordert, entweder selbst alle Aufgaben zu erfüllen oder sich zur Ruhe zu setzen.[44] Adret zeigt in seiner Antwort auf, dass der Vorbeter in dem konkreten Fall Recht habe und führt eine Reihe von Begründungen für diese Entscheidung an: Zunächst weist Adret darauf hin, wenn jemand mit einer Gemeinde übereinstimme, vor ihnen zu dienen, bedeute es nicht, dass er selbst immer und ohne irgendeine weitere Hilfe seine Arbeit verrichten müsse. Vielmehr verträten beide Seiten die Meinung, der Vorbeter werde in der Mehrheit der Zeit den Dienst erfüllen und könne sich in den wenigen Fällen, in denen er Hilfe bräuchte, jemanden an seiner Stelle aussuchen. Zur Untermauerung zitiert Adret eine Passage aus tBM 11,27[45], die veranschaulicht, dass es für bestimmte Funktionsträger in einer Gemeinschaft erlaubt ist, sich jemanden an seiner Stelle zur Hilfe einzusetzen. Zudem geht Adret auf die in der Frage ausführlich erwähnte Takkanah ein, erklärt, dass aus der Formulierung der Takannah hervorgehe, dass sie diesen Fall mit ihm ausdrücklich festgelegt hätten, und zitiert als Beweis dafür den Wortlaut der Takkanah:

---

43 In den Responsa werden fiktive Namen gewählt. Vgl. Kap. 2, FN 15. Vgl. auch Elon, Jewish Law, Bd. 3, 1471.

44 Vgl. Kapitel 2.3, in dem die Details der Frage ausführlich beschrieben werden.

45 Angabe nach der Liebermann-Ausgabe.

> Und es ist der Gemeinde nicht gestattet, einen anderen zu erwählen, um dem erwähnten Vorbeter (Chasan) bei einer von den erwähnten Dingen zu helfen, mit Ausnahme den, den der erwähnte Vorbeter (Chasan) erwählen wird und dass kein Mensch über ihn eingesetzt werden und nicht seinethalben bei einer von all den erwähnten Sachen daherkommen kann […] außer mit seinem Rat(schluss) und seinem Willen.[46]

Adret sieht durch den einfachen Sinn der Formulierung bestätigt, dass von Anfang an bedacht worden sei, dass der Vorbeter in manchen Zeiten Hilfe benötigen könnte. Und er unterstreicht diese Logik durch eine rhetorische Frage: Wie soll die Gemeinde angenommen haben, dass der Vorbeter alle Zeit gesund und niemals krank sein könnte? Darüber hinaus hätten sie explizit zugestimmt, dass die Gemeinde nicht autorisiert sei, eine andere Person zu erwählen, die dem Vorbeter helfe, außer wenn er selbst diesem Wunsch zustimme. Sodann geht Adret in seiner Argumentation über den konkret vorgestellten Streitfall hinaus und erklärt, dass es auch bei einer einjährigen Krankheit oder Abwesenheit des Vorbeters der Gemeinde aufgrund der Takkanah nur gestattet sei, jemanden zu wählen, den der Vorbeter selbst ausgesucht habe; Adret zitiert die diesen Sachverhalt bestätigende Passage aus der Takkanah. In einem weiteren Punkt erklärt Adret, dass die Takkanah in diesem Fall eindeutig formuliert gewesen sei, man aber auch bei einer weniger eindeutigen Takkanah eine erschwerende Schlussfolgerung hätte ziehen müssen. In dem letzten Argumentationsschritt erklärt Adret, wieso insbesondere der Sohn dem Vater zu Hilfe kommen könne: Adret sieht den Sohn als die Person an, die allen anderen Menschen vorangehe, um den Vater zu unterstützen. Selbst wenn es eine geeignetere Person als den Sohn gebe, solle sie ihm nicht vorangehen. Dafür verweist Adret auf eine Feststellung der Tannaiten, die er deutlich freier wiedergibt, als sie in Sifra zu finden ist.[47] Mithilfe seiner unterschiedlichen Ausführungen, die er durch Zitate und Verweise auf rabbinische Texte und die Takkanah stützt, inszeniert er sich als Rechtsexperte, der in einem sachlichen Stil zu antworten weiß.

Auch in dem Responsum I:1167 inszeniert Adret seine Sachautorität dergestalt, dass er neutral auf die Frage antwortet und allein durch die Präsentation der wesentlichen Rechtstexte sein Fachwissen zur richtigen Beantwortung der Frage aufzeigt.

---

46 I:300; Übersetzung NKS.

47 Vgl. Sifra Zav 5,2: מבניו יעשה אותה מלמד שיהא בן קודם לכל שבעולם יכול אע"פ שאינו ממלא מקום אביו תלמוד לומר אשר ימלא את ידו בזמן שימלא את מקומו של אביו הוא קודם לכל אדם ואם אינו ממלא מקום אביו יבוא אחר וישמש תחתיו

und vgl. Sifra Aḥare Mot 8,5 מבניו יעשה אותה מלמד שיהא בן קודם לכל שבעולם יכול אע"פ שאינו ממלא מקום אביו תלמוד לומר אשר ימלא את ידו בזמן שימלא את מקומו של אביו הוא קודם לכל אדם ואם אינו ממלא מקום אביו יבוא אחר וישמש תחתיו.

Vgl. auch die Angabe in der Edition, die auf Sifra – als Thorat Kohanim – verweist; Zaleznik, She'elot, I, 130, FN 5 zu I:300.

Adret verwendet einen sachlichen Stil bei der Beantwortung der Frage, ob es erlaubt sei, den Segen „der, der erschaffen hat" zu sprechen, wenn es weniger als die mindestens für die Hochzeitssegenssprüche erforderlichen zehn Menschen in einer Stadt gebe. In einem ersten Argumentationsschritt erklärt er, die Hochzeitssegenssprüche nicht mit weniger als zehn Menschen sprechen zu dürfen. Als Beleg dafür zitiert Adret eine Passage aus bKet 7a, in der das Sprechen dieser Segenssprüche mit zehn Personen verlangt wird. Sodann führt Adret an, dass der Segensspruch „der, der erschaffen hat" ebenfalls zu den Segenssprüchen der Hochzeit hinzugezählt werde, und zitiert als Beleg aus bKet 7b–8a, um aufzuzeigen, dass dort dieser Segensspruch in der Liste der bei einer Hochzeit rezitierten Segenssprüche aufgeführt wird. Im Anschluss führt Adret einen neuen Themenaspekt ein, der ausführt, in welchem Punkt sich der Segensspruch „der, der erschaffen hat" von den anderen Hochzeitssegenssprüchen unterscheide: Nur am ersten Tag müssten auf jeden Fall alle Hochzeitssegenssprüche rezitiert werden; danach wäre es nur erforderlich, wenn neue Personen dazukämen, andernfalls reiche es aus, den Segen „der, der erschaffen hat" zu sprechen. Auch für diese Ausführung bietet Adret einen Beleg aus bKet 8a an, in der auf diese Differenz verwiesen wird. Somit führt Adret in diesem Responsum ebenfalls Belege für seine unterschiedlichen Argumentationsschritte an und unterstreicht damit, die wesentlichen Rechtstexte zu kennen, die zur Beantwortung der Frage notwendig sind. Somit verdeutlicht er erneut seine Sachkenntnis im jüdischen Recht.

## 6.5 Respekt vor früheren Rechtsgelehrten

In einigen Responsa lässt Salomon Adret seinen Respekt gegenüber früheren Gelehrten erkennen. Diese Ehrfurcht, die er gegenüber früheren Rechtsautoritäten besitzt, zeigt sich beispielsweise, wenn er nicht zwischen unterschiedlichen Rechtsauffassungen früherer Gelehrter entscheiden möchte. In diesen Responsa unterstreicht Adret seine Autorität, indem er aufzeigt, andere als halakhische Größen anerkennen zu können. Das Responsum I:46 ist ein markantes Beispiel für diese Haltung.[48] Hier hält sich Adret aus Mangel an klaren Gründen zurück, zwischen Festlegungen von Alfasi sowie einigen Geonim auf der einen Seite und Raschi auf der anderen Seite zu entscheiden.[49] Beide Seiten bewerten die Frage unterschiedlich, wann ein Ei verboten sei und wann davon gegessen werden dürfe, wenn sich

48 Im Aufsatz *Semantiken des Entscheidens* wird dieses Responsum ebenfalls vorgestellt. Dort liegt der Fokus auf der begrifflichen Verwendung des ‚Nicht-Entscheidens'. Vgl. Kramp-Seidel, Semantiken des Entscheidens, 170f.

49 Vgl. Sefer ha-Halakhot Hul 22a sowie Raschi zu bHul 64b. Vgl. auch die Anmerkungen Adrets zu den einzelnen Erklärungen der Gelehrten in Chidusche ha-Rashba Hul 64b.

Blut im Ei befinde. Anstatt sich auf eine der beiden Lehrmeinungen zu stützen und die andere als falsch zu bewerten, minimiert Adret das Risiko einer falschen Entscheidung, indem er die Festlegung auf eine der beiden Rechtsauffassungen vermeidet. Dies hebt Adret selbst deutlich hervor, wenn er schreibt: „Wir sind nicht dazu in der Lage, zwischen den Worten der Geonim und des Alfasi [...] und den Worten Raschis zu entscheiden."[50] Vielmehr entscheidet er sodann erschwerend und erlaubt nur das Ei, wenn es übereinstimmend von beiden Rechtsauffassungen als erlaubt angesehen wird. Hier beweist Adret somit, dass er Respekt vor bestehenden und überzeugenden Rechtsauffassungen besitzt und nicht vorschnell eine davon als falsch benennen möchte. Er zeigt auf, dass er die Gründe beider Seiten nachvollziehen kann. Da er zudem verdeutlicht, eine der beiden Seiten als überzeugender anzusehen, aber dennoch anhand der gewichtigen Gründe und des Respekts vor beiden Seiten nicht eine Seite als falsch zu benennen beabsichtigt, unterstreicht Adret, die Sinnhaftigkeit anderer Lehren und Begründungen bewerten zu können.

Den Respekt vor früheren Rechtsinstanzen erkennt man auch in dem Responsum I:177, wenn Adret Alfasis Ausführungen im Sefer ha-Halakhot als Begründung für eine Erschwerung oder Einschränkung anführt. Alfasis Auslassung einer möglichen Aussage aus dem Babylonischen Talmud zu Pesaḥim ist für Adret Grund genug, genau wie Alfasi an dieser Stelle zu erschweren: Laut Gemara (in bPes 6a) scheine es erlaubt zu sein, Gesäuertes von einem Nichtjuden während Pesach aufzubewahren, auch wenn man eine Bürgschaft dafür auf sich genommen habe, aber nur dann, wenn man dem Nichtjuden ein Haus für das Gesäuerte zuteile. Adret sieht eine Erschwerung in Alfasis Sefer ha-Halakhot[51], da Alfasi die Passage weggelassen habe, nach der man Gesäuertes eines Nichtjuden nicht wegschaffen muss, wenn man dem Nichtjuden einen Raum/ein Haus für das Gesäuerte zugewiesen hat. Hier scheint es Adret allein deswegen angemessen zu sein, in diesem Fall zu erschweren, weil diese Erschwerung bereits durch Alfasi vorgenommen wurde, auch wenn man nach der Gemara erleichtern könnte.[52] Somit inszeniert sich Adret als großer Fachkenner, der die halakhische Größe Alfasis einzuschätzen vermag.

In dem Responsum I:391 ist es erneut Alfasi, dem Adret Respekt zollt, wenn er schreibt: „Und was soll ich dir noch [als] Erklärung hinzufügen, und der Rav seligen Angedenkens [Alfasi] hat alles schön in den Halakhot erklärt und auf ihn und auf seine Entscheidungen und auf seine Erklärungen stützen wir uns."[53]

50 I:46; Übersetzung NKS.

51 Sefer ha-Halakhot Pes 2b.

52 Interessant ist auch der Umstand, dass Adret Alfasi in diesem Responsum nur als „haRav" bezeichnet, sodass er voraussetzt, dass der Adressat weiß, welcher Gelehrter gemeint ist. Vgl. auch die Angabe in der Edition, in der auf Alfasi hingewiesen wird. Zaleznik, She'elot, I, 85, FN 4 zu I:177.

53 I:391; Übersetzung NKS.

Er unterstreicht an dieser Stelle somit, dass alles hinreichend von Alfasi erklärt worden sei und er selbst keine weiteren Lehrmeinungen und Erklärungen bieten müsse. Gleichermaßen betont er auf diese Weise, die wichtigen, bereits bestehenden Entscheidungen, zu kennen und auf Richtigkeit und Vollständigkeit prüfen zu können.

Adret bringt auch in dem Responsum I:173 früheren Gelehrten Ehrfurcht entgegen. Dort weist Adret darauf hin, dass es angemessen sei, die Lehre der Geonim zu beachten und sich nach ihnen zu richten. Indirekt stellt er damit seine eigene Sachkenntnis heraus, die Richtigkeit und Wichtigkeit der Lehre der Geonim beurteilen zu können.

Die Ehrfurcht vor großen Gelehrten äußert sich auch darin, dass Adret in dem Responsum I:1175 die Lehrmeinungen einer unbekannten Person explizit nicht berücksichtigt und sich stattdessen zugunsten der von etablierten Gelehrten vertretenen Lehrmeinung äußert. So sieht Adret in diesem Responsum keinen Grund, zwischen dem Trausegen bei Jünglingen und Witwern zu unterscheiden, wie es von der unbekannten Person gefordert wurde. Vielmehr argumentiert er, dass die „Großen" beim Trausegen keinen Protest eingelegt hätten, wenn Witwer ihn gesprochen und nicht abweichend zum Trausegen von Jünglingen genannt hätten. Adret argumentiert damit, dass man eher dem Bekannten folgen solle, und da für die andere Position auch keine Festlegung aus der Gemara ersichtlich werde, sieht er es als bewiesen an, die Äußerungen einer Person ohne Renommee zurückzuweisen. Letztendlich zeigt er damit, dass alle Lehren, die man nicht aus einer herausragenden Quelle zieht, nicht bindend sind. Damit zollt er Gelehrten Respekt und zeigt auf, die Größe der Gelehrten erkennen zu können.

Versteckt wird der Respekt gegenüber anderen Gelehrten auch dann erkennbar, wenn Adret ein eigenes Nichtentscheiden dergestalt inszeniert, dass er nur andere Gelehrte zitiert, ohne selbst einen dazugehörigen Kommentar abzugeben[54]. Adret hält sich damit scheinbar aus dem Entscheidensprozess heraus, wenn er nur die Äußerungen anderer wiedergibt. Durch die schlichte Benennung der Lehren anderer großer Gelehrter zeigt Adret, dass er einen Kommentar zu ihren Aussagen als nicht notwendig ansieht. Er nimmt sich an dieser Stelle also im Unterschied zu anderen Fällen zurück, die Lehre als richtig oder falsch zu bewerten. Vielmehr zitiert Adret sie als Antwort auf die von dem Anfragenden gestellte Frage. Responsa dieser Art sind beispielsweise V:212, 213 und 214.[55] In dem Responsum V:214 gibt Adret auf die Frage, ob man am neunten Aw die Tefillin anlege, keine eigene Meinung wieder, sondern verweist nur darauf, dass die ursprüngliche Antwort auf die Frage bei Rav

54 Wie bereits in Kapitel 4.1.6 behandelt, bedeutet dies nicht, dass Adret nicht entscheidet, indem er eine Lehrmeinung eines anderen Gelehrten zitiert. Nur macht er dies nicht offen sichtbar und rahmt die Antwort auf andere Weise.

55 Vgl. auch Kapitel 4.1.6 und Kramp-Seidel, Semantiken des Entscheidens, 172.

Hai Gaon zu finden sei. Adret selbst gibt nicht dieser Auffassung Recht, sondern verweist vielmehr auf die Haltung seines Lehrers Nachmanides, der Rav Hai Gaon zustimme. Somit nimmt sich Adret hinter den Aussagen der anderen zurück und zeigt damit, dass er sie als Rechtsautoritäten anerkennt. Interessant ist, dass Adret für die beiden Lehrauffassungen, sowohl bei Hai Gaon als auch seinem Lehrer, keine Beweise anführt. Das könnte andeuten, dass er sie als Autoritäten anerkennt, deren Name als Referenz für die Beantwortung der Frage ausreichen kann.

Auch in dem Responsum VIII:206 zeigt Adret nicht selbst auf, eine Entscheidung vorzunehmen, da er nur die Lehrmeinungen des Alfasi und des Jakob ben Meir Tam bei der Beantwortung der Frage vorstellt. Dafür zitiert Adret zwei scheinbar einander widersprechende Talmudstellen, welche die Schwierigkeit erklären können, die der Anfragende bei seiner Frage hat: ob man am Schabbat von Ziegen mit dem Mund Milch saugen darf, um gesund zu werden. Daran anschließend nennt Adret den Umgang der beiden von ihm genannten Gelehrten mit diesen Talmudstellen und ihre daraus resultierende Entscheidung. Während Jakob ben Meir Tam die beiden Stellen harmonisiert, um das Saugen in diesem konkreten Fall zu erlauben,[56] erklärt Alfasi eine der beiden Lehrmeinungen des Abba Shaul, die für Verwirrung sorgt, für falsch und erlaubt ein Saugen.[57] Indem Adret nur das Vorgehen und die Argumentation der beiden Gelehrten zusammenfasst, zollt er ihnen Respekt. Denn letztendlich lässt er sie ohne eine von ihm offen vorgetragene Zustimmung stehen, derer sie aus seiner Sicht nicht bedürfen. Zudem inszeniert er sich in diesem Fall nur als Übermittler bereits zuvor getroffener Entscheidungen, da er keine eigene Bewertung abgibt oder sich offen in deren Tradition verortet. Adret nimmt sich also an dieser Stelle selbst als Entscheidensperson zurück und unterstreicht damit die Wertschätzung, die er gegenüber anderen Gelehrten empfindet. Zudem macht er dadurch ersichtlich, erkennen zu können, wenn andere Gelehrte bereits die zentralen Lehrmeinungen hervorgebracht haben und er selbst keine Einschätzung mehr geben muss.

Eine andere Möglichkeit, früheren Gelehrten Respekt zu zollen, wird in dem Responsum I:397 erkennbar: Adret betont, wie ein früherer Gelehrter bereits in dem zu beurteilenden Fall entschieden hat und er sich dieser Meinung anschließt. So zitiert Adret zunächst auf die Frage, welchen Segensspruch man über den Duft von Rosen[58] spricht, die Entscheidung des R. Abraham ben David von Posquières. Im Anschluss daran gibt Adret zu verstehen, dass er selbst der gleichen Ansicht ist

---

56 Die Meinung des Jakob ben Meir Tam wird in seinem Namen in den Tosafot zu bKet 60a mit etwas anderen Worten als Adret sie wiedergibt, aber inhaltlich identisch mit ihm vorgestellt.

57 Vgl. Sefer ha-Halakhot Shab 61a. Alfasi wird nicht wörtlich zitiert, sondern inhaltlich wiedergegeben.

58 Folgende Segenssprüche sind hiermit gemeint: „der, der die Bäume der Gewürze erschafft" oder „der, der Früchten einen guten Geruch gegeben hat."

und begründet dies.[59] Neben der Zurücknahme der eigenen Person kann Adret sich in diesem Responsum dennoch auch als Kenner von Rechtsentscheiden früherer Gelehrter inszenieren.

In dem Responsum IX:35[60] wird der Respekt vor einem früheren Rechtsgelehrten auch dann erkennbar, wenn Adret zwar inhaltlich nicht mit seiner Lehrmeinung übereinstimmt, die Person unabhängig davon aber dennoch wertschätzt. Hier widerspricht Adret zwar an einer Stelle Alfasi, leugnet jedoch nicht dessen Größe, denn er schiebt in die sachliche Kritik ein, dass „die Ehre des Rav [...] an seinem Platz" stehe. Adret wertet somit Alfasi nicht in einer generellen Kritik ab, sondern respektiert ihn als halakhische Größe. Letztendlich überzeugt Adret an dieser Stelle lediglich Alfasis Argumentation nicht. Damit inszeniert er sich zweifach als halakhische Rechtsinstanz: Zum einen zeigt er, die Größe erkennen zu können, die Alfasi aufgrund seiner generellen Leistung erworben hat. Zum anderen unterstreicht Adret seine eigene Kompetenz, in der Lage zu sein, die Fehler auch bei einem so großen und zu respektierenden Gelehrten auszumachen.

## 6.6 Kritik an anderen Gelehrten

In einigen Responsa kritisiert Adret nicht direkt die Anfragenden, sondern frühere Gelehrte oder mögliche Gelehrte – dies ist aus den Responsa nicht in allen Fällen sicher zu erkennen – und Personen, die eine Lehre äußern, die für den Anfragenden eine Rechtsunsicherheit entstehen lassen. Auch in diesen Responsa gibt sich Adret als der bessere Kenner der Rechtsfrage zu erkennen, wenn er aufzeigt, dass eine andere Person falsche Lehren oder Aussagen getroffen hat. Adret inszeniert sich damit als befähigt, den anderen kritisieren und weitere Lehren beurteilen zu können.

In dem Responsum I:165 wird leider nicht deutlich, wer die Lehrmeinung vertreten hat, nach der man über Wein im ersten Stadium des Gärens den Spruch „denn alles (ist durch sein Wort entstanden)" sprechen soll, da der Anfragende, ohne weiter zu präzisieren, die Formulierung „man sagt" verwendet. In der Antwort äußert Adret deutliche Kritik gegenüber jenen, die diese Auffassung vertreten, da er nachweisen kann, dass sie auf zweifache Art und Weise einem Irrtum unterliegen.

---

59 Zu dem in der Mischne Torah anderslautenden, von Maimonides gewählten Segensspruch findet sich keine Kritik in den Hassagot des R. Abraham ben David von Posquières. Ähnlich wie hier in dem Responsum von Adret wird auch in Orḥot Ḥayim, Bd. 1, Hilkhot Berakhot 39 der von Abraham ben David von Posquières vertretene Segensspruch mit „der, der Früchten einen guten Geruch gegeben hat" angegeben. In dem Aufsatz Kramp-Seidel, Semantiken des Entscheidens, 169 wurde dieses Responsum unter dem Aspekt der Verwendung von pasak untersucht.

60 In der in dieser Arbeit verwendeten Edition ist dies der Handschriftenteil. Vgl. 16, FN 57.

Er kann nicht nur aufzeigen, dass man über diesen Wein den Spruch „der, der die Frucht des Weins erschafft" spreche, sondern auch, dass ein Fehler in der Aussage bestehe, über diesen Wein „denn alles (ist durch sein Wort entstanden)" zu sagen. Adret arbeitet heraus, dass der verlangte Segensspruch sogar falsch gewesen wäre, wenn die Annahme stimmen sollte, dass der Wein sich noch nicht verbessert hätte; vielmehr hätte man dann den Spruch „der, der die Frucht des Baums erschafft" wählen müssen. Somit kann Adret hier nicht nur einen Fehler in der Grundannahme nachweisen[61], sondern auch in dem aus der falschen Grundannahme folgenden Vorschlag. Damit stellt er sich selbst als großer Kenner dar, da er für die Aussage, dass man darüber „der, der die Frucht des Weins erschafft" spricht, Belege anführen und damit sein großes Wissen unterstreichen kann.

Auch in dem Responsum I:379 wird Kritik gegenüber einem anderen Gelehrten sichtbar, wenn Adret eine Begründung für eine Entscheidung zurückweist, die ihn nicht überzeugt. So findet Adret die vom Anfragenden zitierte Begründung des Rav Perez ben Elijah von Corbeil (13. Jh.) für das Nichtsprechen des Zeitsegens beim Durchsuchen nach Gesäuertem an Pesach haltlos.[62] Rav Perez Elijah von Corbeil sieht das Sprechen des Zeitsegens mit folgender Begründung nicht für nötig an. Man spreche keinen Zeitsegen über Dinge, die man vernichte. Adret widerspricht dieser Begründung vehement und versucht eine weitere mögliche Grundlage für diese Begründung auszumachen, die er wie folgt anführt: Man rezitiere den Zeitsegen nur über Dinge, von denen man nutznieße. Auch diese antizipierte Grundlage weist Adret zurück. Durch den offenen Widerspruch gegen die ihm nicht plausibel erscheinende Begründung zeigt Adret, dass er sich als eine solche Rechtsinstanz betrachtet, die die Ausführungen anderer Personen bewerten kann. Auch wenn an dieser Stelle die Kritik neutral und auf sachlicher Ebene vorgetragen wird, tritt sie klar hervor. Adret inszeniert sich damit als eine größere Rechtsinstanz im Vergleich zu Rav Perez ben Elijah von Corbeil, der in Adrets Augen nicht überzeugend argumentieren konnte. Dies unterstreicht Adret umso mehr, da er gegen Ende des Responsums auf ein anderes, deutlich überzeugenderes Argument verweist. Auch dessen Schwächen lässt Adret nicht unerwähnt, was auch dazu dient, Adrets umfangreiches und differenziertes Wissen in Bezug auf den Zeitsegen beim Wegschaffen von Gesäuertem zu illustrieren.

Adret äußert ebenfalls in dem Responsum VIII:234 Kritik gegenüber einem anderen Gelehrten. Hier kritisiert er die Lehrmeinung des Abraham ben David von Posquières bezüglich der Anordnung der Thoraverse, die in die Kammern der Kopf-Tefillin gegeben werden. Adret wertet den anderen Gelehrten nicht auf

61 Die falsche Annahme, nicht den Segen „der, der die Frucht des Weins erschafft" zu sprechen.

62 Adret schreibt in I:379: טעם הרב רבי פרץ ז"ל לא ידעתי לו יסוד.

rhetorischer Ebene ab, sondern zeigt eine sachliche Kritik, indem er die Argumentation des Abraham ben David von Posquières bemängelt und Erwiderungen anführt. Adret verdeutlicht auf diese Weise die Schwächen in der Argumentation des anderen Gelehrten und inszeniert sich damit als bessere Sachinstanz. Er weist nach, dass Abraham ben David von Posquières' Einwand auf die Festlegung des Maimonides für ihn keinen Bestand hat und nicht nachvollziehbar ist. So kritisiert Adret Posquières' Annahme, eine erste in bMen 34b zu findende Baraita über die Reihenfolge der Abschnitte könne sich nicht auf die Perspektive des Lesenden beziehen. Adret zeigt auf, dass die kritisierte Annahme sehr wohl berechtigt sei, da ansonsten die Perspektive des Lesenden in der umgekehrten, in bMen 34b zu lesenden Baraita bestehen bliebe und man dadurch nichts gewonnen hätte. Zudem demonstriert Adret, dass es sehr wohl schlüssig sei, wenn sich die erste Baraita auf den Lesenden beziehe, da es das Ziel sei, die Ordnung des Festsetzens in den Kammern zu bestimmen, und nicht die Perspektive des Anlegenden abzubilden. Adret gibt sodann an, dass die Festlegung, dass eine der beiden Baraitot sich auf den Lesenden beziehe, im Talmud von Abaje geäußert werde. Da Abaje ausführt, dass das Anordnen nach der Ordnung des Rezitierenden folgt, belegt Adret damit, dass sich Abajes Ausführung nicht auf die zweite Baraita beziehen könne. Zum einen werde diese Baraita nicht einmal vollends zitiert. Zum anderen sei auch festzustellen, dass Abaje in seiner Argumentation nicht auf die zweite Baraita abgezielt haben könne, da sonst der Lesende nicht nach seiner Ordnung lese. Im Folgenden zeigt Adret einen Schwachpunkt in einem weiteren Argumentationsschritt des Abraham ben David von Posquières auf und wiederlegt diesen. Durch diese kritische Auseinandersetzung mit Abraham ben David von Posquières unterstreicht Adret, dass er die Gegenargumente kennt und diese nicht ignoriert. Vielmehr zeigt er, wie wenig stimmig sie für ihn sind und aus welchem Grund er dieser Ansicht nicht Recht geben kann. Somit inszeniert sich Adret mit dieser Vorgehensweise als Sachautorität, welche profunder als Abraham ben David von Posquières argumentieren kann.[63]

In dem Responsum I:59 äußert Adret gegenüber einer Lehrmeinung des Nachmanides sachliche Kritik. Er arbeitet heraus, warum die Begründungen nicht überzeugend sind, die er für die Lehrmeinung des Nachmanides zu finden sucht. Er zeigt in seiner Antwort somit, dass er argumentative Schwächen eines anderen Gelehrten entdecken kann, und inszeniert damit seine Sachautorität.[64]

Auch in dem Responsum I:160 geschieht diese Selbstdarstellung, indem Adret eine Lehre des Maimonides als „Irrtum" bezeichnet, „wie ein Irrtum, der vom Herrscher ausgeht."[65] Damit zeigt er, dass er die Fehler anderer Gelehrter leicht

63 Vgl. auch Kapitel 4.1.2.2.

64 Siehe auch Kapitel 5. Dort wird das Responsum vorgestellt.

65 I:160; Übersetzung NKS.

erkennen und somit auch deren Lehrmeinungen auf Richtigkeit oder Fehlerhaftigkeit prüfen kann. Wie wenig überzeugend die Lehrmeinung des Maimonides an dieser Stelle gewesen sein soll, unterstreicht er zudem durch seinen Verweis, dass ihm zu Ohren gekommen sei, Maimonides habe seine ursprüngliche Lehre zurückgenommen.[66]

66 Vgl. auch das Responsum I:29, wie auch schon in der Edition angegeben wird. Vgl. Zaleznik, She'elot, I, 80, Anm. zu I:160. Auch dort äußert Adret an dieser Lehre des Maimonides Kritik und verweist ebenfalls auf die Zurücknahme der Lehre von Maimonides. Es finden sich noch weitere Responsa, in denen Adret Kritik an Maimonides übt. Vgl. dazu insbesondere Shmidman, Rashba as Halakhic Critic, 259–273.

# 7. Schlussbemerkung

Die Untersuchung von Adrets Praxis des religiösen Entscheidens lässt wichtige Rückschlüsse auf den Entscheidensprozess, die Darstellung einer Entscheidung, die Inszenierung der Sachautorität sowie die Funktion der normativen Ressourcen zu. Die von den Anfragenden vorgenommene Externalisierung kann aus unterschiedlichen Gründen geschehen, die sich nach typologischen Mustern klassifizieren lassen. Anfragen finden somit zum einen dann statt, wenn einander widersprechende Lehrauffassungen früherer Rechtsgelehrter überliefert sind und aus diesem Grund für die Anfragenden eine Rechtsunsicherheit besteht. Zum anderen werden Fragen externalisiert, wenn zu einer bestimmten rechtlichen Frage keine Rechtsfestlegung im Talmudtext oder in anderen Rechtsquellen vorzufinden ist. Des Weiteren wenden sich Anfragende an Salomon Adret, wenn Streitfälle zwischen unterschiedlichen Parteien bestehen. Dies kommt zwar häufiger im Bereich des Zivilrechts vor, ist aber auch bei rituellen Themen nicht vollkommen ausgeschlossen. Bei Anfragen zu Streitfällen kann es vorkommen, dass Adret sowohl über den Streitfall an sich entscheiden muss als auch über eine bereits vorgenommene Entscheidung als externe Instanz urteilen soll. Auch ein Konflikt zwischen einer bekannten Rechtsfestlegung und einer konkreten, tatsächlichen Situation zieht ein Gesuch an Adret nach sich. Zudem kann die Kritik an einem praktizierten Brauch zu einer Externalisierung der Frage führen. In diesem Fall sind unterschiedliche Muster erkennbar: Zum einen kann der Anfragende zu denjenigen gehören, die den Brauch ausüben und einen Widerspruch erfahren haben. Zum anderen kann der Anfragende ein Kritiker sein, der sich durch die Externalisierung vergewissern möchte, ob er im Recht ist. Eine Rechtsunsicherheit ist zudem dann auszumachen, wenn unpräzise Formulierungen in den Rechtstexten, sowohl im Talmud als auch in späteren Werken, evident werden und dadurch Interpretationsspielraum entsteht. Eine Externalisierung von Rechtsfragen an Adret findet ebenfalls statt, wenn der Anfragende sich nicht selbst dazu in der Lage sieht, über die Richtigkeit von Rechtsauffassungen zu entscheiden; von Adret wird dann eine ausreichend beurteilende Antwort erwartet. Für den Anfragenden entsteht zudem eine Rechtsunsicherheit, wenn er selbst über deutlich geringere Kenntnisse in Rechtstexten oder Rechtsfragen verfügt.

Für die Darstellung und Inszenierung des Entscheidens kommt dem Einsatz von normativen Ressourcen eine wichtige Bedeutung zu. Hier zeigt sich, dass Adret nicht nur auf die klassische rabbinische Literatur rekurriert, sondern ebenfalls in hohem Maß auf nachtalmudische Rechtskodizes, Responsa und die Kommentarliteratur zurückgreift. Doch ist eine Differenz in der Quantität feststellbar. So nutzt Adret in hohem Umfang die klassische rabbinische Literatur: In einigen Responsa bedient sich Adret ausschließlich oder hauptsächlich der klassischen rabbinischen Literatur. Die verschiedenen Rechtstexte besitzen auch unterschiedliche Funktionen. Die klassische rabbinische Literatur, hier insbesondere den Babylonische Talmud, verwendet Adret bevorzugt, um sein Entscheiden als Rechtsableitung zu inszenieren. Zudem argumentiert er mithilfe fehlender Festschreibungen, beispielsweise im Talmudtext. Er zeigt in diesen Fällen auf, dass eine angefragte Erschwerung oder Erleichterung nicht vorliegt, da keine Regel dafür in den Rechtstexten zu finden ist. Es kommt ebenfalls vor, dass Adret in seinen Responsa eine bereits bestehende Norm auf den angefragten Fall überträgt. Adret bedient sich der Werke der nachtalmudischen Gelehrten jedoch nicht nur, um seine eigene Argumentation zu stützen, sondern auch, um Kritik an Lehrmeinungen zu äußern. Die Kritik bleibt stets sachbezogen: Ein und derselbe Gelehrte kann von ihm, je nach Thema, zur Untermauerung oder als Kontrapunkt herangezogen werden.

In den Responsa lassen sich unterschiedliche Darstellungsarten des Entscheidens erkennen: In einer Reihe von Responsa stellt Adret sein Entscheiden als Rechtsableitung dar. Während der Anfragende unterschiedliche Alternativen benannt hat, wird in der Antwort die Alternativität nicht aufgegriffen. In diesen Fällen macht Adret weder deutlich, ob es andere, abzuwägende Rechtsfestlegungen gibt, noch zeigt er auf, ob Unsicherheiten bei der Bewertung der Sachlage bestehen. Eine Kontingenz des Entscheidens macht er nicht sichtbar. Vielmehr baut Adret seine Antwort so auf, dass er für seine unterschiedlichen Argumentationsschritte Belege in den normativen Quellen anbietet. Damit zeigt Adret, dass er in bereits bestehenden Rechtsquellen eindeutige Begründungen für seine Argumentationsschritte und somit letztendlich für die Entscheidung aufzeigen kann.

In anderen Responsa geht Adret sogar noch einen Schritt weiter. In diesen Fällen stellt Adret nicht allein sein Entscheiden als Rechtsableitung dar, sondern suggeriert regelrecht, nicht zu entscheiden. Adret gibt in diesen Fällen vor, dass keine schwierige Sachlage bestehe. Vielmehr betont er, dass die Situation „eindeutig" oder „klar" sei. Damit weist Adret in diesen Fällen durch seine Wortwahl zurück, überhaupt unterschiedliche Alternativen bewerten zu müssen. Sofern er an dieser Stelle keine weiteren Belege für seine Ausführungen erwähnt, wirken diese Antworten sehr kategorisch. Führt Adret dagegen zusätzlich noch Belege für seinen Komplexität leugnenden Standpunkt an, wirkt seine Antwort zwar weniger bestimmt, jedoch unterstreicht er auf zweifache Weise, wie sich selbst ergebend und eindeutig die Antwort sei.

In einigen wenigen Responsa beschränkt sich Adret strikt darauf, die Entscheidungen früherer Gelehrter zu zitieren. Er verzichtet in diesen Fällen völlig darauf, eine eigene Einschätzung der Rechtslage und der zitierten Entscheidung vorzunehmen. Damit zeigt Adret auf, in dem betreffenden Fall selbst nicht entschieden zu haben.

Doch nicht in allen Responsa, in denen Adret auf normative Rechtsquellen zurückgreift, inszeniert er seine Antwort als Rechtsableitung oder suggeriert ein Nicht-Entscheiden. Es finden sich sehr wohl eine Reihe von Responsa, in denen Adret unterschiedliche Alternativen insbesondere durch das Verweisen auf widersprechende Rechtsvorstellungen betont. In diesen Fällen zeigt er eine gewisse Komplexität der Situation auf. Adret unterstreicht damit nicht nur, dass die Frage bisher nicht einheitlich beantwortet wurde und somit die vom Anfragenden aufgeworfenen Alternativen begründbar sind, sondern auch, dass er sich selbst in einer Entscheidenssituation befindet und zu den bereits bestehenden Rechtfestlegungen positionieren muss. In einigen dieser Fälle präsentiert Adret zunächst die beiden einander widersprechenden Lehrauffassungen, teilweise mit den Begründungen, die beide Seiten für ihre Festlegung anführen, und zeigt dann auf, welche Auffassung ihm als die richtige erscheint. Dafür stützt Adret sich dann wieder auf weitere Rechtsquellen und setzt sich mit diesen argumentativ auseinander. In der Kategorie der Responsa, in denen Adret unterschiedliche Lehrmeinungen benennt, ist es zudem möglich, dass Adret eine der beiden Lehrmeinungen durch Kritik und In-Frage-Stellung der Richtigkeit einer der beiden Argumentationslinien abwertet und die anderslautende Lehrmeinung als aus Rechtsquellen ableitbar darstellt. In einem Fall geht Adret in der Abbildung von Komplexität sogar soweit, dass er keiner der beiden Lehrmeinungen in Gänze zustimmt, sondern aus beiden Lehrmeinungen eine gemeinsame Schnittmenge des Erlaubten herausarbeitet.

Insbesondere die letztere Darstellungsart zeigt somit, dass der Rückgriff auf normative Rechtstexte nicht nur zu einer Verringerung, sondern gerade auch zu einer Steigerung der Komplexität führen kann, sodass in einigen Fällen eine Kontingenz des Entscheidens spürbar wird. Dies erkennt man insbesondere auch an den zwei folgenden Phänomenen, die in den Responsa Adrets zu erkennen sind: Erstens nennt Adret in einigen Responsa, in denen er unterschiedliche Lehrmeinungen vorstellt, nur einen oder mehrere übliche Bräuche, ohne damit einer Seite eindeutig Recht zu geben. Eine klare Entscheidung unterbleibt somit. In einigen Fällen verweist er auch auf den Brauch, der in seiner Region ausgeübt wird. Obwohl er zwar wiederholt Begründungen für ebendiesen Brauch anführt, gestaltet er das Responsum offen und verzichtet darauf, diesen Brauch als den einzig Richtigen darzustellen. Zweitens entzieht sich Adret in wenigen Responsa einer Entscheidung, indem er nicht einmal einen ausgeübten Brauch nennt, sondern vollends offenhält, wie zu entscheiden ist. In wenigen Fällen betont er sogar, nicht entscheiden zu wollen. Auch wenn dieses Phänomen selten vorkommt, ist hervorzuheben, dass auch in Responsa die Entscheidenslast zu hoch sein kann, um zu einer Entscheidung zu gelangen. Die Ursachen der konkreten Unsicherheit und damit auch die Frage, worüber entschieden wird, können hier voneinander abweichen. Dieser Fall tritt beispielsweise ein, wenn Adret die widersprechenden Lehrmeinungen jede auf ihre Art plausibel erscheinen. Ebenso weicht er einer Entscheidung aus, wenn Adret bei der Bewertung des vorgelegten Sachthemas unsicher ist. Hier umgeht Adret eine Entscheidung über die Validität des Sachthemas, nicht aber über die Richtigkeit einer Lehrmeinung.

Wichtig ist festzuhalten, dass es nicht themenabhängig sein muss, ob Adret auf eine Komplexität hinweist oder eine einfache Sachlage oder eine Rechtsableitung inszeniert. Vielmehr finden sich Responsa zu identischen Themen, in denen Adret einmal auf abweichende Lehrmeinungen verweist, ein anderes Mal diese aber verschweigt. Ebenfalls kommt es vor, dass Adret in einem Responsum eine Schwierigkeit in der Sachlage erkennt und seine Zweifel hervorhebt, in einem anderen Responsum zum selben Thema jedoch die Sachlage als einfach darstellt. Somit liegt zum selben Thema einmal eine gewisse Leugnung eines Entscheidensvorgangs vor, im anderen Fall jedoch gerade das Betonen des Zweifels. Damit unterstreicht er in diesem Fall die Kontingenz des Entscheidens. Zudem finden sich Abweichungen darin, dass Adret in einem Responsum keine Belege für die Antwort anführt und die Sachlage als einfach darstellt, in einem anderen Responsum jedoch sehr wohl einige Belege aus rechtlichen Quellen anführt, um seine Antwort zu untermauern.

Der Inszenierung der Sachautorität kommt in den Responsa eine wesentliche Rolle zu, um die Adressaten von der Richtigkeit der Entscheidung zu überzeugen. Es lassen sich eine Reihe von Mustern erkennen, durch die Adret seine eigene Autorität inszeniert. Adret stellt sich zum einen als größerer Kenner in Rechtsfragen dar, indem er Kritik am Anfragenden äußert und die vom Anfragenden gestellten Fragen verbessert. Damit hält er dem Korrespondenzpartner den Spiegel vor, die Frage falsch oder zu unpräzise gestellt zu haben und damit über eine geringere Sachkenntnis zu verfügen. Er suggeriert, dass er selbst über ein höheres Wissen verfügt und leicht die Richtigkeit oder eben die Fehlerhaftigkeit von Fragen ausmachen kann. Deutlich harscher fällt die Kritik am Anfragenden aus, wenn dieser in der Frage die Fachexpertise Adrets und eine bereits vorgenommene Antwort oder Entscheidung Adrets angezweifelt hat. Insbesondere dann wertet Adret den Anfragenden auf rhetorischer Ebene ab und bezweifelt in einigen dieser Fälle dessen Fachexpertise. Hier dient die rhetorische Abwertung dazu, sich als Rechtsinstanz und Experte zu behaupten. Indem er dem Anfragenden Unwissenheit vorwirft, kann Adret eigene Fehler leicht zurückweisen. Letztendlich präsentiert Adret sich ebenfalls als Sachautorität, wenn er die vom Anfragenden gestellte Frage als einfach und leicht zu beantworten darstellt. Damit zeigt er dem Gegenüber nämlich auf, dass dieser über geringeres Wissen verfügt. Besäße dieser den gleichen Kenntnisstand wie Adret, hätte er die Frage überhaupt nicht externalisieren müssen, sondern selbst leicht beantworten können. In einer anderen Ausprägung, in der Adret auch die Eindeutigkeit betont, anschließend dafür aber Belege aus Rechtsquellen anführt, die diese Deutlichkeit unterstreichen sollen, hält er letztendlich auch dem Anfragenden den Spiegel vor: Dieser hätte bei gleichem Kenntnisstand über die Rechtsquellen ebenso leicht die Frage beantworten können. In beiden Fällen untermauert Adret somit seinen größeren Kenntnisstand und seine höhere Fachexpertise in Rechtsfragen.

Adret inszeniert sich aber nicht allein als Rechtsautorität, indem er dem Gegenüber Fehler vorwirft. Dies erreicht er ebenfalls dadurch, indem er seinem Gegenüber Wertschätzung entgegenbringt und dessen Frage eine Berechtigung zuspricht. Denn dadurch präsentiert sich Adret als ein Respondent, der über die Richtigkeit und Sinnhaftigkeit von Fragen urteilen kann. Ähnlich verhält es sich, wenn er Kritik oder Wertschätzung gegenüber früheren Gelehrten äußert. In diesen Fällen unterstreicht Adret, dass er nicht nur dazu in der Lage ist, die Richtigkeit von Anfragenden zu bewerten, sondern eben auch von früheren, meist anerkannten Gelehrten. Adret inszeniert sich des Weiteren als Sachautorität, indem er sachlich auf eine Frage antwortet und für alle seine Argumentationsschritte Begründungen oder Belege aus den Rechtsquellen anführt. Damit zeigt er auf, die relevanten Quellen zur Beantwortung einer Frage zu kennen und allein durch seine Fachexpertise überzeugen zu können.

Es wird deutlich, dass durch die veränderten Autoritätsformen in der Zeit der Rischonim Adret sein Entscheiden in dieser Form inszenieren und darstellen musste. Da er als Einzelperson entscheidet und somit seine Responsa keine Kollektiventscheidungen wie in der Epoche der Geonim darstellen, ist es für ihn wichtig, sich als Sachautorität mit Fachexpertise zu präsentieren. Die hier vorgestellten unterschiedlichen Darstellungsformen des Entscheidens, der Einsatz der normativen Ressourcen sowie die Inszenierung der eigenen Sachautorität sind für Adret notwendig, um die Anfragenden von der Richtigkeit der Entscheidung zu überzeugen. Dies wird sowohl durch das Präsentieren der Entscheidung als einfache Antwort oder das Inszenieren als Rechtsableitung, die letztendlich auf diese Antwort hinausläuft, als auch durch das Betonen von Komplexität, in Kombination mit der Verwendung von Gründen und weiteren Rechtsquellen, erreicht. Es zeigt sich, dass Adret in einigen seiner Responsa das Entscheiden nicht immer als solches rahmt und er nichtsdestotrotz in einigen Responsa gerade die Kontingenz des Entscheidens betont, die zu einem Vermeiden einer Entscheidung führen kann.

In dieser Untersuchung ist somit ein bisher neuer Ansatz in der Responsa-Forschung gewählt worden. Anders als zuvor ist kein Augenmerk auf die Rekonstruktion einer jüdischen (Sozial-)Geschichte oder auf ein bestimmtes Sachthema gelegt worden, sondern vielmehr auf den Entscheidenprozess und die Inszenierung desselben. Es wird deutlich, dass sich Argumentationsweisen und Inszenierungen untersuchen lassen, der Wert und die Funktion von Quellen analysiert und somit neue Blickweisen und Arbeitstechniken im Umgang mit Responsa genutzt werden können, um dieses Genre unter einem neuen Fokus zu erschließen. Paradigmatisch ist dies in dieser Untersuchung anhand der Responsa Adrets vorgenommen worden. Die Arbeit soll als Anstoß dienen, diese neuen theoretischen Konzepte auf Untersuchungen mit weiteren Responsa – auch aus unterschiedlichen Epochen –

anzuwenden, um daraus folgend mögliche Entwicklungen von Entscheidenspraktiken und Entscheidensinszenierungen aufzeigen zu können.

# Literatur

## Textvorlage

Elliger, Karl/Rudolph, W. (Hg.), Biblia Hebraica Stuttgartensia, Stuttgart $^{5}$1997.

Zaleznik, Aaron u. a. (Hg.), She'elot u-Teshuvot ha-Rashba. Rabbenu Shlomo bar Avraham ben Adret, 9 Teile in 5 Bänden, Jerusalem 1997–2005.

Seder Rav Amram Gaon, Bd. 1, Warschau 1865. Zu finden unter https://hebrewbooks.org/43020.

## Nachschlagewerke und Hilfsmittel

Alcalay, Reuben, The Complete Hebrew English Dictionary, Tel Aviv 2009.

Assaf, Simha/Derovan, David, Art. Adret, Solomon ben Abraham, in: Berenbaum, Michael/Skolnik, Fred (Hg.), Encyclopaedia Judaica, Bd. 1, Detroit, Michigan $^{2}$2007, 421–423. *Gale eBooks*,

https://link.gale.com/apps/doc/CX2587500491/GVRL?u=muenster&sid=GVRL&xid=ad7117cb. Zuletzt aufgerufen: 25. Juni 2020.

Bar-Ilan University. The Responsa Project. Version 23 plus und https://alhatorah.org/ (zuletzt aufgerufen: 10.08.2021). Alle in dieser Arbeit erwähnten und verwendeten rabbinischen Texte folgen den dort zu findenden Versionen.

Dalman, Gustaf H., Aramäisch-Neuhebräisches Handwörterbuch, 5. Nachdruck der 3. unveränderten Auflage von 1938, Hildesheim 2007.

Frank, Yitzḥak, The Practical Talmud Dictionary, Jerusalem 1994.

Jastrow, Marcus, Dictionary of the Targumim, Talmud Bavli, Talmud Yerushalmi and Midrashic Literature, o.O. 2004.

Kogan, Barry S., Art. "Sa'adyah Gaon.", Jones, Lindsay (Hg.), *Encyclopedia of Religion*, 2. Auflage, Bd. 12, Macmillan Reference USA, 2005, 7951–7953. *Gale eBooks*,

https://link.gale.com/apps/doc/CX3424502687/GVRL?u=muenster&sid=GVRL&xid=498ae74c. Zuletzt aufgerufen: 25. November 2020.

Rothkoff, Aaron, et al., Art. Rashi, in: Berenbaum, Michael/Skolnik, Fred (Hg.), Encyclopaedia Judaica, Bd. 17, Detroit, Michigan $^{2}$2007, 101–106. *Gale eBooks*,

link.gale.com/apps/doc/CX2587516452/GVRL?u=muenster&sid=bookmark-GVRL&xid=c4612da7. Zuletzt aufgerufen: 03. August 2021.

Sokoloff, Michael, A Dictionary of Jewish Babylonian Aramaic of the Talmudic and Gaonic Periods, Ramat-Gan u. a. 2002.

## Sekundärliteratur

Adang, Camilla, A Jewish Reply to Ibn Ḥazm. Solomon b. Adret's Polemic against Islam, in: Fierro, Maribel (Hg.), Judíos y musulmanes en al-Andalus y el Magreb. Contactos intelectuales (Collection de la Casa de Velázquez 74), Madrid 2002, 179–209.

Agus, Irving A., Rabbi Meir of Rothenburg. His Life and His Works as Sources for the Religious, Legal, and Social History of the Jews of Germany in the Thirteenth Century, 2 Bde., Philadelphia 1947.

Agus, Irving A., Urban Civilization in Pre-Crusade Europe. A study of organized Town-Life in Northwestern Europe During the Tenth and Eleventh Centuries Based on the Responsa Literature, Leiden 1965.

Agus, Irving A., The Heroic Age of Franco-German Jewry. The Jews of Germany and France of the tenth and eleventh Centuries, the Pioneers and Builders of Town-Life, Town-Government and Institutions, New York 1969.

Assaf, Simha, The Anusim of Spain and Portugal in the Responsa Literature, in: Beoholei Ya'akov: Essays on the cultural life of the Jews in the Middle Age, Jerusalem 1943, 145–180 (hebr.).

Baer, Yitzchak, A History of the Jews in Christian Spain, 2 Bde., Philadelphia 1992.

Baron, Salo W., A Social and Religious History of the Jews. 18 Bde. New York 1952–1983.

Ben-Shalom, Ram, The Ban Placed by the Community of Barcelona on the Study of Philosophy and Allegorical Preaching – A New Study, Revues des Études Juives, 159,3-4 (2000), 387–404.

Berger, Maximiliane/Günzl, Clara/Kramp-Seidel, Nicola, Normen und Entscheiden. Bemerkungen zu einem problematischen Verhältnis, in: Pfister, Ulrich (Hg.), Kulturen des Entscheidens. Narrative – Praktiken – Ressourcen (Kulturen des Entscheidens 1), Göttingen 2019, 248–265.

Bocheński, Joseph Maria, Was ist Autorität? Einführung in die Logik der Autorität, Freiburg 1974.

Buchman, Asher Benzion, Avraham and Sarah in Provence, Ḥakirah. The Flatbush Journal of Jewish Law and Thought 6 (2008), 223–257.

Cohen, Jonathan, Charitable Contributions, Communal Welfare Organizations, and Allegiance to the Community According to Rashba, Hebrew Union College Annual 72 (2001), 85–100.

Dédeyan, Daniel, Die richterliche Entscheidung. Eine Informationstheorie des Prozessrechts, in: Kisow, Rainer Maria/Simon, Dieter (Hg.), Vorzimmer des Rechts, Frankfurt a.M. 2006, 49–87.

De George, Richard T., The Nature and Limits of Authority, Lawrence (Kan.) 1985.

Dinari, Yedidya, Custom and Law in the Responsa of the Halakhic Authorities of Germany in the 15$^{th}$ Century, in: Melamed, Ezra Z. (Hg.), Benjamin de Vries Memorial Volume, Tel-Aviv 1968, 168–198 (hebr.).

Eidelberg, Shlomo, Jewish Life in Austria in the XVth Century as Reflected in the Legal Writings of Rabbi Isserlein and His Contemporaries, Philadelphia 1962.

Elon, Menachem, Ha-Mishpat ha-Ivri. Toldotaẏ, meḳorotaẏ, ʿeḳronotaẏ, Bd. 2, Jerusalem $^{3}$1997.

Elon, Menachem, Jewish Law. History – Sources – Principles. Bd. 1, übers. v. Auerbach, Bernhard/Sykes, Melvon, Philadelphia 1994.

Elon, Menachem, Jewish Law. History – Sources – Principles. Bd. 3, übers. v. Auerbach, Bernhard/Sykes, Melvon, Philadelphia 1994.

Elon, Menachem (Hg.), Digest of the Responsa Literature of Spain and North Africa, 5 Bde., Jerusalem 1981–1987 (hebr.).

Emanuel, Simcha, Manuscripts of Responsa by Rashba Posessed by Poskim in the Fifteenth-Nineteenth Centuries, in: Jewish Studies, an Internet Journal 13 (2015), 1–46 (hebr.).

Emanuel, Simcha, From Where the Sun Rises to Where It Sets: The Responsa by Rashba to the Sages of Acre, Tarbiz 83:3 (2015), 465–489 (hebr.).

Epstein, Isidore, The "Responsa" of Rabbi Solomon ben Adreth of Barcelona (1215–1310) as a Source of the History of Spain, London 1925.

Epstein, Isidore, The Responsa of Rabbi Simon b. Ẓemaḥ Duran as a Source of History of the Jews in North Africa, London 1930.

Fettke, Dieter, Juden und Nichtjuden im 16. und 17. Jahrhundert in Polen. Soziale und ökonomische Beziehungen in Responsen polnischer Rabbiner (Judentum und Umwelt 17), Frankfurt a.M. u. a. 1986.

Freehof, Solomon B., The Responsa Literature, Philadelphia 1955.

Freehof, Solomon B., A Treasury of Responsa, Philadelphia 1963.

Gerlitz, Menachem, Teshuvot Ḥadashot Be-ʿInyane Ribit Le-Rabenu-Shlomo b. Adret (Ha-Rashba), Zefunot 1,2 (1989), 12–17.

Goldish, Matt, Jewish Questions. Responsa on the Sephardic Life in the Early Modern Period, Princeton (New Jersey), Oxford 2008.

Grabois, Aryeh, The Use of Letters as a Communication Media, in: Menache, Sophia (Hg.), Communication in Jewish Diaspora. The Pre-Modern World (Brill's Series in Jewish Studies 16), Leiden u.a 1996, 93–105.

Grundmann, Regina, Responsa als Praxis religiösen Entscheidens im Judentum, in: Drews, Wolfram/Pfister, Ulrich/Wagner-Egelhaaf, Martina (Hg.), Religion und Entscheiden. Historische und kulturwissenschaftliche Perspektiven, Baden-Baden 2018, 163–178.

Haas, Peter J., The Modern Study of Responsa, in: Blumenthal, David R. (Hg.), Approaches to Judaism in Medieval Times, Bd. 2, Chico 1985, 35–71.

Haas, Peter J.,Responsa: Literary History of a Rabbinic Genre, Atlanta, Georgia 1996.

Haas, Peter J., Political Liberty. The Rhetoric of the Responsa, in: Frank, Daniel H. (Hg.), On Liberty. Jewish Philosophical Perspectives, Richmond 1999, 201–214.

Hartmann, Heinz, Funktionale Autorität. Systematische Abhandlung zu einem soziologischen Begriff, Stuttgart 1964.

Havlin, Shlomo Zalman, New Response of Rashba, Moriah 1,3-4 (1969), 58–67.

Havlin, Shlomo Zalman: Teshuvot She'elot LehaRASHBA. Responsa of R. Solomon ben Abraham Adret. First Edition, Rome ca. 1470, Jerusalem 1976.

Havlin, Shlomo Zalman, Teshuvot Ḥadashot Le-Ha-Rashba Be-ʿInyane Ribit, Yeshurun 6 (1999), 43–70.

Hershman, Abraham M., Rabbi Isaac ben Sheshet Perfet and His Times, New York 1943.

Hoffmann-Rehnitz, Philip/Krischer, André/Pohlig, Matthias, Entscheiden als Problem der Geschichtswissenschaft, Zeitschrift für historische Forschung 45 (2018), 217–281.

Horwitz, David, Rashba's Attitude Towards Science and Its Limits, in: The Torah U-Madda Journal 3 (1991–1992), 52–81.

Jacobs, Louis, Theology in Responsa, Oxford 2005.

Jacobs, Martin: Interreligious Polemics in Medieval Spain: Biblical Interpretation between Ibn Ḥazm, Shlomo ibn Adret, and Shimʿon ben Semaḥ Duran, Jerusalem Studies in Jewish Thought 21. Gershom Sholem: In Memoriam 2 (2007), 35–57.

Katz, Benzion, Leḳorot ha-yehudim be-rusya, polin ve-Lita: bi-shenot me'ot ha-shesh ʿesreh veha-shevaʿ ʿesreh li-sefiratam, Tel Aviv 1899.

Klein-Braslavy, Sarah, The Concept of Magic in R. Solomon ben Abraham Adret (Rashba) and R. Nissim Gerondi, in: Carrete Parrondo, Carlos et. al. (Hg.), Encuentros and Desencuentros: Spanish Jewish Cultural Interaction Throughout History. The Howard Gilman International Symposia Harvard, Salamanca, Tel Aviv 2000, 105–129.

Kramp-Seidel, Nicola, Semantiken des Entscheidens in mittelalterlichen rabbinischen Responsa, in: Hoffmann-Rehnitz, Philip et al. (Hg.), Semantiken und Narrative des Entscheidens (Kulturen des Entscheidens 4), Göttingen 2021.

Lifshitz, Berachyahu/Schochetman, Eliav (Hg.), Digest of the Responsa Literature of Germany, France and Italy, Jerusalem 1997 (hebr.).

Luhmann, Niklas, Die Paradoxie des Entscheidens, Verwaltungsarchiv. Zeitschrift für Verwaltungslehre, Verwaltungsrecht und Verwaltungspolitik 84 (1993), 287–310.

Luhmann, Niklas, Das Recht der Gesellschaft, Frankfurt a.M. 1995.

Lübbe, Hermann, Zur Theorie der Entscheidung, in: Collegium Philosophicum. Studien Joachim Ritter zum 60. Geburtstag, Basel/Stuttgart 1965, 118–140.

Mann, Jacob, The Responsa of the Babylonian Geonim as a Source of Jewish History, The Jewish Quarterly Review 7,4 (Apr. 1917).

Mattes, Barbara, Jüdisches Alltagsleben in einer mittelalterlichen Stadt. Responsa des Meir von Rothenburg (Studia Judaica 24), Berlin/New York 2003.

Mutius, Hans-Georg von, Rechtsentscheide rheinischer Rabbinen vor dem ersten Kreuzzug. Quellen über die sozialen Beziehungen zwischen Juden und Christen. 1. Halbband (Judentum und Umwelt 13/1), Frankfurt a.M. u. a. 1984.

Mutius, Hans-Georg von, Rechtsentscheide Raschis aus Troyes (1040–1105). Quellen über die sozialen und wirtschaftlichen Beziehungen zwischen Juden und Christen. 1. und 2. Halbband (Judentum und Umwelt 15/1 und 15/2), Frankfurt a.M. u. a. 1986–1987.

Mutius, Hans-Georg von, Rechtsentscheide jüdischer Gesetzeslehrer aus dem maurischen Cordoba. Quellen zur Wirtschafts- und Sozialgeschichte der jüdischen Minderheit in

Spanien und Nordafrika im 10. und 11. Jahrhundert (Judentum und Umwelt 28), Frankfurt a.M. u. a. 1990.
Mutius, Hans-Georg von, Rechtsentscheide Isaak Kimchis aus Südfrankreich, 1. Halbband (Judentum und Umwelt 35), Frankfurt a.M. u. a. 1992.
Mutius, Hans-Georg von, Rechtsentscheide Isaak Kimchis aus Südfrankreich 2. Halbband (Judentum und Umwelt Bd. 45), Frankfurt a.M. u. a. 1993.
Mutius, Hans-Georg von, Rechtsentscheide Abraham Ben Davids von Posquières. Aus dem Hebräischen und Aramäischen übersetzt und erläutert (Judentum und Umwelt 70), Frankfurt a.M. u. a. 2001.
Mutius, Hans-Georg von, Weitere Rechtsentscheide Abraham Ben Davids von Posquières. Aus dem Hebräischen und Aramäischen übersetzt und erläutert (Judentum und Umwelt 73), Frankfurt a.M. u. a. 2002.
Mutius, Hans-Georg von, Rechtsentscheide von Moses Nachmanides aus Gerona, Teil 1–3, (Judentum und Umwelt 75–77), Frankfurt a.M. u. a. 2003–2004.
Paris, Rainer, Die Autoritätsbalance des Lehrers, in: Schäfer, A./Thompson, C. (Hg.), Autorität, Paderborn, München u. a. 2009.
Passamaneck, Stephen M., A Companion Index to Responsa in Shulḥan Arukh, Ḥoshen Mishpat, in: The Jewish Law Annual, Bd. 2, Leiden 1979.
Perles, Joseph, R. Salomo b. Abraham b. Adereth. Sein Leben und seine Schriften nebst handschriftlichen Beilagen, Breslau 1863.
Pfister, Ulrich, Einleitung, in: Pfister, Ulrich (Hg.), Kulturen des Entscheidens. Narrative – Praktiken – Ressourcen (Kulturen des Entscheidens 1), Göttingen 2019, 11–34.
Popitz, Heinrich, Phänomene der Macht, 2. stark erweiterte Auflage, Tübingen 1992.
Richter, Daniel, Die Responsen des Rabbi Ascher ben Jechiel (Rosch), Zürich 1992.
Rosenzweig, Bernhard, Ashkenazic Jewry in Transition, Waterloo 1975.
Roth, Norman, Solomon Ibn Adret Against Infinite Universe, Iberia Judaica 2 (2010), 251–258.
Roth, Pinchas, Regional Boundaries and Medieval Halakhah: Rabbinic Responsa from Catalonia to Southern France in the Thirteenth and Fourteenth Century, Jewish Quarterly Review 105,1 (2015), 72–98.
Saperstein, Marc, The Conflict over the Rashba's Herem on Philosophical Study: A Political Perspective, Jewish History 1,2 (1986), 27–38.
Schwarz, Robert, On the Economic Responsa of our Rabbis. RaShBA, MaHaRaM and RaMBaN, Jewish Affairs 49,3 (1994), 13–24.
Shmidman, Michael A., Rashba as Halakhic Critic of Maimonides, in: Shmidman, Michael A. (Hg.), Turim: Studies in Jewish History and Literature. Presented to Dr. Bernard Lander, Bd. 1, New York 2007, 257–273.
Shneidman, J. Lee, Irving A. Agus: The Heroic Age of Franco-German Jewry. The Jews of Germany and France of the tenth and eleventh Centuries, Pioneers and Builders of Town-Life, Town-Government and Institutions, New York 1969, American Historical Review 77,3 (1972), 760f.

Slepoy, Vladislav Zeev, Form und Funktion rabbinischer Responsen – eine rechtsvergleichende Perspektive. Form and Function of Rabbinic Responsa of Rabbinic Responsa – Comparative Law Perspectives, Ancilla Juris. Special Issue: Legal Scholary Responses in Comparison (2018), 123–149.

Sofsky, Wolfgang/Paris, Rainer, Figurationen sozialer Macht. Autorität, Stellvertretung, Koalition, Frankfurt a.M. 1994.

Soloveitchik, Haym, The Use of Responsa as Historical Source, Jerusalem 1990 (hebr.).

Soloveitchik, Haym, Review Essay. Responsa: Literary History and Basic Literacy, AJS Review 24/1 (1999), 343–357.

Stollberg-Rilinger, Barbara, Von der Schwierigkeit des Entscheidens, in: Deutscher Hochschulverband (Hg.), Glanzlichter der Wissenschaft – Ein Almanach, Stuttgart 2013, 145–154.

Stollberg-Rilinger, Barbara, Cultures of Decision-Making (German Historical Institute. The 2015 Annual Lecture), London 2016.

Thiessen, Hillard von, Normenkonkurrenz. Handlungsspielräume, Rollen, normativer Wandel und normative Kontinuität vom späten Mittelalter bis zum Übergang zur Moderne, in: Karsten, Arne/Thiessen, Hillard von (Hg.), Normenkonkurrenz in historischer Perspektive (Zeitschrift für historische Forschung, Beiheft 50), Berlin 2015, 241–286.

Washofsky, Mark: Responsa and Rhetoric: On Law, Literature, and the Rabbinic Decision, in: Reeves, John C./Kampen, John (Hgg.), Pursuing the Text: Studies in the Honor of Ben Zion Wacholder on the Occasion of his Seventieth Birthday (Journal for the Study of the Old Testament Supplement Series 184), Sheffield 1994, 360–409.

Weber, Donald A., The Responsa of Rabbi Solomon Ibn Adret of Barcelona. Thesis Submitted in Partial Fulfillment of Requirements for Ordination, Hebrew Union College – Jewish Institute of Religion, New York 1981.

Zaleznik, Aaron, Teshuva Le-Rabbenu Ha-Rashba Be-ʻinyan Teviʻat Karkaʻot, in: Moriah 24 (2001), 7–13.

Zimmels, Hirsch J., Die Marranen in der rabbinischen Literatur. Forschungen und Quellen zur Geschichte und Kulturgeschichte der Anussim, Berlin 1932.

# Glossar

**Baraita**
(aramäisch für außerhalb); Lehre aus mischnaischer Zeit, die nicht in die Mischna aufgenommen wurde.

**Bet Din**
Jüdischer Gerichtshof.

**Chaver**
Fellow, associate. Nimmt die Einhaltung des Gesetzes sehr ernst.

**Chiduschim**
Neuartige Interpretationen (oft zum Talmud; so die Chiduschim des Salomon Adret).

**Geonim, Sg. Gaon**
Leiter der Talmudakademien in Babylonien in Sura und Pumbedita und Bezeichnung der Epoche der Geonim, die das 7. bis 11. Jahrhundert umfasst.

**Ger Toschav**
Ein Nichtjude, der in Palästina/Eretz-Israel lebt, der die sieben noahischen Regeln akzeptiert hat, darunter das Abschwören vom Götzendienst.

**Get**
Ein rechtliches Dokument; oft der Scheidebrief.

**Halakha**
(von der hebräischen Wurzel halakh – gehen); Jüdisches Religionsgesetz.

**Halakhot Gedolot**
Ein Kodifikationswerk aus der Zeit der Geonim.

**Ha-Ma'or (oder Sefer ha-Ma'or)**
Ein Werk von Zerahiah ha-Levi Gerondi mit kritischen Anmerkungen und Ergänzungen zu Alfasis Sefer ha-Halakhot, bestehend aus zwei Teilen: Ha-Ma'or ha-ḳaṭan und Ha-Ma'or ha-gadol.

**Hassagot**
Bezeichnung von Werken, in denen sich ein Autor mit einem früheren Werk kritisch auseinandersetzt.

**Havdalah**
(wrtl. Unterscheidung); Segen, der am Ende des Schabbats oder eines Feiertages gesprochen wird, um zwischen Heiligem und Profanem zu unterscheiden.

**Kaddisch**
(wrtl. heilig); Lobgesang (primär in Aramäisch), der am Ende eines Abschnitts eines Gottesdienstes gesprochen wird.

**Karetstrafe**
(wrtl. abschneiden); Göttliche Strafe eines frühzeitigen Todes.

**Keduscha**
(wrtl. Weihung); der dritte Segen des Achtzehnbittengebets/der Amidah, die oft auch als Tefillah bezeichnet wird.

**Kiddusch**
(wrtl. Heiligung); der Segen – in der Regel über Wein – mit dem der Schabbat oder ein jüdischer Feiertag eingeleitet wird.

**Kohen (Pl. Kohanim)**
Angehöriger der Familie der Priester; er gilt als Nachfahre Aarons. Er hat gewisse Rechte und Privilegien, wie z. B. als Erster zur Thora aufgerufen zu werden.

**Levit/Leviten**
Vom Stamm Levi abstammend.

**Lulav**
Palmzweig, der an Sukkot (dem Laubhüttenfest) für den Feststrauß verwendet wird; manchmal wird auch der gesamte Feststrauß als Lulav bezeichnet.

**Mazze**
Ungesäuertes Brot, das während des Pesach-Festes gegessen wird.

**Mekhilta de Rabbi Jischmael**
Halakhischer Midrasch zu Exodus.

**Mesusot**
(wrtl. Türpfosten); Pergamentrolle in einem Kästchen mit gewissen Passagen aus der Schrift (Dtn 6,4-9 und Dtn 11,13-21), die an den Türpfosten befestigt wird.

**Mikwe**
(wrtl. Sammlung [von Wasser]); ein Bad, durch das eine rituell unreine Person durch Untertauchen wieder rituell rein wird.

**Midrasch (Pl. Midraschim)**
Von dem hebr. Verb „darasch", das „suchen, auslegen" bedeutet; rabbinische Auslegung oder Schrift, die einen Bibeltext auslegt.

**Mischna**
Abgeleitet von dem hebräischen Verb „schana"; das um 200 endredigierte Religionsgesetz/Sammlung der Halakha.

**Mischne Torah**
Kodifikationswerk von Maimonides.

**Mohel**
Vollzieht die männliche Beschneidung.

**Neunte Aw oder Tischa be-Aw**
Neunter Tag des jüdischen Monats Aw; Trauertrag zum Gedenken an die Zerstörung beider Tempel in Jerusalem.

**Omerzählen**
Das Zählen der 49 Tage von Pesach bis Schawuot (dem Wochenfest).

**Orḥot Ḥayim**
Kann mehreres sein: 1. Ein Werk des Aaron ben Jacob ha-Kohen von Lunel. 2. Eine klassische Unterteilung in Werken wie dem Tur.

**Pesach**
Siebentägigiges bzw. in der Diaspora achttägiges Fest, das an den Auszug aus Ägypten erinnert; es besteht währenddessen ein Verbot von Gesäuertem.

**Pesikta de Rav Kahana**
Ein Homilien-Midrasch mit Auslegungen zu den Lesungen der Feste und besonderen Schabbate.

**Pijjut**
Liturgische Dichtung.

**Pirusch**
Erklärung, Kommentar.

**Psuke de Simra**
(wrtl. Verse des Gesangs); Psalmen und verwandte Bibelstellen im Morgengebet.

**Rischonim**
(wrtl. Ersten); die mittelalterlichen Gelehrten vom 11. bis zum 15. Jahrhundert.

**Reviit-Maß**
(wrtl. ein Viertel); ein Flüssigkeitsmaß, ist $\frac{1}{4}$ des Flüssigkeitsmaßes Log.

**Rosch Chodesch**
(wrtl. Haupt des Monats); erster Tag eines jeden Monats im jüdischen Kalender.

**Rosch ha-Schana**
(wrtl. Haupt des Jahres); jüdischer Neujahrstag.

**Schochet**
Nimmt die Schlachtung nach den religiösen Vorschriften vor.

**Schofar**
(wrtl. Horn); ein Tierhorn, oft ein Widderhorn, das als Musikinstrument für religiöse Zwecke verwendet wird, insbesondere an Rosch ha-Schana (Neujahr) und am Ende von Yom Kippur (Versöhnungstag).

**Schma**
(wrtl. Höre); benannt nach dem ersten Wort des Bibelverses Dtn 6,4; besteht aus den Abschnitten Dtn 6,4–9, Dtn 11,13–21 und Num 15,37–41 und wird während des Morgen- und Abendgebetes gesprochen.

**Seder-Abend**
(Seder = Ordnung); häusliche Zeremonie und Mahlzeit zu Beginn von Pesach nach einer bestimmten Ordnung.

**Sefer ha-ʿIṭur**
Gesetzeswerk (als Kompilation verschiedener halakhischer Gesetze) des Isaac ben Abba Mari.

**Sefer ha-Halakhot**
Kodifikationswerk von Isaak Alfasi.

**Sifra**
Halakhischer Midrasch zu Levitikus.

**Sugia**
Ein abgeschlossener Abschnitt in der talmudischen Diskussion.

**Sukka**
Laubhütte für das Laubhüttenfest (Sukkot).

**Takkanah**
Regelung/Rechtssetzung.

**Tanna (Pl. Tannaiten oder Tannaim)**
Lehrer/Gelehrter aus mischnaischer Zeit.

**Tefilla**
Gebet, insbesondere ist damit die Amida bzw. das Achtzehnbittengebet gemeint.

**Tefillin (sg. Tefilla)**
Gebetsriemen, kleine Boxen, die die Textpassagen Ex 13,1–10, Ex 13,11–16, Dtn 6,4–9 und Dtn 11,13–21 enthalten und am Kopf und am Arm angelegt werden.

**Torat ha-ʾAdam**
Rechtswerk des Nachmanides.

**Torat ha-Bayit**
Kodifikationswerk von Salomon Adret bestehend aus zwei Teilen: 1. Torat ha-Bayit ha-arokh, 2. Torat ha-Bayit ha-kazar.

**Tur (auch Arbaʿah Turim)**
Kodifikationswerk des Jacob ben Asher.

**Tosafisten**
Verfasser von Tosafot (Zusätzen), also Kommentaren zum Talmud, waren zwischen dem 11. und 13. Jahrhundert in Nordfrankreich und westlichem Deutschland aktiv.

**Tosefta**
(aramäisch für „Ergänzung“ oder „Hinzufügung); eine Sammlung von halakhischen und aggadischen Baraitot, die gemäß der/parallel zur Mischna aufgebaut ist.

**Trefa**
Nicht-koscher; nicht-tauglich.

**Watika**
Ist eine im Babylonischen Talmud im Traktat Pesaḥim diskutierte Speise, die aus Mehl hergestellt wird, und dort (bPes 39b) erlaubt wird, wenn sie mit Öl und Salz hergestellt wird, und verboten wird, wenn sie mit Wasser und Salz hergestellt wird.

**Yom ha-Kippurim**
Versöhnungstag, wichtigster Tag im liturgischen Jahr; Tag der Umkehr.

# Abkürzungsverzeichnis

| | |
|---|---|
| m | Mischna |
| t | Tosefta |
| b | Babylonischer Talmud |
| j | Jerusalemer Talmud |

Traktate

| | |
|---|---|
| Ar | ʿArakhin |
| AZ | ʿAvoda Zara |
| BB | Bava Batra |
| Ber | Berakhot |
| BM | Bava Meziʿa |
| Beẓa | Beẓa |
| Er | ʿEruvin |
| Git | Gittin |
| Hul | Ḥullin |
| Ker | Keritot |
| Ket | Ketubbot |
| Meg | Megilla |
| Men | Menaḥot |
| MQ | Moʿed Qaṭan |
| Ned | Nedarim |
| Pes | Pesaḥim |
| Qid | Qiddushin |
| RH | Rosh ha-Shana |
| Shab | Shabbat |
| Shevu | Shevuʿot |
| Taan | Taʿanit |
| Ter | Terumot |
| Yev | Yevamot |
| Yom | Yoma |

# Personenregister